Die TOPFILME von 1976

DER INHALT DIESES BUCHES

IMPRESSUM

MPW Filmbibliothek

ISBN: 978-3-942621-14-4

Die Deutsche Bibliothek-CIP Einheitsaufnahme

Texte und Idee:
Tobias Hohmann, Frank Martens, Sascha Weber

Lithografie:
Medien Publikations- und Werbegesellschaft GmbH, Hille

Graphische Gestaltung:
Frank Martens

© 2012 Medien Publikations- und Werbegesellschaft GmbH,

Bildnachweis:
Archiv MPW
Mit Dank an alle, die noch (wenn nötig) etwas dazu beigetragen haben.

© der Abbildungen bei den jeweiligen Rechteinhabern.
Soweit wie möglich wurden alle möglichen Rechteinhaber der einzelnen Bilder über den Abdruck informiert. Sollte wider Erwarten trotzdem jemand vergessen worden sein, bitten wir um sein Verständnis.

Die Top-Movies der 70er und 80er Jahre ist als Buchreihe konzipiert, die vorerst den Zeitraum 1975-1985 abdeckt. Jedes Jahr wird in einem Buch abgehandelt. In regelmäßigen Abständen erscheinen zwei Bände zeitgleich: 2012 folgen die Ausgaben 1976/1984, 2013 die Bände 1977/1983 usw. Bei Erfolg wird die Reihe fortgesetzt. Zudem erhalten einige Filmreihen auch noch eine eigene Buchveröffentlichung. Bislang geplant: Der weiße Hai, Mad Max und Zurück in die Zukunft. Auch hier sind bei Erfolg weitere Ausgaben geplant.

DAS
VORWORT

Der Übergang zwischen den 70er und 80er Jahren ist aus filmischer Hinsicht ungemein interessant. Einige Karrieren von wegweisenden Regisseuren und Schauspielern nahmen hier ihren Anfang, andere endeten recht unspektakulär. Es war auch der Zeitraum, in dem die US-Blockbuster schleichend aber spürbar die Vorherrschaft an den Kinokassen übernahmen - auch in Deutschland.

Um nun rückblickend ein nachvollziehbares Bild dieser Epoche zu zeichnen, versuchte man sich an einem konzeptionellen Spagat:

Einerseits waren die Top-Ten-Filme des jeweiligen Jahres Pflicht: Diese wurden grundsätzlich groß vorgestellt. Da jedes Filmjahr jedoch auch abseits der großen Hits heutige Kult- und Geheimtipps hervor brachte, pickte man sich andererseits weitere zehn Highlights so objektiv wie möglich heraus, um einen abwechslungsreichen Blick auf das jeweilige Filmjahr zu werfen. Zusätzlich eingebundene Statistiken über den deutschen und amerikanischen Markt sollen für eine noch bessere Übersicht sorgen. Dabei erwies es sich als durchaus problematisch, dass es bis in die 80er Jahre hinein keine gänzlich verlässlichen Daten über die tatsächlichen Besucherzahlen in Deutschland gibt. Daher beruhen ein Teil dieser Zahlen - und der entsprechenden Einordnung - aus diversen Mittelwerten und/oder Schätzungen. Erschwerend hinzu kommt, dass auch Print-Veröffentlichungen aus dieser Zeit häufig falsche oder unvollständige Daten abdruckten.

Daher erwies sich die Arbeit an der Buchreihe als wesentlich umfangreicher und aufwändiger als gedacht. Das Ergebnis lässt diese Schwierigkeiten jedoch vergessen - hoffentlich auch für den Leser, der Band für Band Zeuge der Veränderung wird, die sich damals vollzog.

1976 war ein ungemein faszinierendes Kinojahr, da die Bandbreite so extrem vielschichtig ausfiel und die unterschiedlichsten Produktionen den Sprung in die Charts schafften. Leichte Unterhaltung wie **ASTERIX EROBERT ROM** fand sich ebenso in den höheren Platzierungen wieder, wie klassische Hollywood-Unterhaltung im Stile von **KING KONG** oder Überraschungshits wie **HER MIT DEN KLEINEN ENGÄNDERINNEN**. Auch anspruchsvollere Produktionen wie **DIE UNBESTECHLICHEN** oder **TAXI DRIVER** stießen auf reges Interesse.

Die Vielfältigkeit des Filmjahres 1976 spiegelte sich auch darin wieder, dass selbst ein Skandalfilm wie **DIE 120 TAGE VON SODOM** sein Publikum fand und trotz aller Diskussionen und Beschlagnahmungen Bundesweit in den Kinos gezeigt wurde - heute undenkbar.

Bedauerlich jedoch, dass der deutsche Film quasi keine Rolle spielte und innerhalb Europas weiterhin ein unbedeutendes Nischen-Dasein fristete - ganz im Gegensatz zu Italien oder Frankreich, die weiterhin auf die Zugkraft ihrer Stars setzten und sich damit immer noch gut am Markt schlugen.

Gerade im Vergleich zum aktuellen Filmangebot wird deutlich, wie mutig und wie ausgeglichen das Kinojahr 1976 wirklich war und lässt den Kinofan fast schon neidisch auf eine goldene Kinozeit zurück blicken.

Viel Spaß bei der Reise ins Jahr 1976!

Die wichtigsten EREIGNISSE DES JAHRES 1976

Ulrike Meinhof

Die 70er-Jahre waren generell ein sehr turbulentes Jahrzehnt - das Jahr 1976 machte da keine Ausnahme. National und international kam es zu einschneidenden politischen und gesellschaftlichen Veränderungen, deren Auswirkungen mitunter die nächsten Jahre prägen sollten.

Als wären diese Entwicklungen nicht schon genug, zeigte Mutter Erde einmal mehr, wie unberechenbar sie war und konfrontierte die Menschen weltweit mit zahlreichen Erdbeben: Die Türkei, die Philippinen, Russland und Guatemala mussten dabei bis zu 23.000 Tote beklagen. Noch schlimmer traf es Tangshan, etwa 150 km von Peking entfernt, wo am 27. Juli mehrere Erdstöße mit einer Stärke von 7,8 etwa 700.000 Menschenleben forderten und somit bezüglich der Todesopfer als die folgenschwerste Naturkatastrophe des 20. Jahrhunderts in die Annalen einging.

Zwar nicht die Folge eines Erdbebens, aber ebenfalls verheerend, war der Bruch des Teton-Staudamms in der Nähe von Idahoe am 5. Juni. Die Talsperre wurde erst 1975 fertig gestellt und füllte sich zum Zeitpunkt des Bruches erstmals mit dem Schmelzwasser des Frühlings. Doch der auf vulkanischem Boden errichtete Damm hielt den Wassermassen nicht stand, so dass das Tal auf 120 km Länge überflutet wurde. 11 Menschen und 13.000 Nutztiere kamen dabei ums Leben - der Sachschaden wurde auf eine Milliarde Dollar geschätzt. Dieser Bruch hatte eine weitreichende Kontroverse über die Sicherheit der amerikanischen Talsperren zur Folge.

Doch auch politisch gab es weltweit Entscheidungen, die zu Diskussionen führten - auch in Deutschland. So zogen sich die Debatten um den Schwangerschaftsabbruch, der im berüchtigten §218 behandelt wird, schon seit Jahren hin, fanden aber am 12. Februar ihren vorläufigen Abschluss. An diesem Tag verabschiedete der Bundestag eine Reform, die die Abtreibung erneut verbot und eine Strafandrohung gegen Mutter und Arzt beinhaltete, baute jedoch Ausnahmen ein, wenn die Frau „in besonderer Bedrängnis" handelte, die über vier Indikationen definiert wurden, welche jedoch nicht der Arzt feststellen musste, der den Abbruch vornahm.

Für fast genau so viel Aufsehen sorgte die Verurteilung von neun Bundesligaspielern am 9. Januar wegen Meineids im so genannten Bundesliga-Skandal, der mit diesen Urteilen abgeschlossen wurde. Dabei ging es um manipulierte Spiele der Saison 1970/71, aufgrund derer die Klubs von Rot-Weiß Oberhausen und Arminia Bielefeld in der 1. Liga verblieben.

Der Tod der ehemaligen Journalistin und Rote-Armee-Fraktion-Gründungsmitglied Ulrike Meinhof am 9. Mai führte zu zahlreichen Demonstrationen in- und außerhalb Deutschlands und zu Anschlägen auf deutsche Einrichtungen in anderen Ländern, da man den angeblichen Selbstmord anzweifelte. Die 1972 festgenommene Meinhof wurde erhängt in ihrer Zelle aufgefunden und am 15. Mai 1976 auf einem Friedhof Berlin-Mariendorf im Beisein von 4.000 Menschen beigesetzt.

Schlagzeilen machte auch die Entführung des Unternehmersohns Richard Oetker am 14. Dezember. Die Entführer verlangten 21 Millionen Mark Lösegeld, die dessen Vater auch bezahlte, so dass der Aufenthaltsort seines Sohnes nach 47 Stunden bekannt gegeben wurde. Der Entführte erhielt Stromstöße und wurde in einer viel zu kleinen Kiste gefangen gehalten, was zur Folge hatte, dass er bis heute unter ge-

Richard Oetker

sundheitlichen Beeinträchtigungen leidet. Der Täter wurde erst 1980 verhaftet und verurteilt.

Bei der Bundestagswahl am 3. Oktober scheitert Helmut Kohl noch an Helmut Schmidt, der Dank der Koalition mit der FDP Kanzler bleiben konnte, obwohl die CDU 6 Prozentpunkte vor der SPD landete.

Ein möglicher Grund für den Stimmen-Verlust der SPD war eventuell die Verstrickung des Hessischen Ministerpräsidenten Albert Osswald in den so genannten Helaba-Skandal, der die hessische Landesbank durch fragwürdige Immobiliengeschäfte in Bedrängnis brachte. Folgerichtig trat Osswald am Tag der Bundestagswahl von seinem Amt zurück. International sorgte die Festnahme der argentinischen Präsidentin Isabel Perón durch das Militär am 24. März für Aufsehen. Sie wurde unter Hausarrest gestellt, das Militär übernahm die Macht und läutete die Nationale Reorganisation ein, die bis 1983 andauerte. Während dieses Militärregimes kam es zu Bürgerkriegsähnlichen Zuständen, die 30.000 Opfer forderten.

Weltweite Proteste begleiteten auch die Wiedereinführung der Todesstrafe in den USA, die durch den Supreme Court am 2. Juli beschlossen wurde. So unruhig das Jahr 1976 auch war: Sportfans kamen voll auf ihre Kosten, gab es doch gleich drei Großereignisse, die die Zuschauer in ihren Bann schlugen: Die

Nachdem die argentinische Präsidentin Isabel Perón vom Militär festgenommen wurde, kam es zu Ausschreitungen, die mehr als 30.000 Todesopfer forderten.

Olympischen Winterspiele in Innsbruck (4. Februar bis 15. Februar), die Sommerspiele in Montreal (17. Juli bis 1. August) und natürlich die Fußball-Europameisterschaft in Jugoslawien, bei der die deutsche Mannschaft in einem hochdramatischen Finale erst im Elfmeterschießen dem Gastgeber am 20. Juni unterlag. Dafür gewann der FC Bayern am 12. Juni durch ein 1:0 gegen AS Saint-Étienne zum dritten Mal in Folge den Europapokal der Landesmeister und krönte die Saison am 21. Dezember durch den Gewinn des Weltpokals. Deutscher Meister wurde allerdings Gladbach unter Trainer Udo Lattek.

Als Niki Lauda am 1. August auf dem Nürburgring bei einem Unfall schwer verletzt wurde, hielt die Sportwelt den Atem an. Doch die Formel-1-Legende überlebte und feierte später sogar ein glanzvolles Comeback. Musikalisch gab natürlich die typische Disco-Musik jener Zeit den Ton an. Daher überraschte es nicht,

dass die deutsche Band „Boney M" mit *Daddy Cool* die erfolgreichste Single des Jahres herausbrachte, und „Abba" mit ihren Greatest Hits nachzogen. Der erfolgreichste deutsche Song des Jahres *Ein Bett im Kornfeld* wurde von Jürgen Drews gesungen und ist bis heute sehr populär. Selbiges gilt für die Band „U2", die sich 1976 gründeten.

Natürlich musste man auch 1976 Abschied von Menschen nehmen, die durch ihr Werk Millionen über Jahrzehnte hinweg unterhalten haben. So starb Agathie Christie, ungekrönte Königin des Kriminalromans und Schöpferin von Miss Marple und Hercule Poirot, am 12. Januar an einem Schlaganfall in Wallingford. Fritz Lang war einer der wenigen deutschen Regisseure, die mit ihren Filmen Meilensteine des nationalen und internationalen Kinos schufen. Er erfand nicht nur die legendäre Figur Dr. Mabuse, sondern auch wegweisende Klassiker wie METROPOLIS (1927), DIE NIBELUNGEN (1924) oder M - EINE STADT SUCHT EINEN MÖRDER (1931), die ästhetisch und technisch ihrer Zeit weit voraus waren. Der geniale Lang starb nach langer Krankheit am 2. August 1976 in Beverly Hills.

Die beste Nachricht zum Schluss: In West-Deutschland wurden 602.851 Kinder geboren.

Rockford

Niki Lauda nach seinem Crash

Der Meister der Spannung
ALFRED HITCHCOCK

Alfred Hitchcock dürfte jedem ein Begriff sein, der auch nur ein rudimentäres Interesse an Filmen hat. Der Regisseur wurde am 13. August 1899 in Leytonstone unter dem Namen Alfred Joseph Hitchcock geboren. Bereits in jungen Jahren war er so etwas wie ein Einzelgänger. Der Altersunterschied zu seinen Geschwistern, sowie sein kleinerer Wuchs, gepaart mit seinem korpulenten Äußeren, bescherten ihm eine eher einsame Kindheit. Mit 14 Jahren verstarb Hitchcocks Vater, im selben Jahr verließ er das College, um sich in London mittels Abendkursen zum technischen Zeichner fortzubilden.

1915 erhielt er seine erste Anstellung als technischer Angestellter bei der W.T. Henley Telegraph Company, wo er schnell auch in der Werbeabteilung eingesetzt wurde. Während dieser Zeit fing Hitchcock damit an, seiner kreativen Ader freien Lauf zu lassen und schrieb diverse Kurzgeschichten, die im betriebsinternen *The Henley Telegraph* veröffentlicht wurden. Neben seiner Arbeit und dem Schreiben, fing er darüber hinaus an, ein Interesse für die Photographie zu entwickeln.

Als 1920 die Islington Studios in London gegründet wurden, welche Teil der Famous Player-Lasky Corporation waren - aus der später Paramount Pictures hervorging – erhielt Hitchcock eine Anstellung als Designer für Zwischentitel, die in Stummfilmen verwendet wurden. Erneut stellte Hitchcock sein Schreibtalent unter Beweis, indem er Drehbücher überarbeitete und später auch als Co-Autor tätig war.

NUMBER 13 (manchmal auch als MRS. PEABODY bezeichnet) sollte 1922 Hitchcocks erste Regiearbeit werden. Allerdings musste die Produktion nach kurzer Zeit auf Grund finanzieller Probleme eingestampft werden. Drei Jahre später erhielt er aber erneut die Gelegenheit, auf dem Regiestuhl Platz zu nehmen und lieferte die britisch-deut-

„Das wichtigste beim Film ist, dass das Publikum nicht einschläft."
(Alfred Hitchcock)[1]

Schon in jungen Jahren wusste Alfred Hitchcock ganz genau, wie er seine Geschichten visuell umsetzen wollte. Nicht umsonst galt er als einer der akribischsten Filmemacher überhaupt.

sche Produktion IRRGARTEN DER LEIDEN-SCHAFT (THE PLEASURE GARDEN, 1925) ab. Ein Großteil der Dreharbeiten fand in Deutschland statt. Trotzdem war dem Film weder hier, noch in anderen Ländern ein finanzieller Erfolg vergönnt. Ein Jahr später folgte das Drama DER BERGADLER (THE MOUNTAIN EAGLE, 1926), welches ebenfalls nicht beim Publikum landen konnte und recht schnell wieder aus den Kinos verschwand.

Erst bei seiner dritten Regiearbeit DER MIETER (THE LODGER, 1927) wandte er sich dem Genre zu, das er maßgeblich prägen und für das er berühmt werden sollte: Dem Thriller. DER MIETER war insbesondere in Großbritannien ein finanzieller Erfolg und auch die Kritiker zeigten sich begeistert. Hier wendete er auch erstmals das Motiv des unschuldig Verfolgten an, welches er zukünftig immer wieder aufgriff. DER MIETER wies einige expressionistische Elemente auf, die er wenige Jahre zuvor bei den Dreharbeiten zu F.W. Murnaus DER LETZTE MANN (1924) erlernt hatte. Der Film gilt gemeinhin als der erste typische Hitchcock-Film und bedeutete außerdem seinen Durchbruch als Regisseur, der durch seine ungewöhnlichen Kameraeinstellungen und Schattenspiele für Aufsehen sorgte. Hier ließ er sich außerdem in seinem ersten Cameo blicken, für die er später ebenfalls bekannt werden sollte. Seinen Erfolg festigte er weiter mit dem Sportdrama DER WELTMEISTER (THE RING, 1927), THE FARMER'S WIFE (1928) und DER MANN VON DER INSEL MAN (THE MANXMAN, 1929). Innerhalb kürzester Zeit hatte er sich als Aushängeschild des britischen Kinos etabliert und wurde auch solcher gefeiert.

Mit seinem zehnten Film betrat Hitchcock Neuland, denn der Tonfilm hatte nur wenige Jahre zuvor Einzug in die Lichtspielhäuser gehalten. Nicht wenige Regisseure sahen mit Angst der Zukunft ihrer Karriere entgegen, doch Hitchcock verwehrte sich nicht dem Fortschritt und produzierte mit ERPRESSUNG (BLACKMAIL, 1929) einen der ersten britischen Tonfilme. Zunächst als Stummfilm geplant, entschied man sich bei British International Picture während der laufenden Produktion aus ERPRESSUNG einen Tonfilm zu machen. Hierfür wurden einige Szenen nachgedreht, während man andere wiederum stumm ablaufen ließ. Auf Grund ihrer polnischen Herkunft, sah man sich gar gezwungen, die Hauptdarstellerin Anny Ondra zu synchronisieren. Zwar erfreute sich ERPRESSUNG in der tonlosen Fassung einer größeren Beliebtheit - nicht zuletzt, da die meisten Lichtspielhäuser noch nicht vollständig für Tonfilme ausgelegt waren - doch auch insgesamt war der Film ein Erfolg und stellte einen wichtigen Meilenstein in der Filmgeschichte Großbritanniens dar.

Es folgten weitere Auftragsarbeiten sowie ein weiterer Abstecher ins Krimi-Genre mit MORD - SIR JOHN GREIFT EIN! (MURDER!, 1930). Parallel zu MORD dreht er auch eine leicht geänderte deutsche Fassung mit deutschen Schauspielern unter dem Namen MARY (1930). Mehrfach musste er sich dem Willen des Studios beugen und Filme drehen, an denen er wenig bis gar kein Interesse

hatte. Nach sechs Jahren wurde die Zusammenarbeit, wie mit British International Pictures vertraglich vereinbart, beendet und Hitchcock arbeitete fortan für Gaumont British.

Hitchcocks erster Film nach dem Studiowechsel war DER MANN, DER ZUVIEL WUSSTE (THE MAN WHO KNEW TOO MUCH, 1934), den er Jahre später (1956) in den USA selbst remakte. Das Original wurde Hitchcocks größter britischer Filmerfolg und war so etwas wie der Archetyp des Hitchcock-Films. Sein nächster Film 39 STUFEN (THE 39 STEPS, 1935), ein Spionagethriller, orientierte sich lose an der gleichnamigen Buchvorlage aus der Feder von John Buchan. Wie bereits in DER MIETER folgte man auch hier einem unschuldigen Mann, der des Mordes bezichtigt wird und sich fortan auf der Flucht befindet. Allerdings war 39 STUFEN nicht gänzlich ohne Humor und führte erstmals den für Hitchcock wichtigen MacGuffin ein.

Als MacGuffin wird ein Element in einem Film bezeichnet, welches die Handlung in Gang bringt, ohne dabei selber von nennenswertem Interesse zu sein. In Hitchcocks 39 STUFEN waren des die titelgebenden *39 Stufen*. Andere berühmte Beispiele waren der Teppich in THE BIG LEBOWSKI (1998) oder der Koffer in PULP FICTION (1994).

Es folgten zwei weitere Spionagethriller, mit denen er jedoch weder qualitativ noch finanziell an 39 STUFEN und DER MANN, DER ZUVIEL WUSSTE anschließen konnte. Als die Pforten von Gaumont British geschlossen wurden, drehte er einige Filme für Gainsborough Pictures, die jedoch für wenig Aufsehen sorgten und im Fall von RIFF-PIRATEN (JAMAICA INN, 1939) bei den Kritikern sogar vollends durchfiel. Trotz der nachlassenden Qualität, hatte sich Hitchcock schon seit geraumer Zeit auch einen Namen in Übersee gemacht. Noch bevor er mit dem Dreh von RIFF-PIRATEN anfing, unterzeichnete er einen Vertrag mit dem Produzenten David O. Selznick.

Selznick holte das britische Talent in die USA und produzierte dessen erste amerikanische

MARNIE
THE BIRDS
PSYCHO
NORTH BY NORTHWEST
VERTIGO
THE WRONG MAN
III MAN WHO KNEW TOO MUCH
THE TROUBLE WITH HARRY
TO CATCH A THIEF
REAR WINDOW
DIAL M FOR MURDER
I CONFESS
STRANGERS ON A TRAIN
STAGE FRIGHT
UNDER CAPRICORN
ROPE
THE PARADINE CASE
NOTORIOUS
SPELLBOUND
LIFEBOAT
SHADOW OF A DOUBT
SABOTEUR
SUSPICION
MR. AND MRS. SMITH
FOREIGN CORRESPONDENT
REBECCA
JAMAICA INN
THE LADY VANISHES
YOUNG AND INNOCENT
SABOTAGE
THE SECRET AGENT
THE THIRTY-NINE STEPS
III MAN WHO KNEW TOO MUCH
WALTZES FROM VIENNA
NUMBER SEVENTEEN
RICH AND STRANGE
THE SKIN GAME
MURDER
JUNO AND THE PAYCOCK
BLACKMAIL
THE MANXMAN
CHAMPAGNE
THE FARMER'S WIFE
THE RING
EASY VIRTUE
DOWNHILL
THE LODGER
THE MOUNTAIN EAGLE
THE PLEASURE GARDEN

Regiearbeit REBECCA (1940). Hitchcocks Hollywooddebüt ließ dem Regisseur nur wenig Freiraum, denn Selznick steuerte die Produktion mit fester Hand, ließ kaum Platz für Hitchcocks Ideen. Hitchcock, der seine Projekte in der Regel bis ins kleinste Detail ausarbeitete und nichts dem Zufall überließ, fand wenig Gefallen an dieser Arbeitsweise. Auch wenn Hitchcock literarische Vorlagen verfilmte, übernahm er immer nur das Grundmotiv und entwarf eine eigene Handlung. Auch am Set wollte Hitchcock immer die Kontrolle behalten und vermied es weitestgehend, dass die Schauspieler bei ihrer Arbeit improvisierten. Selznick hatte sich für REBECCA hingegen eine vorlagengetreu Umsetzung von Daphne du Mauriers Roman aus dem Jahr 1938 vorgestellt, so dass es zu einigen Spannungen bei der Produktion kam. Trotzdem würde REBECCA ein voller Erfolg. Man erhielt elf Oscar-Nominierungen, von denen man zwei mit nach Hause nehmen konnte: „Bester Film" und „Beste Kamera". Ein gelungener Auftakt, dem weitere erfolgreiche Filme folgten.

Selznick, der nur einige wenige Filme im Jahr produzierte, hatte nicht immer ein Projekt zur Hand, bei dem er Hitchcock einsetzen konnte. Stattdessen verlieh er den Regisseur an andere Studios, was selbstverständlich ebenfalls bedeutete, dass Hitchcock nur selten freie Hand bei seinen Projekten hatte. So drehte Hitchcock seinen zweiten US-Film, DER AUSLANDSKORRESPONDENT (FOREIGN CORRESPONDENT, 1940), beispielsweise für die Walter Wanger Productions. Mit diesem Werk unterstützte Hitchcock zudem moralisch die Kriegsbemühungen seines Landes, bezog jedoch nicht vollends politisch Stellung und vermied jegliche Referenzen auf die Deutschen im Allgemeinen. Auch mit diesem Film konnte Hitchcock bei den Oscars überzeugen. DER AUSLANDSKORRESPONDENT wurde in 6 Kategorien nominiert, darunter „Beste Regie". Man erhielt zwar keine Trophäe, doch Hitchcock festigte weiter seine Stellung in Hollywood.

Während der 40er-Jahre zeigte sich Hitchcock überaus abwechslungsreich. 1941 drehte er die Screwball-Komödie MR. UND MRS. SMITH (MR. & MRS. SMITH, 1941). Im Krimi ICH KÄMPFE UM DICH (SPELLBOUND, 1945) widmete er sich der Psychoanalyse. Außerdem lieferte Hitchcock mit DAS RETTUNGSBOOT (LIFEBOAT, 1943) einen Beitrag für die britische Propagandamaschinerie ab. Trotz der Tatsache, dass Hitchcocks Filme immer wieder erfolgreich waren, zeigte er sich nicht sonderlich begeistert von der strikten Art, mit der Selznick seine Filme produzierte. Ähnlich wie bereits in Großbritannien, konnte Hitchcock nur selten seiner Kreativität freien Lauf lassen und lieferte primär Auftragsarbeiten ab. Entsprechend unzufrieden war er mit der Situation und entschied sich deshalb, ein eigenes Produktionsstudio zu gründen.

„Selbst meine Misserfolge machen Geld und werden ein Jahr später zu einem Klassiker." (Alfred Hitchcock)

Im April 1946 gründete er mit Sidney Bernstein die Produktionsfirma Transatlantic Pictures. Allerdings war er vertraglich noch für zwei weiter Jahre an Selznick gebunden. Hitchcocks letzter Film für Selznick war das Gerichtsdrama DER FALL PARADIN (THE PARADINE CASE, 1947). Ein Jahr später drehte Hitchcock seinen ersten Film als unabhängiger Produzent. COCKTAIL FÜR EINE LEICHE (ROPE, 1948) war zudem Hitchcocks erster Farbfilm. Das Kammerspiel sorgte jedoch in erster Linie mit seinem Echtzeitkonzept für Aufsehen. Seinerzeit verfügte jede Filmrolle über ungefähr 10 Minuten Film, die Hitchcock komplett ausnutzte. Mit cleve-

ALFRED HITCHCOCK'S PSYCHO

PÜNKTLICH

NICHTS

LIEBER HERR SCHAUMANN!

WER DIESEN FILM SEHEN WILL, MUSS PÜNKTLICH KOMMEN!

Das heißt: Nach Beginn des Hauptfilms gibt es keinen Einlaß mehr. Egal wer, wie, oder was. Wenn PSYCHO läuft, sind die Theatertüren geschlossen. Für jeden.

Das hat seinen Grund. Dieser Film schockiert. Man muß ihn in seiner Gesamtheit sehen, vom ersten bis zum letzten Bild. Er rührt Dinge an, die sonst unausgesprochen oder zumindest ungezeigt bleiben.

Das ist nicht billige, wohlfeile Reklame, wie sie für zahllose Produkte ähnlicher Provenienz gemacht wurde. Wenn jemals ein Film hart und schonungslos in das hineinleuchtete, was gemeinhin tabu ist, dann dieser!

Hier gehts hart auf hart. Hitchcock machte ihn – also erübrigt sich jede große Anpreisung. Nur eins sei gesagt: Hitchcock zeigt sich von seiner härtesten

Seite. Keine Verbindlichkeiten, keine versteckte Auflockerung, wie wir sie sonst bei ihm kennen. PSYCHO will schockieren – und tut es ohne jeden Zweifel. Dabei zeigt sich, daß das breite Publikum gern und willig mitmacht.

Es kommt pünktlich – und es schweigt. Keiner verrät die bitterböse Pointe.

Unsere Aufgabe: Hart und kräftig werben, hart sein beim Theater-Einlaß – und nichts verraten! Das seien auch Ihre drei Ausgangspunkte für PSYCHO von Hitchcock.

Auf den folgenden Seiten finde...
gen, die Ih...
d...

Presseseite aus dem Werberatschlag zum Film bei der Erstaufführung.

In den 50er Jahren sah sich die Kinoindustrie von den Fernsehern bedroht, die nach und nach Einzug in die heimischen Wohnzimmer fanden. Man setzte alles daran, um das Kino für die Besucher attraktiver zu gestalten und setzte unter anderem auf 3D. Warner Bros. drängte auch Hitchcock dazu bei BEI ANRUF MORD! (DIAL M FOR MURDER, 1954) 3D-Effekte einzusetzen, wovon dieser nicht gerade begeistert war. Er beugte sich zwar dem Wunsch, setzte den Effekt aber nur spärlich ein. Außerdem bekräftigte es ihn in seinem Entschluss, bei einem anderen Studio anzuheuern, bei dem er mehr Freiheiten genießen würde. 1953 unterzeichnete er deshalb einen Vertrag mit Paramount Pictures.

Ein Jahr später lief DAS FENSTER ZUM HOF (REAR WINDOW, 1954) mit Grace Kelly und James Stewart in den Hauptrollen in den Kinos an. Wieder einmal bewies der Brite sein Genialität und konnte weitere 4 Oscar-Nominierungen verbuchen, musste sich jedoch ein weiteres Mal mit den Nominierungen zufrieden geben. Für ÜBER DEN DÄCHERN VON NIZZA (TO CATCH A THIEF, 1955) wurde Richard Burks, mit dem er insgesamt über 13 Jahre zusammenarbeitete, für seine Kameraarbeit mit einem Oscar ausgezeichnet.

Nachdem er sich bereits in allerlei Genres ausgetobt hatte, produzierte Hitchcock als nächstes ein Remake seines bri-

Alfred Hitchcock am Set des Films IM SCHATTEN DES ZWEIFELS (SHADOW OF A DOUBT), den er 1943 in den Universal Studios drehte.

ren Kniffen wurden zudem die notwendigen Schnitte kaschiert. Sonderlich erfolgreich war COCKTAIL FÜR EINE LEICHE jedoch nicht, ebenso wenig wie Hitchcocks zweite Eigenproduktion SKLAVIN DES HERZENS (UNDER CAPRICORN, 1949), so dass das Studio nach kurzer Zeit Konkurs anmelden musste.

Hitchcock unterzeichnete jedoch einen Vertrag mit Warner Bros. welche bereits die Distribution der Transatlantic Filme übernommen hatten. Man gewährte Hitchcock volle Freiheit bei der Auswahl und Produktion von vier Filmen. Mit Marlene Dietrich in der weiblichen Hauptrolle griff Hitchcock in DIE ROTE LOLA (STAGE FRIGHT, 1950) erneut das Thema des unschuldig Verfolgten auf. Allerdings nahmen ihm die Kritik und das Publikum den Plot-Twist übel, der am Ende offenbarte, dass der Held am Ende doch schuldig ist. Entsprechend blieb dem Film ein Erfolg an den Kinokassen verwehrt. Erst DER FREMDE IM ZUG (STRANGERS ON A TRAIN, 1951) entpuppte sich nach etlichen Fehlschlägen endlich wieder als Erfolg.

Bei DAS FENSTER ZUM HOF aus dem Jahr 1954 setzte Hitchcock einmal James Stewart und Grace Kelly ein, mit denen er bei mehreren Produktionen zusammenarbeitete, z.B. bei ÜBER DEN DÄCHERN VON NIZZA (1955), BEI ANRUF MORD (1954) oder DER MANN, DER ZUVIEL WUSSTE (1956). Gemeinsam standen sie jedoch nur für DAS FENSTER ZUM HOF vor der Kamera.

Janet Leigh (Bild rechts) arbeitete nur einmal mit Alfred Hitchcock: Bei PSYCHO (1960) spielte sie die Figur der Marion Crane, die 40.000 Dollar unterschlagen hat und im Motel von Norman Bates absteigt. Leigh ist vielleicht das berühmteste Opfer der Filmgeschichte, da sie in der legendären Duschszene umgebracht wurde. Alleine für diese Zweiminütige Sequenz wurden zwei Wochen Drehzeit benötigt. Da Leigh insgesamt „nur" drei Wochen am Set benötigt wurde, verbrachte sie also ein Drittel ihrer Drehzeit unter der Dusche.

make seines britischen Films DER MANN DER ZUVIEL WUSSTE. Darüber hinaus veröffentlichte er auch die TV-Serie *Alfred Hitchcock presents*. Die letzte Regiearbeit, die er für Paramount anging, war indes AUS DEM REICH DER TOTEN (VERTIGO, 1958). Der Film wurde seinerzeit zwar eher verhalten aufgenommen, gilt aber mittlerweile als eine der wichtigsten Arbeiten Hitchcocks. Ähnlich verhielt es sich mit seinem nachfolgenden Film DER UNSICHTBARE DRITTE (NORTH BY NORTHWEST, 1959), der überaus leichtgängig und humorvoll inszeniert war.

„Für mich war Psycho eine reine Komödie. Musste er auch sein."
(Alfred Hitchcock)

Seinen vermutlich bekanntesten Film drehte er ein Jahr später. Bei PSYCHO (1960) musste Hitchcock mit einem deutlich geringeren Budget auskommen, da Paramount nur wenig Interesse an diesem Projekt hatte und man versuchte, ihm durch Budgeteinsparungen von der Idee abzubringen. Hitchcock ließ sich jedoch nicht beirren, wurde lediglich ein wenig kreativer, drehte den Film u.a. deshalb in Schwarzweiß. Die Presse zeigte sich wenig begeistert von PSYCHO, das Publikum war begeistert, sorgte für klingelnde Kassen und für Hitchcocks größten finanziellen Erfolg.

„Blondinen geben bessere Opfer ab. Sie sind wie unberührter Schnee, auf dem blutige Fußspuren zu erkennen sind."
(Alfred Hitchcock)

Erneut wechselte Hitchcock das Studio und stand fortan bei Universal unter Vertrag. Mit DIE VÖGEL (THE BIRDS, 1963) widmete er sich dem Horrorgenre, zeigte wieder einmal sein Gefühl für Suspense. Bekanntermaßen hegte Hitchcock eine teils übertrieben enge Beziehung zu seinen zumeist blonden Hauptdarstellerinnen. Er nahm sich immens viel Zeit, um sie perfekt auf ihre Rolle vorzubereiten, was nachgerade in eine Obsession auszuarten schien. Bei den Dreharbeiten zu DIE VÖGEL nahm diese Besessenheit besonders groteske Züge an, als er Tippi Hedren von zwei Crew-Mitgliedern beschatten ließ, um sie dann für ihr privates Verhalten zu kritisieren. Trotzdem führten Hedren und Hitchcock die Zusammenarbeit in MARNIE (1964) weiter fort, wo man sich dann, nach einem erfolglosen Annäherungsversuchs Hitchcocks im Streit trennte. DIE VÖGEL wird häufig als Hitchcocks letzter großer Film bezeichnet. Auch gesundheitlich war es nicht mehr so gut um Hitchcock bestellt, so dass er seinen Output deutlich reduzierte. Es folgten zwar noch fünf weitere Filme, bis er schließlich am 29. April 1980 in Los Angeles an Nierenversagen verstarb, allerdings konnte er mit MARNIE (1964) oder FRENZY (1972) nicht mehr an seine Erfolgt anknüpfen, geschweige denn Maßstäbe setzen, wie er es in der Vergangenheit getan hatte.

Nicht wenige von Alfred Hitchcocks Filmen können als Meisterwerke bezeichnet werden und sind in vielen Aspekten immer noch maßgebend. Ob nun Dramaturgie, Atmosphäre, Kamera oder Schnitt, Hitchcock setzte in etlichen Bereichen neue Maßstäbe, die bis heute Bestand haben und bis heute häufig unerreicht geblieben sind. Filme wie PSYCHO, DIE VÖGEL oder DER UNSICHTBARE DRITTE sind zudem wegbereitend für ganze Genres gewesen und nehmen somit einen hohen Stellenwert in der Filmgeschichte ein. Alfred Hitchcock beweist eindrücklich, dass eine herausragende Regie und gute Geschichten die Zeit überdauern können und nicht eine Frage der Technik sind, denn seine Filme wissen auch heute noch zu fesseln.

Hitchcock im Gespräch mit Barbara Harris am Set seines letzten Films FAMILIENGRAB aus dem Jahr 1976. Der Meister-Regisseur hatte ganz eigene Vorstellungen von dem Umgang mit Schauspielern.
„Ich habe nie gesagt, dass alle Schauspieler dumme Kühe sind. Ich habe lediglich gesagt, dass man sie so behandeln sollte."

DAS JAHR 1976:
FAKTEN UND ZAHLEN
DEUTSCHLAND

Im Jahr 1976 gab es einige Wiederaufführungen von Disney-Klassikern aus den 50er- und 60er-Jahren. So fand u.a. auch MARY POPPINS aus dem Jahr 1964 mit Erfolg den Weg zurück auf die Leinwand. Auf dem Bild rechts sieht man die beiden Hauptdarsteller Julie Andrews und Dick Van Dycke.

Aus deutscher Sicht war das Kinojahr 1976 eine Katastrophe. Keine einheimische Produktion war auch nur annähernd in der Lage, sich gegen die europäische oder amerikanische Konkurrenz zu behaupten. Filme wie **ANSICHTEN EINES CLOWNS** oder **SOMMERGÄSTE** liefen boshaft ausgedrückt unter Ausschluss der Öffentlichkeit und selbst Co-Produktionen waren weit und breit nicht in Sicht. Das Ergebnis war eine bittere Schlappe und machte deutlich, dass der deutsche Kinomarkt selbst national keine Rolle mehr spielte.
Unsere europäischen Nachbarn machten es da schon wesentlich besser und konnten mit **ASTERIX EROBERT ROM, BRUST ODER KEULE, HECTOR, DER RITTER OHNE FURCHT UND TADEL, HER MIT DEN KLEINEN ENGLÄNDERIN-NEN** und **DIE 120 TAGE VON SO-DOM** gleich mehrere Produktionen in den deutschen TOP 10 platzieren und offenbarten damit auch schmerzhaft, wie publikumsfremd und unbedeutend das deutsche Filmgeschäft in der Heimat mittlerweile war.
Die Amerikaner bastelten in der Zwischenzeit weiterhin fleißig daran, planbare Hits zu produzieren, mit denen sie weltweit am Markt bestehen konnten. Ein bekannter Name, ein gutes Marketing-Konzept und die Fokussierung sollten das Publikum anlocken. Was Mitte der 70er-Jahre noch relativ ungewöhnlich war, gehört mittlerweile zum

guten Ton, die Regeln haben sich seitdem nur geringfügig geändert.
Daher kann man **KING KONG** nicht nur als logische Fortsetzung der Katastrophen-Filme der frühen 70er-Jahre ansehen, sondern auch als einen der ersten typischen modernen Blockbuster, der mit ähnlichen Mitteln sein Publikum finden sollte, wie heutige Big-Budget-Produktionen - der Stil wurde nur verfeinert, aber die Mechanismen blieben identisch.
Mitte der 70er-Jahre wurde auch immer deutlicher, dass Westernfilme, die in den 60er-Jahren die Kinolandschaft dominierten, endgültig ihren Zenit überschritten hatten. Gleich mehrere Genrebeiträge wie **NEVADA PASS, ZWISCHEN ZWÖLF UND DREI** - beide mit Charles Bronson - oder **DER TEXANER** mit Clint Eastwood blieben doch deutlich hinter den Erwartungen zurück, so dass die Produktion ähnlicher Projekte langsam aber sicher eingestellt wurde

Überraschend, aber auch bezeichnend, waren die Erfolge, die einige Wiederaufführungen feiern konnten. So brachte man die Disney-Streifen **20.000 MEILEN UNTER DEM MEER, MARY POPPINS, ALICE IM WUNDERLAND** und **DUMBO** abermals in die Lichtspielhäuser und war vielleicht selbst ein wenig von dem Publikumszuspruch überrascht. Ähnliches könnte auch heute passieren, wenn denn die Verleiher den Mut hätten, dieses Wagnis einzugehen. Es wäre durchaus einen Versuch wert, in dieser Richtung mal ein gewisses Risiko einzugehen. Nicht auszuschließen, dass auch heute Wiederaufführungen einige Zuschauer an locken könnten.

DIE TOP 50 IN DEUTSCHLAND

Platz	Filmtitel	Originaltitel	Starttermin	Besucher
1	ASTERIX EROBERT ROM	Les Douze travaux d'Astérix	12.03.1976	7.198.628
2	EINER FLOG ÜBER DAS KUCKUCKSNEST	One Flew Over the Cuckoo's Nest	18.03.1976	5.200.000
3	BRUST ODER KEULE	L' Aile ou la cuisse	10.12.1976	3.250.000
4	KING KONG	King Kong	16.12.1976	3.000.000
5	HER MIT DEN KLEINEN ENGLÄNDERINNEN	À nous les petites Anglaises!	17.12.1976	2.500.000
6	HECTOR, DER RITTER OHNE FURCHT UND TADEL	Il Soldato di ventura	19.05.1976	1.750.000
7	SILENT MOVIE	Silent Movie	29.10.1976	1.600.000
8	SCHLACHT UM MIDWAY	Midway	09.10.1976	1.550.000
9	FAMILIENGRAB	Family Plot	10.09.1976	1.500.000
10	DIE 120 TAGE VON SODOM	Salò o le 120 giornate di Sodoma	30.01.1976	1.450.000
11	DIE SCHLÜMPFE UND DIE ZAUBERFLÖTE	La Flûte à six schtroumpfs	07.10.1976	1.400.000
12	TAXI DRIVER	Taxi Driver	07.10.1976	1.350.000
13	DIE SKLAVENHÖLLE DER MANDINGOS	Drum	27.08.1976	1.300.000
14	DAS OMEN	The Omen	25.09.1976	1.250.000
15	DER GREIFER	L'Alpagueur	02.04.1976	1.200.000
16	20.000 MEILEN UNTER DEM MEER (WA)	20.000 Leagues Under the Sea	30.09.1976	1.150.000
17	DIE RITTER DER KOKOSNUSS	Monty Python and the Holy Grail	12.08.1976	1.086.118
18	DIE UNBESTECHLICHEN	All the President's Men	30.09.1976	1.075.000
19	CAPRONA	Caprona	11.06.1976	1.050.000
20	DIE HINDENBURG	The Hindenburg	16.04.1976	1.025.000
21	BARRY LYNDON	Barry Lyndon	17.09.1976	1.000.000
22	DIE ZAUBERFLÖTE	Trollflöjten	16.09.1976	975.000
23	GRIZZLY	Grizzly	13.08.1976	950.000
24	MARY POPPINS (WA)	Mary Poppins	16.12.1976	900.000
25	EMMANUELLE 2	Emmanuelle 2	02.04.1976	875.000
26	TARZOON - SCHANDE DES DSCHUNGELS	Tarzoon, la honte de la jungle	05.03.1976	825.000
27	FRENCH CONNECTION 2	French Connection 2	13.04.1976	800.000
28	MEIN NAME IST GATOR	Gator	23.12.1976	775.000
29	HUNDSTAGE	Dog Day Afternoon	19.03.1976	750.000
30	DER LETZTE DER HARTEN MÄNNER	The Last Hard Men	10.11.1976	700.000
31	MIT DYNAMIT UND FROMMEN SPRÜCHEN	Rooster Cogburn	30.04.1976	675.000
32	NEVADA PASS	Breakheart Pass	27.02.1976	650.000
33	DER TEXANER	The Outlaw Josey Wales	05.11.1976	625.000
34	DER MANN, DEN SIE PFERD NANNTEN 2	The Return of a Man Called Horse	28.10.1976	600.000
35	ANSICHTEN EINES CLOWN		14.01.1976	575.000
36	ZWISCHEN ZWÖLF UND DREI	From Noon Till Three	13.08.1976	550.000
37	ADIEU, BULLE	Adieu, poulet	29.01.1976	525.000
38	DIE SÖLDNER	Killer Force	15.01.1976	500.000
39	NEW YORK ANTWORTET NICHT MEHR	The Ultimate Warrior	28.05.1976	475.000
40	DIE KILLER-ELITE	The Killer-Elite	08.04.1976	450.000
	SOMMERGÄSTE		29.01.1976	425.000
	ZWEI WIE HUND UND KATZ	Shout at the Devil	07.05.1976	400.000
	DER MANN, DER KÖNIG SEIN WOLLTE	The Man Who Would Be King	05.03.1976	375.000
	DIE BÄREN SIND LOS	The Bad News Bears	17.12.1976	350.000
	ALICE IM WUNDERLAND (WA)	Alice in Wonderland	11.03.1976	315.000
	JACK THE RIPPER	Jack the Ripper	01.10.1976	300.000
	DER BLUFFER	Bluff storia di truffe e di imbroglioni	13.08.1976	275.000
	DUMBO (WA)	Dumbo	03.06.1976	250.000
	EINE FRAU SIEHT ROT	Lipstick	08.10.1976	225.000
	PARASITEN-MÖRDER	Shivers	02.09.1976	200.000

Asterix EROBERT ROM

1959

begann der Siegeszug des berühmtesten Galliers aller Zeiten: Asterix. Seinen ersten Auftritt hatte Asterix in der französischen Jugendzeitschrift Pilote. Zwei Jahre später erschien dann schließlich der erste Band *Asterix der Gallier (Astérix le Gaulois)*. Sieben Jahre später, als man in Frankreich bereits bei Band 11 angekommen war und der erste Film über die Leinwand flackerte, fand Asterix auch seinen Weg nach Deutschland. Nach und nach wurden auch die anderen Bände in Deutschland veröffentlicht und auch der Film ASTERIX DER GALLIER (ASTÉRIX LE GAULOIS, 1967) wurde ab 1971 in den hiesigen Lichtspielhäusern gezeigt. Ein Jahr, nachdem man den eigentlich zweiten Film ASTERIX UND KLEOPATRA (ASTÉRIX ET CLÉOPÂTRA, 1968) bereits in Deutschland im Kino sehen konnte. Beide Filme basierten auf den gleichnamigen Comicbänden.

INHALT:

Das kleine gallische Dorf leistet weiterhin Widerstand und ist Cäsar zunehmend ein Dorn im Auge. Zudem verbreitet sich nun auch noch das Gerücht, die Gallier könnten Götter sein. Cäsar setzt alles auf eine Karte, um den Beweis anzutreten, dass dem nicht so ist. Er fordert Asterix und Obelix auf, zwölf scheinbar unlösbare Prüfungen zu bewältigen, mit denen sie ihre Göttlichkeit unter Beweis stellen sollen. Sollte es ihnen gelingen, die Aufgaben zu lösen, tritt Cäsar zurück.

Die beiden belgisch-französischen Ko-Produktionen erfreuten sich in Deutschland einer immensen Beliebtheit - wurden später in einer Wiederaufführung erneut in den deutschen Kinos gezeigt - doch die Erfinder des pfiffigen Galliers, der Autor René Goscinny und der Zeichner Albert Uderzo waren nicht zufrieden mit der Umsetzung. Kurzentschlossen gründete man 1974 die Studios Idéfix, um den nächsten Film selber produzieren zu können.

> „Goscinny hat für diesen Film nicht einen der Comicbände herangezogen, sondern eine neue Story geschrieben. Wir haben uns bemüht die Qualitäten die das Kino bietet - Bewegung und Ton - bestmöglich auszunutzen." (Albert Uderzo)

Die Pre-Production des Films begann jedoch bereits 1973. Für **ASTERIX EROBERT ROM** verwendete man erstmals eine eigene Geschichte, anstatt auf eine Story aus den beliebten Comicbänden zurückzugreifen. Die Produktion selber fand am 1. April 1974 ihren Startschuss. Um den gesetzten Zeitplan einzuhalten, wurde alles äußerst akribisch durchgeplant. Zunächst fing man mit dem Schreiben des Drehbuchs an, in enger Zusammenarbeit wurden parallel die Storyboards aufgesetzt. Hiernach holte man die Sprecher ins Tonstudio, um die Dialoge aufzunehmen. Nachdem die Tonaufnahmen im Kasten waren, wurden diese in eine frühe visuelle Umsetzung gebettet, die jedoch mit deutlich reduzierten Animationen aufwartete. Diese frühe Fassung ermöglichte es zu analysieren, ob die Witze auch zündeten, so dass man gegebenenfalls Korrekturen vornehmen konnte, ohne dass man bereits etliche Stunden Arbeit in die detaillierte Animation gesteckt hatte.

Nachdem diese Schritte abgeschlossen waren, konnte man sich an die eigentliche Arbeit setzen. Für die Zeichnungen heuerte man 12 Animatoren an, die sich jedoch gar nicht so einfach finden ließen. Die wenigsten Animatoren waren wirklich darauf erpicht, 8 Stunden am Tag Asterix und Co. zum Leben zu erwecken. Doch am Ende fand man ein Team und insgesamt wurden 500.000 Zeichnungen für **ASTERIX EROBERT ROM** produziert. Planmäßig wurde die Produktion am 1. Januar 1976 abgeschlossen.

> „Viele Filme mit solch hohen Kosten, zählen auf die Anziehungskraft ihrer Stars. Wir haben auch zwei internationale Stars: Nämlich Asterix und Obelix."
> (Albert Uderzo)

Die Produktion hatte ein Budget in Höhe von 7 Millionen Franc verschlungen. Ein Großteil hierfür verfiel auf die Gehälter, immerhin waren 48 Leute in Vollzeit über einen Zeitraum von vier Jahren bei dem Projekt beschäftigt. Während man für die Materialien (Filmrollen und Laborkosten)

„Ein „Lucky Luke" Film steht auf der Liste. Wir wollen jedoch noch weitere Filme produzieren. Frankreich hatte schon immer gute Zeichner, die aber zu wenig miteinander arbeiteten. Wir haben hier praktisch einen unerforschten Markt, den wir uns mit Qualität aneignen wollen."

(Albert Uderzo)

lediglich ca. 1 Million Franc ausgeben musste. Die überaus sparsame Vorgehensweise (es kam nur sehr selten zu Veschnitt), die mit der detaillierten Planung einherging, ermöglichte es, diesen Kostenblock stark zu reduzieren.

Am 12. März 1976 feierte **ASTERIX ER-OBERT ROM** in Deutschland Premiere und war, ebenso wie seine Vorgänger, überaus erfolgreich, entpuppte sich hierzulande sogar als der erfolgreichste Film des Jahres. Mit der Rekordanzahl von 135 Kopien ging man an den Start. **ASTERIX EROBERT ROM** zog mehr als 7 Millionen Zuschauer in die deutschen Kinos und begeisterte Alt und Jung gleichermaßen. 1982 und 1985 kam es zudem zu Wiederaufführungen des Films.

Lediglich bei eingefleischten Fans spaltet der Film ein wenig die Gemüter. Visuell deutlich fortgeschrittener als die beiden Vorgänger, wird die Handlung von vielen eher missmutig aufgenommen. Zum einen lässt sich die Story nur schlecht in den Kanon der Serie einbringen, zum anderen will es auch nicht so recht passen, dass Cäsar am Ende tatsächlich abdankt. Der zeitgenössische und kritische Humor kommt im Film allerdings nicht zu kurz. Hier wird mit dem Haus der Verrückten und dem Passierschein „A 38" der Beamtenapparat aufs Korn genommen und man macht sich auch über eine Waschmittelwerbung lustig. Man ging sogar soweit, dass man auf Disneys Werke anspielte, indem ein Huhn ein Ei legte, welches der Form von Donald Ducks Kopf nachempfunden war. Diese Szene wurde allerdings in diversen Versionen auf Grund von Copyright-Problemen geschnitten.

Die 12 verschiedenen Prüfungen sind abwechslungsreich und amüsant, dass der deutsche Titel dabei grundsätzlich ein wenig die „Spannung" raubt, ist wohl zu verkraften, denn recht früh zeichnet sich ab, dass die beiden Gallier zwar schwierige Aufgaben präsentiert bekommen, aber mit Witz, Tücke und Glück allen Prüfungen trotzen können. Nachdem die teutonischen Figuren in den Comicbüchern immer überaus aggressiv und eher unsympathisch dargestellt wurden, brach man mit Bombastik in **ASTERIX EROBERT ROM** eine Lanze für die Charakter und stellte den Teutonen als schusseligen aber liebenswürdigen Charakter dar. Dies geschah, da die politische Beziehung zwischen Frankreich und Deutschland immer weiter ausgebaut wurde und das Feindbild des Deutschen nicht mehr in den Köpfen rumschwirrte.

ASTERIX EROBERT ROM zeichnet sich durch eine extreme Leichtigkeit aus, die manchmal fast schon etwas platt wirkt und lässt den häufig recht ausgefeilten Humor der Comics etwas vermissen. Zudem möchten manche zeitgenössischen Witze heute nur bedingt zünden. Trotz alledem ist **ASTERIX EROBERT ROM** überaus humorvoll, der Spaß steht recht deutlich im Vordergrund. Das hohe Tempo und die vielen Details des Films lassen kaum Langeweile aufkommen, auch wenn es ein wenig schade ist, dass die restlichen Charaktere doch etwas zu kurz kommen.

Julius Cäsar hat nun endgültig die Nase von den aufmüpfigen Galliern voll und fordert sie heraus. Schaffen sie die ihnen gestellten Prüfungen, tritt er zurück. Cäsar wurde in diesem Film von Siegfried Schürenberg gesprochen, der aufgrund seiner markanten Stimme nicht nur als Schauspieler, sondern auch als Synchronsprecher Erfolge feierte. Seine bekannteste Rolle war vermutlich Sir John in den Wallace-Filmen der 60er-Jahre.

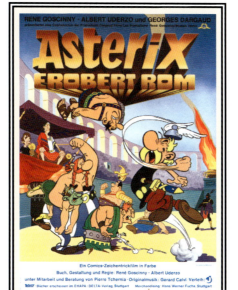

Deutsches Kinoplakat von 1976
Verleih: Jugendfilm

Stabangaben: Frankreich 1975 | ### Minuten

ORIGINALTITEL: Les douze travaux d'Astérix • REGIE: René Goscinny, Henri Gruel, Albert Uderzo, Pierre Watrin • DREHBUCH: René Goscinny, Albert Uderzo • KAMERA: Jacques Capoo, Michael Gantier, Denis Gruel • SCHNITT: René Chaussy, Isabel García de Herreros, Minouche Gauzins, Michèle Neny • MUSIK: Gérard Calvi • PRODUZENTEN: Georges Dargaud, René Goscinny, Albert Uderzo • PRODUKTIONSFIRMEN: Dargaud Films, Les Productions René Goscinny, Studios Idéfix
STARTTERMIN FRANKREICH: 20.10.1976
BESUCHERZAHLEN FRANKREICH: 2.202.481
SYNCRONSTIMMEN:

Asterix	Hans Hessling
Obelix	Edgar Ott
Miraculix	Arnold Marquis
Majestix	Woflgang Völz
Julius Cäsar	Siegfried Schürenberg
Gaius Pupus	Dieter Kursawe
Mannekenpix	Erich Fiedler
Zenturio	Gerd Holtenau
Erzähler	Joachim Cadenbach
Cylindric	Toni Herbert

Die großen Ambitionen, die Goscinny und Uderzo mit der Gründung ihres Studios verfolgten, konnten leider nicht erfüllt werden. Goscinny starb 1977 in Paris an einem Herzinfarkt, kurz bevor man die Produktion des Animationsfilm LUCKY LUKE - SEIN GRÖSSTER TRICK (LA BALLADE DES DALTON, 1978) beendet hatte. Studios Idéfix wurden kurz darauf geschlossen, was allerdings nicht das Ende der Asterix-Filme bedeutete. (SW)

DIE
ASTERIX-FILME

Trotz des frühen Todes von Goscinny wurde Asterix weiterhin mit seinen Freunden in neue Abenteuer geschickt. Die Anziehungskraft des Galliers war ungebrochen und der Bekanntheitsgrad in- und außerhalb Frankreichs war immens. Entsprechend war es nur eine Frage der Zeit, bis weitere Verfilmungen in Produktion gingen. 1985 folgte der vierte Animationsfilm, dem sich noch vier weitere Streifen anschlossen. 1999 veröffentlichte man zudem eine erste Realverfilmung mit Christian Clavier (Asterix) und Gérard Depardieu (Obelix) in den Hauptrollen, die drei Nachfolger nach sich zog (die deutsche Veröffentlichung des vierten Films erfolgt im Oktober 2012).

COMICFILME

ASTERIX DER GALLIER

Ganz Gallien ist von Cäsar besetzt... Ganz Gallien? Nein, ein kleines Dorf leistet nach wie vor den Römern heftigen Widerstand. Ein Zaubertrank verleiht den kämpferischen Dorfbewohnern unglaubliche Kräfte, gegen welche die Truppen Cäsars keine Chance haben. Um dem Dorf das Handwerk zu legen, lässt Cäsar den Druiden Miraculix entführen, der immer den Zaubertrank braut.
Regie: Ray Goossens
Synchronsprecher: Hans Hessling, Edgar Ott, Klaus W. Krause

Jahr	Originaltitel	Besucherzahlen (D)
1967	Astérix le Gaulois	3.641.501

ASTERIX UND KLEOPATRA

Die schöne Kleopatra versucht Cäsar zu beeindrucken und schließt eine Wette mit ihm ab. Sie behauptet, dass sie innerhalb von 3 Monaten einen überaus prächtigen Palast erbauen lassen kann. Der Architekt Numerobis wird mit der Aufgabe betraut und wendet sich in seiner Verzweiflung an seinen Freund Miraculix. Gemeinsam mit Asterix und Obelix im Schlepptau, machen sie sich auf nach Ägypten.
Regie: René Goscinny, Albert Uderzo, Lee Payant • **Synchronsprecher:** Hans Hessling, Edgar Ott, Klaus W. Krause

Jahr	Originaltitel	Besucherzahlen (D)
1968	Astérix et Cléopâtre	unbekannt

ASTERIX - SIEG ÜBER CÄSAR

Obelix hat sich in die wunderschöne Falbala verliebt. In seiner Verliebtheit hat er nicht einmal Appteti auf Wildschwein und auch der Zaubertrank übt keinen Reiz mehr auf ihn aus. Als die Römer Falbala gefangen nehmen und planen, sie den Löwen zum Fraß vorzuwerfen, machen sich Asterix und Obelix auf den Weg nach Rom.
Regie: Gaëtan Brizzi, Paul Brizzi
Synchronsprecher: Frank Zander, Wolfgang Hess, Fred Maire

Jahr	Originaltitel	Besucherzahlen (D)
1985	Astérix ... surprise de César	3.149.280

Nach 10 Jahren endlich der neue Asterix-Film

ASTERIX BEI DEN BRITEN

Cäsars Feldzug weitet sich aus und so fallen seine Truppen in England ein. Während die Gallier keine Römer mehr in die Finger kriegen, drohen die Briten überrannt zu werden. Hilfesuchend wendet man sich an die Gallier, die sich mit Freuden auf den Weg zur Rettung machen.
Regie: Pino Van Lamsweerde
Synchronsprecher: Manfred Lichtenfeld, Wolfgang Hess, Chris Howland

Jahr	Originaltitel	Besucherzahlen (D)
1986	Astérix chez les Bretons	2.937.686

ASTERIX – OPERATION HINKELSTEIN

Als Miraculix eines Tages von einem Hinkelstein getroffen wird, kann sich dieser nicht mehr an die Rezeptur des Zaubertranks erinnern. Zu allem Überfluss fällt noch der Seher Lügfix in die Fänge der Römer und verrät, dass die Gallier keinen Zaubertrank zur Hand haben. Die Römer wittern ihre Chance, die Dorfbewohner endlich besiegen zu können.

Regie: Philippe Grimond
Synchronsprecher: Jürgen von der Lippe, Günter Strack, Leo Bardischewski

Jahr	Originaltitel	Besucherzahlen (D)
1989	Astérix et le Coup du menhir	2.679.034

ASTERIX IN AMERIKA

Ohne ihren Zaubertrank sind die Gallier auch nur Menschen und könnten der Übermacht Roms nichts entgegenstellen. Cäsar lässt Miraculix entführen, um ihn den Rand der Erdscheibe zu werfen. Dumm nur, dass die Erde rund ist und Miraculix stattdessen in Amerika landet. Asterix und Obelix sind den Entführern jedoch schon auf den Fersen, um Miraculix zurückzubringen.

Regie: Gerhard Hahn
Synchronsprecher: Peer Augustinski, Ottfried Fischer, Ralf Wolter

Jahr	Originaltitel	Besucherzahlen (D)
1994	Asterix in America	1.602.000

ASTERIX UND DIE WIKINGER

Majestix gibt Asterix und Obelix den Auftrag aus seinem verweichlichten Neffen Grautvornix einen echten gallischen Krieger zu machen. Doch Grautvornix ist ein Angsthase und wird auch noch von den Wikingern entführt.

Regie: Stefan Fjeldmark, Jesper Møller
Synchronsprecher: Christian Tramitz, Tilo Schmitz, Thomas Reiner

Jahr	Originaltitel	Besucherzahlen (D)
2006	Astérix et les Vikings	642.656

REALFILME

ASTERIX & OBELIX GEGEN CAESAR

Cäsar sitzt im Kerker. Was eigentlich ein Grund zum feiern wäre, doch der Gouverneur Destructivus hat nicht nur die Macht, sondern auch den Zaubertrank an sich gerissen. Als auch noch Asterix gefangen genommen wird, muss sich Obelix aufmachen, um ihn zu retten.

Regie: Claude Zidi
Schauspieler: Christian Clavier, Gérard Depardieu, Roberto Benigni

Jahr	Originaltitel	Besucherzahlen (D)
1999	Astérix et Obélix contre César	3.563.513

ASTERIX & OBELIX: MISSION KLEOPATRA

Kleopatra hat eine scheinbar unlösbare Aufgabe für den Architekten Numerobis. Er soll innerhalb von drei Monaten einen Palast für Cäsar bauen. Bei Versagen wird er den Krokodilen zum Frass vorgeworfen. Numerobis wendet sich an Miraculix, der gemeinsam mit Asterix und Obelix im Schlepptau zur Rettung naht.

Regie: Alain Chabat
Schauspieler: Christian Clavier, Gérard Depardieu, Monica Bellucci

Jahr	Originaltitel	Besucherzahlen (D)
2002	A. & O.: Mission Cléopâtre	1.621.762

ASTERIX BEI DEN OLYMPISCHEN SPIELEN

Asterix und Obelix wollen ihren gallischen Freund Alafolix in Griechenland helfen, die olympischen Spiele zu gewinnen und das Herz der bezaubernden griechischen Prinzessin Irina zu erobern.

Regie: Thomas Langmann, Frédéric Forestier • **Schauspieler:** Clovis Cornillac, Gérard Depardieu, Alain Delon

Jahr	Originaltitel	Besucherzahlen (D)
2008	Astérix aux Jeux Olympiques	1.574.238

ASTÉRIX ET OBÉLIX: AU SERVICE DE SA MAJESTÉ

Regie: Laurent Tirard
Schauspieler: Edouard Baer, Gérard Depardieu, Fabrice Luchini

Jahr	Originaltitel	Besucherzahlen (D)
2012	Au service de Sa Majeste	unbekannt

PLATZ
2

Starttermin in
Deutschland:
18.03.'76
Besucher in
Deutschland:
5.200.000

Einer flog über das Kuckucksnest

INHALT:
R.P. McMurphy ist ein Draufgänger und Rebell. Als er wegen Verführung einer Minderjährigen vor Gericht landet, plädiert er auf Unzurechnungsfähigkeit, um so einer Gefängnisstrafe zu entgehen. Stattdessen wird er in eine Nervenheilanstalt eingewiesen. Die vermeintlich harmlosere Wahl entpuppt sich jedoch als Tortur, denn die boshafte Schwester Ratched hat ihre Station fest unter Kontrolle. Die Patienten vegetieren vor sich hin. Wer gegen Ratcheds System rebelliert, wird mit Hilfe einer Elektroschocktherapie gefügig gemacht. Doch mit McMurphy hat sie nicht gerechnet, denn dieser lässt sich nicht unterordnen und bringt nach und nach alle Patienten gegen Ratched auf.

Nachdem Kirk Douglas 1962 Ken Keseys Roman *Einer flog über das Kuckucksnest* gelesen hatte, war er von dem Drama völlig begeistert. Douglas sicherte sich umgehend die Rechte und begann damit, den Stoff für ein Theaterstück umzusetzen, da er sich ohnehin nach der Bühne sehnte. Im November 1963 feierte das Stück, mit Kirk Douglas in der Hauptrolle, Premiere. Neben Douglas, waren auch noch Gene Wilder, Billy Daniels und Ed Ames in dem Stück zu sehen. Kesey hielt große Stücke auf das Theaterstück, fand insbesondere Douglas' Darstellung des McMurphy überaus gelungen. Das Publikum honorierte die Adaption allerdings nicht, sondern war eher aufgebracht, weil man der Meinung war, dass man sich mit dem Theaterstück über verrückte Leute lustig machen würde. Um das Stück am Leben zu halten, nahm Douglas einige harte Einschnitte bei seiner Gage in Kauf, was das Ende jedoch nur kurzfristig hinauszögerte. Im Januar 1964 hatte *Einer flog über das Kuckucksnest* seine letzte Vorstellung.

Douglas' Interesse an dem Stoff verflog selbstverständlich nicht, so dass er stattdessen alles daran setzte, das Buch für die Leinwand zu adaptieren. Als er für das Auswärtige Amt im damals noch kommunistischen Prag unterwegs war, lernte er den Regisseur Miloš Forman sowie einige seiner Filme kennen. In Forman sah Douglas einen jungen, talentierten Regisseur, der mit seiner Vorstellungskraft die perfekte Wahl für sein geplantes Projekt darstellen würde. Douglas fragte Forman rundheraus, ob er ihm ein Buch zusenden könne und ob er Interesse daran hätte, einen Film aus diesem Buch zu machen. Das Schicksal meinte es jedoch nicht sonderlich gut mit Douglas' Ambitionen, denn obwohl er das Buch zeitnah an Forman verschickte, erhielt der Regisseur es nie. Man vermutet, dass der Zoll bzw. die Regierung es konfisziert hatte. Sowohl Forman, als auch Douglas waren der irrigen Annahme, dass man einander vergessen hatte, erst Jahre später klärte sich die Situation auf, als Kirk Douglas' Sohn Michael die Zügel für die Verfilmung von *Einer flog über das Kuckucksnest* in die Hand nahm.

Jahrelang versuchte Douglas, ein Studio für die Verfilmung zu begeistern, um eine Finanzierung gewährleisten zu können, stieß jedoch auf keinerlei Interesse. Den meisten war der Stoff zu prekär, die Handlung zu ungewöhnlich, als das man das Risiko eingehen wollte. Frustration machte sich bei Douglas breit und er stand kurz davor, die Rechte weiterzuverkaufen, damit sich jemand anderes dem Stoff annehmen würde.

Zu dieser Zeit kam langsam die Karriere von Kirk Douglas' Sohn Michael ins Rollen. Michael war nicht minder von dem Stoff begeistert und sah das schlummernde Potential in diesem Projekt. Er bat seinen Vater darum, ihm das Projekt für ein Jahr anzuvertrauen. Im ersten Schritt schaute sich Michael die Studios an, die in der Vergangenheit auf seinen Vater zugekommen waren, um den Film zu finanzieren. Dabei stieß er auf Fantasy Films und nahm umgehend mit dem Produzenten Saul Zaentz Kontakt auf. Zaentz hatte damals sein Interesse an dem Projekt bekundet, wollte jedoch auf keinen Fall Kirk Douglas in der Hauptrolle sehen. Er war der Meinung, dass Douglas ein großer Star sei, der zu sehr von der Rolle ablenken würde. Da mittlerweile fast 10 Jahre ins Land gezogen waren, kam Kirk Douglas altersbedingt ohnehin nicht mehr für die Hauptrolle in Betracht, so dass Michael und Zaentz fortan als Partner an dem Projekt arbeiteten.

Im ersten Schritt nahm man Kontakt mit Ken Kesey auf, um ihn zu fragen, ob er Interesse daran hätte, ein Drehbuch zu verfassen. Kesey gefiel die Idee, setzte sich für mehr als ein halbes Jahr an einen ersten Entwurf, der sich sehr eng an den Roman hielt und somit zu einigen Diskussionen führte. Douglas und Zaentz gefiel es zwar nicht, die Entscheidungen des Autors in Frage stellen zu müssen, doch aufgrund ihrer Erfahrung hatten sie Zweifel ob einiger Idden. Im Buch wird die Geschichte aus Chief Bromdens Perspektive erzählt, der unter paranoider Schizophrenie leidet, was zu einer blumigen Erzählweise führt. Douglas und Zaentz waren jedoch einhellig der Meinung, dass dies einwandfrei auf Papier funktionierte, aber sicherlich nicht im Film. Die Fronten verhärteten sich und so trennte man sich im Streit, was sich in der Form niemand erhofft hatte. Keseys Groll saß so tief, dass er sich bis zu seinem Tod weigerte, den Film anzuschauen.

Douglas weandte sich an seinen Freund Larry Hauben, der eine neue Fassung schrieb und ein wenig Struktur in das gesamte Projekt brachte. Mit dieser Fassung sah man sich in der Lage, auf Studiosuche gehen zu können. Die Geschichte wiederholte sich

Jack Nicholson wurde für seine eindrucksvolle Leistung mit dem Oscar als bester Hauptdarsteller ausgezeichnet.

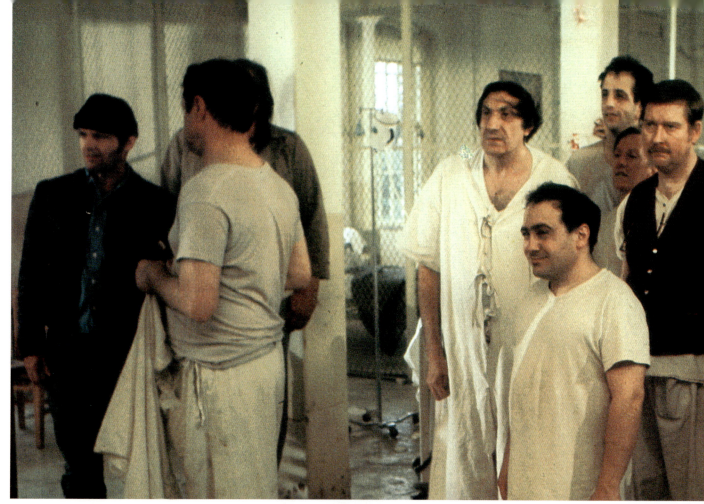

und keines der großen Studios zeigte Interesse an einer Finanzierung. Zaentz und Douglas ließen sich jedoch nicht davon beirren und visierten fortan eine Low-Budget-Produktion an. Hierfür mussten sie sich auch nach einem Regisseur umsehen, den sie respektierten, der jedoch keine allzu hohe Gage verlangen würde. Wie sein Vater fast 10 Jahre zuvor, wandte sich Douglas an Miloš Forman. Er sandte ihm das längst überfällige Buch, mit der Frage, ob er sich vorstellen könne, bei einer Verfilmung Regie zu führen, was dieser bejahte. Umgehend reiste Forman nach L.A. und brachte sich in die Pre-Production ein. Als erste Amtshandlung schlug Forman Bo Goldman für das Drehbuch vor, den er trotz mangelnder Erfahrung als guten Schreiber schätzte. Da sich die Gage gerade einmal auf $8.000 belief, holte man Goldman an Bord. Forman und Goldman erarbeiteten gemeinsam das Drehbuch und trafen sich

hierfür über sechs Wochen jeden Morgen, um den gesamten Tag das Skript zu verfassen.

Auf der Suche nach einem Drehort schaute man sich an der Westküste diverse Krankenhäuser an. Es wäre ohne weiteres möglich gewesen, ein Set auf Studiogelände nachzubauen, doch waren sich alle Beteiligten einig, dass **EINER FLOG ÜBER DAS KU-CKUCKSNEST** von einem realen Setting profitieren würde. Man wollte zudem echte Patienten vor der Kamera wissen, um die Authentizität noch zu steigern. Mit dem Oregon State Hospital fand man die passende Location und die notwendige Unterstützung durch Dean Brooks, den Leiter der Anstalt, auch wenn man sich zunächst ein wenig unsicher war, ob man nicht Rückfälle bei den Patienten riskierte oder das Personal überforderte. Da ein gesamter Flügel der Anstalt leer stand, konnte außerdem die gesamte Crew vor Ort

untergebracht werden, was zum Ende der Dreharbeiten dazu führte, dass die Schauspieler nicht mehr im Hotel übernachteten, sondern direkt im Krankenhaus blieben.

Die Hauptrolle bot man als erstes Gene Hackman an, der ablehnte. Marlon Brando erhielt als nächstes ein Angebot und lehnte ebenfalls ab. Erst als der Regisseur Hal Ashby gegenüber Douglas Jack Nicholson erwähnte, tauchte dieser auf dem Radar der Produktion auf. Zunächst hegte man allerdings einige Zweifel. Nicholson hatte zwar durchaus in Filmen wie EASY RIDER (1969) und EIN MANN SUCHT SICH SELBST (FIVE EASY PIECES, 1970) geglänzt, insgesamt aber eher ruhige, zurückhaltende Figuren gespielt, längst nicht so durchgeknallte Charaktere, wie es McMurphy war. Doch Ashby drehte gerade DAS LETZTE KOMMANDO (THE LAST DETAIL, 1973) und hier zeigte Ni-

cholson in der Hauptrolle, dass er vielleicht doch die richtige Wahl sein könnte. Da Nicholson vertraglich an ein anderes Projekt gebunden war, hätte man jedoch 6-7 Monate warten müssen, weshalb Forman kurzzeitig Burt Reynolds ins Gespräch brachte. Am Ende war er jedoch ebenfalls der Meinung, dass es besser sei, auf Nicholson zu warten.

Forman hatte sich überlegt, dass es sinnvoll wäre, lediglich die Hauptrolle mit einem Star zu besetzen und für die restlichen Figuren unbekannte Schauspieler zu casten. Während der Castingphase wurde *Kuckucksnest* wieder als Theaterstück im ganzen Land aufgeführt. So ist es wenig überraschend, dass einige Schauspieler beim Casting auftauchten, da sie der Stoff an sich reizte. Danny De-Vito, der im Film Martini spielte, besuchte in New York das Casting und konnte Forman umgehend für sich gewinnen. Beim Castingprozess ging man recht ungewöhnlich vor. Ähnlich wie einer Gruppentherapie, setzte man sich gemeinsam in einen Kreis, ließ die Bewerber improvisieren und miteinander agieren. Hierdurch zeichnete sich recht schnell ab, wie die möglichen Darsteller miteinander harmonierten und ob sie auch optisch zueinander passten.

Mehr als 3.000 Leute sprachen für die verschiedenen Rollen vor, doch trotzdem man fand recht schnell die passende Besetzung. Nicht wenige wählte man aus, weil sie bereits optisch einen gewissen Wahnsinn ausstrahlten. Brad Dourif wartete beispielsweise mit einem richtig verstörenden Blick auf und stotterte zudem. Vincent Schiavelli hinterließ optisch auch den perfekten Eindruck eines verstörten Insassen der Heilanstalt.

Die Besetzung des Indianers Chief Brodem gestaltete sich aufgrund der physischen Beschreibung dieser Figur im Drehbuch als äußerst schwierig. Es dauerte Monate bis man mit Will Sampson die richtige Besetzung gefunden hatte. Sampson nutzte seine neu gewonnene Popularität und arbeite fortan verstärkt im Filmgeschäft und war unter anderem in POLTERGEIST 2 (1986) und DIE FEUERWALZE (FIREWALKER, 1986) mit Chuck Norris zu sehen. Sampson, der auch als Maler arbeitete, starb bereits 1987 an den Folgen einer Herzoperation.

Schwieriger gestaltete sich die Suche nach der weiblichen Hauptrolle. Man hatte sich in den Kopf gesetzt, eine Schauspielerin zu finden, der man das personifizierte Böse abnahm. Jemanden, der die richtige Ausstrahlung aufwies. Nach und nach bot man die Rolle Annie Bancroft, Colleen Dewhurst, Geraldine Page und Angela Lansbury an, die alle ablehnten, da keine der Schauspielerinnen Gefallen an der Idee fand, die Rolle der Antagonistin einzunehmen. Insbesondere deshalb nicht, da die Frauenbewegung in voller Fahrt war und die Figur der Schwester Ratched im krassen Widerspruch zu dieser stand. Louise Fletcher hatte keine solchen Bedenken und legte eine unglaubliche Hartnäckigkeit an den Tag, als sie sich über 6 Monate regelmäßig mit Forman traf und immer wieder auf Ablehnung stieß. Fletcher wollte in Formans Augen einfach nicht so recht in die diabolische Rolle passen, die man sich ausgemalt hatte. Nach und nach änderte sich Formans Blickwinkel auf die Figur und man erkannte, dass es viel besser wäre, wenn Ratched nicht plakativ und offensichtlich böse wäre. Eine Person, die denkt, dass sie Gutes tut, während sie eigentlich dem Bösen verfallen ist, schindete viel mehr Eindruck und passte auch viel besser. Als die Idee Fuß fasste, castete man im Dezember 1974 Louise Fletcher für die Rolle.

Als wahrer Albtraum stellte sich die Suche nach dem Indianer Chief Bromden heraus. Der im Buch als sanfter Reise bezeichnete Charakter, schien kein lebendes Pendant in der realen Welt zu haben, da Indianer gemeinhin nicht über einen solchen Körperbau verfügten. Auf seinen Reisen traf Douglas zufällig auf Mel Lambert, dessen Vater regelmä-

Danny DeVito hatte die Rolle des Martini bereits in der Bühnenadaption des Romans von Ken Kensey gespielt. Während seiner Studienzeit hatte er sich zudem ein Zimmer mit Michael Douglas geteilt, der EINER FLOG ÜBER DAS KUCKUCKSNEST produzierte. Als er auch noch Regisseur Forman beim Casting überzeugen konnte, war er die logische Besetzung. DeVito und Douglas arbeiteten später immer wieder zusammen und DeVito schaffte sogar den Sprung auf den Regiestuhl und hat seit dem Jahr 2011 seinen eigenen Stern auf dem Hollywood Walk of Fame.

„Ich kannte Jack schon vorher. Ich wusste nie, ob er verrückt ist oder nicht. Selbst im echten Leben war er wie McMurphy." (Miloš Forman)

ßig in einem Indianerreservat gearbeitet hatte und der selber auch Kontakte zu diversen Indianern pflegte. Douglas schilderte ihm sein Problem, in der Hoffnung, in Lambert jemanden gefunden zu haben, der Aushilfe bei dem Problem schaffen könnte. Fünf Monate musste sich Douglas gedulden, bis plötzlich das Telefon klingelte und Lambert ihm ganz aufgeregt mitteilte, dass er den richtigen Darsteller gefunden hatte. Will Sampson war ein waschechter Indianer, der mit 1,96m und einem kräftigen Körperbau die perfekte Wahl darstellte.

Im Januar 1975 fand man sich für die Proben in Orgeon direkt vor Ort im Krankenhaus ein. Jegliche Bedenken, die Insassen könnten die Darsteller einschüchtern lösten sich in Luft auf, als die Wächter der Crew eine Tour durch den Gebäudekomplex gaben. Das Gegenteil war der Fall. Manch einer der Schauspieler sah so verstörend aus, dass die Insassen leicht verschreckt waren, jedoch nur zu Beginn. Beim Dreh kamen einige Patienten nicht nur vor der Kamera, sondern auch hinter der Kamera zum Einsatz - gegen eine entsprechende Bezahlung - was sich überaus positiv auf die Stimmung im Krankenhaus auswirkte.

Während der ersten Tage der Probe, saßen die Schauspieler die meiste Zeit in ihren Pyjamas herum und lebten im Krankenhaus.

Jedem Darsteller stand eine eigene kleine Zelle zur Verfügung, in denen sie sich umkleiden konnten und die sie mit ihren persönlichen Habseligkeiten ausstatteten. Nur einige wenige mussten sich hingegen eine Zelle teilen. Da keiner wusste, wie es war, längere Zeit in einem Krankenhaus zu leben, war das Leben hinter den vergitterten Fenstern die perfekte Immersion und prägte das Schauspiel jedes Einzelnen. Es bestand keine Notwendigkeit, wieder aus der Rolle zu schlüpfen. Man kopierte zudem das Verhalten einiger Patienten, um sich auf die Rollen einzustimmen. Ein Außenstehender wäre niemals im Stande gewesen, zwischen den Schauspielern und den echten Patienten zu unterscheiden. Forman war es besonders wichtig, dass er au-

Besonders tragisch war der Moment, an dem sich William Redfield eine Erkältung zuzog, die sich zu einer Lungenentzündung entwickelte. Redfield wurde in ein nahegelegenes Krankenhaus eingeliefert und stationär aufgenommen. Man rief Douglas, Zaentz und Forman ins Krankenhaus, wo diese erfuhren, dass Redfield Leukämie im Endstadium hatte. Redfield bat darum, weiter beim **KUCKUCKSNEST** mitspielen zu dürfen, auch wenn unsicher war, ob er die Dreharbeiten tatsächlich bis zum Ende durchstehen würde. Die Frage stand im Raum, ob man bereit war das Risiko zu tragen oder ob man sich stattdessen nach einem anderen Schauspieler für Harding suchen sollte. Man entschied sich

thentische und natürliche Situationen einfing. Er ließ den Schauspielern viel Raum für Improvisation und forcierte sein Glück auch ein wenig, indem er die Kameras häufig einfach laufen ließ, während die Darsteller dachten, dass man lediglich probte oder die Szenen noch vorbereitete. Trotz des Spielraums, hatte Forman jedoch auch sehr konkrete Vorstellungen davon, wie eine Szene auszusehen hatte und leitete demnach sein Team durch die Handlung. Die Gruppentherapien waren besonders effektiv, weil niemand so recht wusste, wann man gefilmt wurde und wann nicht. Forman stellte immer mehrere Kameras auf und unterbrach den Dreh auch

dann nicht, wenn eine Filmrolle ausgetauscht werden musste. Allen Beteiligten gefiel die Arbeit mit Forman, da er ihnen immens viel Freiraum für die Entfaltung ließ. Speziell Nicholson improvisierte ständig, brachte Leute aus dem Konzept, motivierte mit seiner Leistung seine Kollegen und verkörperte somit perfekt R.P. McMurphy.

Es herrschte eine ziemliche Ausgelassenheit und viel Spaß am Set, sehr zum Frust von Fletcher. Während der Rest des Casts rumalberte, sich austobte und Chaos am Set verursachte - ob während des Drehs oder abseits - musste Fletcher immer die reservierte, ernste Ratched mimen, die scheinbar für keinen Spaß zu haben war. Eines Tages wurde es ihr jedoch zu viel und Fletcher knöpfte ihr Kleid auf und warf es zu Boden, um den Leuten zu zeigen, dass sie nicht dieses eiskalte Monster war, welches sie im Film spielte.

Deutsches Kinoplakat von 1976
Verleih: United Artists

Stabangaben: USA 1975 | 133 Minuten

ORIGINALTITEL: One flew over the Cuckoo's Nest • REGIE: Herbert Ross • DREHBUCH: Miloš Forman • KAMERA: Haskell Wexler • SCHNITT: Sheldon Kahn, Lynzee Klingman • MUSIK: ##### • PRODUZENTEN: Michael Douglas, Saul Zaentz • PRODUKTIONSFIRMA: Fantasy Films
STARTTERMIN USA: 20.11.1976
EINSPIELERGEBNIS USA: $ 108.981.275
DARSTELLER:

Randall Patrick McMurphy	Jack Nicholson
Schwester Ratched	Louise Fletcher
Billy Bibbit	Brad Dourif
Martini	Danny DeVito
Taber	Christopher Lloyd
Fredrickson	Vincent Schiavelli
Häuptling Chief Bromden	Will Sampson
Dr. Spivey	Dean R. Brooks
Schwester Itsu	Lan Fendords
Bancini	Josip Elic
Washington	Nathan George

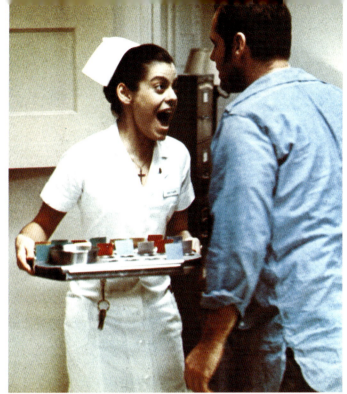

Randall Patrick McMurphy lässt sich in eine Nervenheilanstalt einweisen, um einer Gefängnisstrafe zu entgehen. Dort stellt er mit seiner rebellischen Art alles auf den Kopf. Seine Respektlosigkeiten bringen ihm jedoch Probleme ein.

EINE FLOG ÜBER DAS KUCKUCKSNEST ist einer der wichtigsten Filme in der Karriere von Jack Nicholson. Nicht nur, dass er einen Oscar erhielt: Er bewies auch, dass er in den unterschiedlichsten Rollen überzeugen konnte.

auf Redfields Entlassung zu warten und den Dreh mit ihm fortzuführen. Der Drehplan wurde umgestellt, so dass man ohne Redfield weiterdrehen konnte und ließ nichts von seiner Krankheit an den Rest des Casts durchsickern. Redfield verstarb am 17. August 1976, weniger als ein Jahr nach der Veröffentlichung von **KUCKUCKSNEST**.

„Einer flog über das Kuckucksnest weiß in so vielen Bereichen zu überzeugen, dass man versucht ist die Stellen zu verzeihen, wenn mal etwas nicht so richtig funktioniert. (...) Und doch gibt es noch diese überaus brillanten Momente."

(Roger Ebert)

Am 21. November 1975 feierte **KUCKUCKS-NEST** in den USA Premiere und erhielt fast ausschließlich positive Kritiken. Man bemängelt zwar durchaus, dass man die Thematik teils zu oberflächlich anging und zu stark auf Lachnummern setzte, doch die tiefergehende Kritik, die herausragenden Leistungen der Schauspieler sowie Formans Regie ließen mit Leichtigkeit über diese Mängel hinwegsehen. Das schmale Budget von geschätzten $4,4 Mio. hatte man allein in den USA im Nu wieder eingespielt. Doch auch weltweit zeigte sich das Publikum begeistert. In Deutschland kletterte man auf Rang 2 der Jahrescharts und in Schweden lief **KUCKUCKSNEST** 11 Jahre lang in den Lichtspielhäusern, ein Rekord, der bis heute ungebrochen blieb.

KUCKUCKSNEST wurde zudem für 9 Oscars nominiert und konnte in den fünf wichtigsten Kategorien den Goldjungen gewinnen. Miloš Forman erhielt einen Oscar für „Beste Regie", Jack Nicholson für „Bester Hauptdarsteller" (der erste von insgesamt drei in seiner Karriere), Louise Fletcher für „Beste Hauptdarstellerin" und zusätzlich erhielt man noch die Auszeichnung für „Bestes adaptier-

tes Drehbuch" sowie „Bester Film". Nur einmal zuvor, war es dem Film ES GESCHAH IN EINER NACHT (IT HAPPENED ONE NIGHT; 1934) gelungen, die Oscars derart zu dominieren. Der dritte im Bunde und bisher letzte Film dem dies gelungen ist war DAS SCHWEIGEN DER LÄMMER (THE SILENCE OF THE LAMBS, 1991).

Es ist mehr als beachtlich, was Michael Douglas mit seiner ersten Filmproduktion **EINER FLOG ÜBER KUCKUCKSNEST** in die Wege geleitet hat, ohne dass ein großes Studio das Projekt finanziell unterstützt hat. Forman bringt mit seiner Regie einen frischen Blickwinkel und Ansatz auf die gesamte Szenerie und kitzelt tatsächlich das Beste aus allen Beteiligten heraus. Sein Wunsch möglichst echte und authentische Reaktionen einzufangen, geht immer wieder auf. Was hier zeitweise auf Zelluloid eingefangen wurde, wirkt teilweise extrem natürlich und entsprechend überzeugend. Von Danny DeVito und Christopher Lloyd, die hier ihren Einstand im Filmbusiness feiern, über Jack Nicholson, der ein ganz andere Facette seines Schauspiels

zeigt, bis hin zu Louise Fletcher, die mit ihrer Darstellung einen perfekten Bond-Bösewicht abgegeben hätte, sind alle Rollen exzellent besetzt und überzeugen auf ganzer Linie.

KUCKUCKSNEST hätte sicherlich straffer ausfallen können und einige etwas zu klamaukige Szenen unterminieren den ernsten Grundton des Films ein wenig, doch dies ist Meckern auf hohem Niveau. Denn **KUCKUCKSNEST** bietet die meiste Zeit keinen Grund für Beschwerden und zeigt einige brillante Momente. Auch wenn Ken Kesey immer wieder betonte, wie wenig ihm die paar Ausschnitte gefallen haben, die er zufälligerweise zu Gesicht bekam, ist **KUCKUCKSNEST** zweifelsohne eine gelungene Adaption. Die Entscheidung, einen gänzlich anderen Weg bei der Erzählung einzuschlagen ist sinnvoll und schadet der Handlung in keiner Weise. Formans Film ist überaus sehenswert und das nicht allein wegen Jack Nicholson. Die 5 Oscars hat sich **EINER FLOG ÜBER DAS KUCKUCKSNEST** redlich verdient.

(SW)

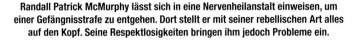

Für den Film baute man keine Sets in einem Studio, sondern drehte ganz bewusst in einem realen Krankenhaus mit echten Patienten. Die Schauspieler blieben am Ende sogar im Krankenhaus und fuhren nicht mehr ins Hotel.

PLATZ 3

Starttermin in
Deutschland:
10.12.'76

Besucher in
Deutschland:
3.250.000

Brust oder Keule

Bedenkt man, wie viele erfolgreiche Filme Frankreichs-Topkomiker Louis de Funès nach **BRUST ODER KEULE** bis zu seinem Tod im Jahre 1983 noch ablieferte, mag man kaum glauben, dass diese erste Zusammenarbeit mit Regisseur Claude Zidi so etwas wie sein Comeback darstellte. Der europaweit beliebte Komödiant erlitt am 21. März 1975 einen Herzinfarkt und konnte nur in letzter Minute gerettet werden. Da er nicht auf die Ärzte hörte, folgte der nächste Infarkt knapp eine Woche später. Er selbst deutete diese Herzanfälle als Alarmsignal seines Körpers, da er in der Vergangenheit zu viel gearbeitet und einen Film nach dem anderen gedreht hatte. Zudem waren die Dreharbeiten seines letzter Streifens, DIE ABENTEUER DES RABBI JAKOB (LES AVENTURES DES RABBI JACOB, 1973), physisch extrem anstrengend gewesen, was seinem Gesundheitszustand sicherlich nicht entgegen kam. Trotzdem hatte er bereits vor diesem Film Zusagen für weitere Projekte gegeben: So wollte er mit Gérard Oury - einem seiner Stamm-Regisseure - das Projekt *Le Crocodile,* in dem er einen Diktator spielen sollte, noch im Mai 1975 angehen und für Anfang 1976 hatte er eben **BRUST ODER**

KEULE fest eingeplant, bei dem zu diesem Zeitpunkt noch Pierre Richard als sein Partner eigeplant war. Seine lebensbedrohlichen Infarkte veränderten jedoch alles, *Le Crocodile* wurde sogar nie umgesetzt. Viel prägnanter und für de Funés auch enttäuschender waren die Reaktionen der Medien und der französischen Filmbranche. Während die Presse wilde Spekulationen über seinen tatsächlichen Gesundheitszustand und das etwaige Ende seiner Karriere anstellte, lag der Star zehn Wochen im Krankenhaus, bevor er auf sein Schloss Château de Clermont au Cellier entlassen wurde. Er musste sich jedoch nach wie vor schonen und verbrachte unter ärztlicher Obhut die meiste Zeit im Bett, so dass sich sein Zustand rasch besserte.

Da man de Funés nicht zutraute unter diesen Bedingungen noch einmal an seine alte Klasse anzuknüpfen, gingen französische Produzenten auf Abstand und unterbreiteten keine Angebote, was den Komiker kränkte. Produzent Christian Fechner, der bereits mehrfach mit Pierre Richard - den de Funés übrigens sehr verehrte - und Regisseur Claude Zidi zusammen gearbeitet hatte, hielt aber trotzdem an der Absprache für **BRUST ODER KEULE** fest und legte dem Schauspieler das Drehbuch

Ende August 1975 vor. Dieser mochte das Skript sehr und gab nach Rücksprache mit seinen Ärzten grünes Licht. Allerdings musste sich der Mime weiterhin schonen, was zu Einschränkungen während der Dreharbeiten führte, da auch seine Frau darauf bestand, dass er seine Ruhezeiten erhielt. Diese Beeinträchtigungen führten dazu, dass ein penibel ausgearbeiteter Drehplan aufgestellt wurde, der sowohl Überanstrengungen vermeiden sollte, als auch berücksichtigte, dass de Funés am Wochenende überhaupt nicht verfügbar war. Fechner willigte ein und stellte die Finanzierung des Projekts auf sichere Beine, musste jedoch unerwartete Hindernisse aus dem Weg räumen: Da die Dreharbeiten relativ kurzfristig Ende Mai 1976 starteten, fand man kein geeignetes Studio, in dem man hätte drehen können. Eine Verschiebung kam nicht infrage, daher mietete der findige Produzent eine Flugzeughalle in der Nähe von Trappes, in der alle Sets separat aufgebaut wurden. Dass die Crew ungewohnt abseits des französischen Trubels arbeiten konnte, erwies sich rückblickend als Vorteil, da die Ruhe in der ländlichen Umgebung und die Abwesenheit der Presse ideal für den erkrankten Star war. Produzent Fechner nahm mit der Verpflichtung von de Funés ein enormes Risiko auf sich, da keine Versicherung bereit war, den Schauspieler für die komplette Drehzeit von zwölf Wochen zu versichern. Lediglich fünf Wochen bot man an, doch Fechner übernahm das Risiko und wäre bei einem Rückfall seines Stars auf den Kosten, die eine Unterbrechung der Dreharbeiten nach sich gezogen hätten, sitzen geblieben. Sicherlich mit ein Grund, warum ein Kardiologe während der zwölf Wochen dauerhaft vor Ort war, um im Notfall eingreifen zu können.

Zu guter Letzt musste auch noch Pierre Richard ersetzt werden, da er aus zeitlichen Gründen nicht verfügbar war. Man verpflichtete stattdessen Coluche, der mit Regisseur Zidi und Produ-

Coluche und Louis de Funés harmonierten als Vater-Sohn-Gespann prächtig. Dabei war Coluche ursprünglich gar nicht für die Rolle vorgesehen, sondern Pierre Richard, der durch DER GROSSE BLONDE MIT DEM SCHWARZEN SCHUH auch in Deutschland ungemein erfolgreich war.

zent Fechner bereits bei DIE TOLLEN CHARLOTS - WO DIE GRÜNEN NUDELN FLIEGEN (LE GRAND BAZAR, 1973) zusammengearbeitet hatte. Die beiden bewiesen dabei ein gutes Händchen, da sich de Funés und Coluche blendend verstanden und später sogar eine gemeinnützige Organisation ins Leben riefen.

> „Wir haben den gleichen Geschmack für gut gemachte Arbeit, und unsere gegenseitige Sympathie hat von Tag zu Tag nur zugenommen."
> (Louis de Funés)

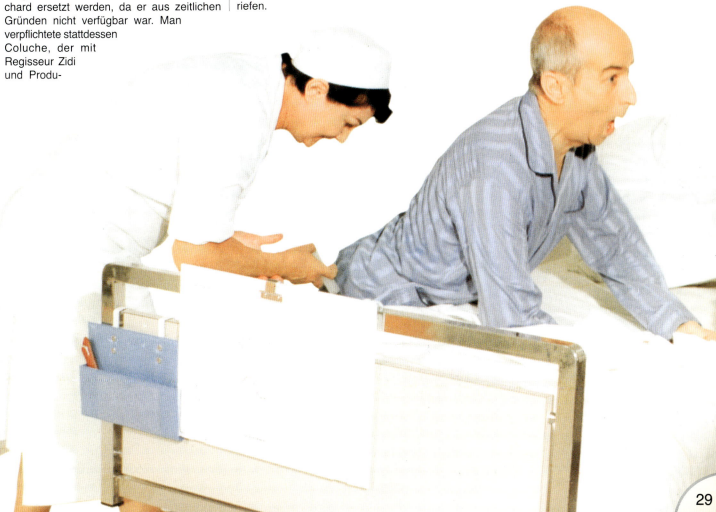

Die Dreharbeiten verliefen völlig problemlos und harmonisch. Louis de Funés blühte am Set förmlich auf, genoss die Abgeschiedenheit des Drehorts und die Zusammenarbeit mit der Crew. Alle Bedenken bezüglich seines Gesundheitszustands, die insbesondere von der Presse vor, aber auch während der Aufnahmen, immer wieder geäußert wurden, erwiesen sich als unbegründet. Der ausgefeilte Drehplan und die strikte Befolgung der ärztlichen Anordnungen, hielten allen Stress von dem Star fern und trugen vielleicht sogar dazu bei, dass er sich so rasch erholte, auch wenn ihm bewusst geworden war, dass er nun vorsichtiger mit seinen Kräften haushalten musste.

Anfang Oktober 1976, kurz vor der französischen Premiere von **BRUST ODER KEULE** trat de Funés in einer Sendung auf, um den Film zu promoten. Die Öffentlichkeit sah einen sichtlich dünneren, aber gut gelaunten Schauspieler, der sehr zufrieden mit seinem neuesten Streifen war. Innerlich, aber das gab er erst später zu, war er aufgeregt und unsicher, weil er befürchtete, dass ihm das Publikum nicht folgen würde und seinen etwas veränderten Stil nicht akzeptierte.

Der Gourmetkritiker Charles Duchemin schlüpft in die unterschiedlichsten Rollen, um in den Restaurants nicht sofort erkannt zu werden. Schließlich zittert jeder Lokalbesitzer vor der Bewertung des streitlustigen Verlegers. In BRUST ODER KEULE änderte Louis de Funés ein wenig den Stil seiner Erfolgsrolle, spielte etwas zurück genommener und zeigte auch andere Facetten seiner schauspielerischen Klasse. Die Zuschauer begrüßten diesen Wechsel und belohnten sein Comeback mit einem hervorragenden Einspielergebnis.

BESUCHERZAHLEN DER
LOUIS-DE-FUNES-FILME
VON 1970-1982

Louis de Funés feierte seine größten Erfolge zwar in den 60er-Jahren, konnte seine Popularität als Komödien-Star jedoch bis in die 70er- und 80er-Jahre retten. Er war in ganz Europa ein Publikumsmagnet, war aber - neben seiner Heimat Frankreich - insbesondere in Deutschland enorm beliebt und erlebte bei uns Ende der 70er-Jahre seine erfolgreichste Zeit. Neben Bud Spencer, Terence Hill, Adriano Celentano und Jean-Paul Belmondo zählt Louis de Funés bis heute zu den erfolgreichsten europäischen Schauspielern aller Zeiten.

EINSPIELERGEBNISSE

Jahr	Titel (Originaltitel)	Regisseur	Besucherzahlen (Frz)	Besucherzahlen (D)
1970	ALLES TANZT NACH MEINER PFEIFE (L'homme orchestre)	Serge Korber	2.141.879	~ 1.500.000
1971	BALDUIN, DER SCHRECKEN VON ST. TROPEZ (Le gendarme en balade)	Jean Girault	4.870.673	~ 2.000.000
1971	BALDUIN, DER SONNTAGSFAHRER (Sur un arbre perché)	Serge Korber	1.623.000	~ 2.500.000
1971	HASCH MICH, ICH BIN DER MÖRDER (Jo)	Jean Girault	2.466.966	~ 1.500.000
1971	DIE DUMMEN STREICHE DER REICHEN (La folie des grandeurs)	Gérard Oury	5.563.160	~ 1.000.000
1973	DIE ABENTEUER DES RABBI JACOB (Les aventures de Rabbi Jacob)	Gérard Oury	7 295 811	2.500.000
1976	BRUST ODER KEULE (L'aile ou la cuisse)	Claude Zidi	5 842 400	3.250.000
1978	DER QUERKOPF (La zizanie)	Claude Zidi	2.798.787	3.000.000
1979	LOUIS' UNHEIMLICHE BEGEGNUNG MIT DEN AUSSERIRDISCHEN) (Le gendarme et les extra-terrestres)	Jean Girault	6.280.070	5.500.000
1980	LOUIS, DER GEIZKRAGEN (L'avare)	J.Girault/L.de Funes	2.433.452	888.452
1981	LOUIS UND SEINE AUSSERIRDISCHEN KOHLKÖPFE (La soupe aux choux)	Jean Girault	3.093.319	1.412.166
1982	LOUIS UND SEINE VERRÜCKTEN POLITESSEN (Le gendarme et les gendarmettes)	Jean Girault	4.209.139	1.263.268

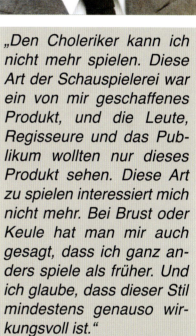

„Den Choleriker kann ich nicht mehr spielen. Diese Art der Schauspielerei war ein von mir geschaffenes Produkt, und die Leute, Regisseure und das Publikum wollten nur dieses Produkt sehen. Diese Art zu spielen interessiert mich nicht mehr. Bei Brust oder Keule hat man mir auch gesagt, dass ich ganz anders spiele als früher. Und ich glaube, dass dieser Stil mindestens genauso wirkungsvoll ist."
(Louis de Funés)

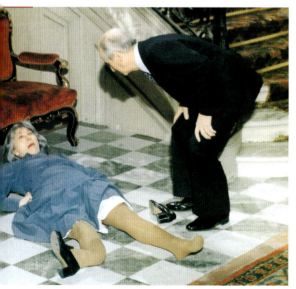

Doch diese Befürchtungen erwiesen sich als völlig haltlos. Die erste Zusammenarbeit zwischen de Funés und Claude Zidi erwies sich vom Fleck weg als riesiger Erfolg und lockte alleine in den ersten sechs Wochen fast 800.000 Franzosen in die Kinos. Am Ende des Jahres sicherte er sich den ersten Platz der erfolgreichsten Neustarts 1976 und verzeichnete fast sechs Millionen verkaufter Kinotickets. Diese Zahlen machten deutlich, dass man den Schauspieler nicht vergessen, sondern regelrecht vermisst hatte. Sie bewiesen aber auch, dass die Zuschauer den vorsichtigen, aber sichtbaren Stilwechsel des Mimen akzeptierte - für de Funés eine Bestätigung, dass er nach wie vor die Massen ins Kino locken konnte und trotz seiner gesundheitlichen Beeinträchtigungen im französischen Komödien-Genre das Maß aller Dinge war. Ob er seine Karriere fortgesetzt hätte, wenn **BRUST ODER KEULE** ein Flop geworden wäre, darf zumindest bezweifelt werden. Die Zusammenarbeit mit Claude Zidi und Christian Fechner verlief zudem so gut, dass der nächste Film von de Funés - DER QUERKOPF (LA ZIZANIE, 1977) ebenfalls in dieser Konstellation entstand.

Auch in Deutschland entwickelte sich das Mini-Comeback des Franzosen zu einem großen Erfolg, lockte mehr als drei Millionen Zuschauer in die Lichtspielhäuser und wurde mit der Goldenen Leinwand ausgezeichnet. Der Erfolg kam nicht von ungefähr, denn **BRUST ODER KEULE** zählte zu den besten Werken des kultigen Jähzorns. Man sah zwar einen de Funés in Bestform, der seinen Fans genau das lieferte, was sie erwarteten, er variierte aber seinen Stil geschickt. So agierte er zwar immer noch als hektischer und cholerischer Griesgram, hielt sich aber sichtbar bei gespielten Wutausbrüchen zurück und setzte stärker auf Mimik und Wortwitz, der selbst die - mitunter - gefürchtete 70er-Jahre Synchronisation überlebte. Zudem war auch das Drehbuch wesentlich mehr als ein roter Faden, der dem Hauptdarsteller genug Platz einräumen sollte, um sich zu entfalten: Der Streifen erzählte eine gute Geschichte und sparte auch nicht mit Seitenhieben gegen die Mentalität seiner Landsleute, die ihre Küche in der Regel als die beste der Welt anpriesen und viel Wert auf gutes Benehmen und entsprechende Umgangsformen legten. Quasi nebenbei nahm das Drehbuch von Claude Zidi und Michel Fabre aber auch die aus den Staaten schwappende Fast-Wood-Welle aufs Korn und hielten Herstellern

Nach 3 Jahren Pause - endlich ein Neuer

Louis de Funès

Brust oder Keule

mit
Coluche
ein Film von
Claude Zidi

Deutsches Kinoplakat von 1976
Verleih: Tobis

Stabangaben: Frankreich 1976 | 104 Minuten

ORIGINALTITEL: L'aile ou la cuisse • REGIE:
Claude Zidi • DREHBUCH: Claude Zidi, Michel
Fabre • KAMERA: Wladimir Ivanov, Claude Re-
noir • SCHNITT: Monique Isnardon, Robert Is-
nardon • MUSIK: Vladimir Cosma • PRODU-
ZENT: Christian Fechner • PRODUKTIONS-
FIRMA: Les Films Christian Fechner
STARTTERMIN FRANKREICH: 27.10.1976
BESUCHERZAHLEN FRANKREICH: 5.837.000
DARSTELLER:

Charles Duchemin	Louis de Funès
Gérard Duchemin	Coluche
Marguerite 2	Ann Zacharias
Jacques Tricatel	Julien Guiomar
Marguerite 1	Claude Gensac
Arzt	Jean Martin
Dubreuil	Fernand Guiot
Gérard Boucaron	Ficelle
Raymond Bussières	Henri
Vittorio Caprioli	Vittorio

und Verbrauchern einen sarkastischen Spiegel
vor das Gesicht. Dass Zidi seinem Star zudem
auch ruhigere Szenen auf den Leib schrieb
und eine fast schon rührende Vater-Sohn-
Geschichte - die durch das schöne Zusam-
menspiel von Coluche und de Funés überzeugte - einbaute, setzte dem exzellent ge-
timten Lustspiel die Krone auf und hob den
Streifen wohltuend von einigen weniger gelungen Produktionen des Komödien-Stars ab.

Der Erfolg von **BRUST ODER KEULE** ließ
de Funés nicht vergessen, wie knapp er dem
Tod entronnen war. Er reduzierte sein Ar-
beitspensum und achtete auf genügend Ru-
hepausen zwischen seinen einzelnen Enga-
gements.

„Eigentlich war dieser brutale Stopp, der zum Glück nicht schlimm ausging, gar nicht so schlecht. Ich sehe nun klarer. (…) Wenn ich kein wahres Drehbuch bekomme, an dem ich nicht mindestens ein Jahr im Voraus arbeiten kann, sage ich nein. Ein Film pro Jahr. Mittlerweile ist es mein Herz, das kommandiert." (Louis de Funés)

Tragisch, dass er trotz dieser Erkenntnis und
trotz seiner Vorsichtsmaßmaßnahmen 1983
an einem weiteren Herzinfarkt verstarb. Louis
de Funés wurde nur 68 Jahre alt und hinterließ
eine Lücke, die niemand zu schließen ver-
mochte. (TH)

PLATZ 4

Starttermin in
Deutschland:
16.12.'76
Besucher in
Deutschland:
3.000.000

King Kong

Die Produktion und Entstehungsgeschichte zu **KING KONG** war gleich aus mehreren Gründen bemerkenswert. Einerseits, weil hinter der riesigen Produktion kein großes Studio, sondern im Grunde nur ein einzelner Mann stand, der das Risiko ganz alleine auf sich nahm: Dino de Laurentiis, ein italienischer Produzent, der die Kontrolle über seine Filme behalten wollte und daher seine Produktionen selbst stemmte - koste es, was es wolle. Andererseits glichen die Vorbereitungen einem Wettrennen zwischen de Laurentiis und Universal, die ebenfalls ein Remake des populären Stoffes umsetzen wollten. Nicht zu vergessen, dass das Klassiker-Remake eines der ersten Event-Filme moderner Prägung war und weltweit so vermarktet und beworben wurde, wie es heute gang und gäbe ist.

Die Idee, den Film von 1933 zu modernisieren, resultierte aus gleich mehreren Einflüssen: Der Stoff war selbst Mitte der 70er-Jahre noch immens populär. Zudem lief sich die Katastrophenfilm-Welle im Stil von ERD-BEBEN (EARTHQUAKE, 1974) allmählich tot, so dass Produzenten Überlegungen anstellten, welchen Aufhänger sie für ihre Spektakel finden konnten. Dino de Laurentiis, der seit den frühen 40er-Jahren als Produzent tätig war und ab Anfang der 70er-Jahre auch außerhalb Italiens Filme produzierte, hatte sich mit US-Produktionen wie DIE VALACHI-PAPIERE (THE VALACHI PAPERS, 1972),

34

INHALT:

Fred Wilson soll im Auftrag eines großen amerikanischen Öl-Konzerns neue Erdölquellen ausfindig machen. Daher macht er sich auf die Reise zu einer noch unbewohnten Insel, auf bzw. unter der große Erdölvorkommen vermutet werden. Mit an Bord ist auch ein blinder Passagier: Der Anthropologe Jack Prescott will auf der Insel eine seltene Affenart untersuchen. Unterwegs nehmen sie noch die hübsche Dawn mit an Bord, die sie in einem Rettungsboot auflesen. Als das Schiff vor der Insel vor Anker geht, stellt sich jedoch heraus, dass diese doch nicht so unbewohnt ist, wie erwartet. Die dort lebenden Eingeborenen führen gerade ein Ritual auf, um einem überlebensgroßen Affen namens Kong zu huldigen. Als sie die blonde Dawn erblicken, haben sie ihr 'Opfer' gefunden. Als Kong tatsächlich auftaucht, verschwindet er mit Dawn in den Dschungel und wird fortan von den Menschen gejagt.

SERPICO (1973), EIN MANN SIEHT ROT (DEATH WISH, 1974) oder DIE DREI TAGE DES CONDOR (THREE DAYS OF THE CONDOR, 1975) einen guten Ruf für kassenträchtige Stoffe erarbeitet. Sein Arbeitsprinzip war simpel, aber effektiv: Er verkaufte seine Filme nicht an Studios und verdiente dann lediglich an den Einnahmen mit - wie es damals für Independent-Produzenten üblich war - sondern bot seine Projekte noch vor Drehstart weltweit verschiedenen Verleihern an und einigte sich mit ihnen vertraglich auf eine bestimmte Summe, die allerdings erst dann fällig wurde, wenn er seinen Film tatsächlich liefern konnte. Mit diesen Verträgen als Garantie ging er zu Banken und ließ sich diese Gelder auszahlen - im besten Fall deckten diese Summen

Dwan, gespielt von Newcomerin Jessica Lange, soll dem riesigen Affen Kong geopfert werden, damit dieser die Einheimischen nicht angreift. Und tatsächlich taucht das vermeintliche Mosnter bald auf und entführt die Frau.

bereits das Budget, so dass er dann drehen konnte, ohne Privatvermögen investieren zu müssen. Zudem wurde er natürlich entsprechend an den weltweiten Einnahmen prozentual beteiligt, was ihm im Erfolgsfall wesentlich mehr Geld einbrachte, als wenn er den üblichen Weg gegangen wäre. Von der Kontrolle, die er so über seine Produktionen behielt, ganz zu schweigen - nicht umsonst galt de Laurentiis als einer der letzten Produzenten-Patriarchen überhaupt. Für die Verleiher war der Deal auch akzeptabel, weil sie nicht das Risiko und den Aufwand eingehen mussten, die eine Filmproduktion mit sich brachten. Zudem war der Independent-Produzent auch in der Lage wesentlich günstiger zu produzieren, weil er keine Rücksicht auf den schwerfälligen Bürokratie-Apparat der großen Studios nehmen musste.

Der italienische Produzent erkannte das Potenzial einer Modernisierung, wobei ihm allerdings bewusst war, dass man eine Neuauflage im Vergleich zum Original konzeptionell verändern musste, damit der Film eine Chance am Markt hatte. Er konnte die Idee auch Charles Bludhorn, Chef von Gulf&Western - dem Mutterkonzern von Paramount Pictures, die einen Großteil der Laurentiis-Produktionen in den Staaten verliehen - schmackhaft machen. Die Rechte des Originals lagen bei Radio-Keith-Orpheum Pictures (RKO), mit denen sich de Laurentiis relativ schnell einige wurde: Für 200.000 Dollar und 3% des Gewinns - eine spätere Erhöhung bei einem bestimmten Einspiel inklusive - erhielt er den schriftlichen Zuschlag Anfang Mai 1975. Paramount sagte zu, die Hälfte des ursprünglich geplanten 12-Millionen-Dollar-Budgets im Austausch für die Verleihrechte in den USA und Kanada zu garantieren.

Zeitgleich kamen jedoch auch die Verantwortlichen von Universal Pictures auf die Idee, dem Klassiker neues Leben einzuhauchen und verhandelten ebenfalls mit RKO. Das Interesse von Universal beruhte auch auf hervorragenden Test-Screenings von DER WEISSE HAI (JAWS, 1974), so dass sie rasch ein weiteres Monster-Movie nachreichen wollten, falls der Spielberg-Film tatsächlich einschlagen sollte. Wie erwähnt erhielt

Kong wird mit einem Riesentanker von der Insel in die Staaten gebracht. Die grundsätzliche Überlegung, wie man ein Tier dieser Größe transportieren würde, brachte Drehbuchautor Lorenzo Semple Jr. auf die Idee, dass die Suche nach Öl der Aufhänger sein sollte.

der Italiener den Zuschlag, doch Universal behauptete, eine mündliche Zusage bekommen zu haben und heuerten aufgrund dessen den Autor Bo Goldman an, der durch sein Drehbuch zu EINER FLOG ÜBER DAS KU-CKUCKSNEST (ONE FLEW OVER THE CUCKOO´S NEST, 1975) in aller Munde war. Ob es diese mündliche Zusage wirklich gegeben hatte, oder ob das Studio nur geschickt taktierte, blieb ungeklärt. Als RKO die Vergabe an de Laurentiis öffentlich machte, verklagten die Universal-Verantwortlichen RKO auf 25 Millionen Dollar, wobei diese Klage im September 1975 abgewiesen wurde.

Diese ganzen Streitigkeiten waren dem italienischen Produzenten erst einmal egal - er

hatte ja einen gültigen Vertrag und fühlte sich im Recht. Er beauftragte Lorenzo Semple Jr., mit dem er seit der Zusammenarbeit bei DIE DREI TAGE DES CONDOR befreundet war, ein Treatment für das Remake zu liefern, machte aber auch selbst Vorschläge und wollte das Finale auf den Twin Towers des damals fast fertig gestellten World Trade Centers sehen. Zudem wollte er die Love-Story und den daraus resultierenden dramatischen Faktor stärker in den Mittelpunkt rücken und Kong nicht so grausam zeigen, wie im Original. Der Affe musste der eigentliche Held des Films sein, damit das Publikum mitfieberte und emotional gepackt wurde. Kurzum: Kong sollte kein Monster mehr sein.

Der Autor teilte diese Ansicht, machte aber deutlich, dass er das Thema auch ironisch brechen wollte, da es ansonsten schnell unfreiwillig komisch werden konnte, was er unbedingt vermeiden wollte. Der Ansatz mit der Suche nach Öl kam ihm, als er sich vorstellte, wie man Kong wohl von einer einsamen Insel bringen würde - mit einem riesigen Schiff natürlich, sprich einem Riesentanker. Von dieser Idee war es nicht mehr weit bis zum eigentlichen Aufhänger der Geschichte. Ein erstes Exposé lieferte er im August 1975, das Drehbuch bereits einen Monat später, so dass die Pre Production im Oktober 1975 anlief und ein Drehstart im Frühjahr 1976 anvisiert wurde.

In dieser Zeitspanne kümmerte sich de Laurentiis um die passende Besetzung des Regisseurs. Der von ihm favorisierte Roman Polanski sagte zu seiner Enttäuschung ab. Daher bot er den Posten John Guillermin an, der mit FLAMMENDES INFERNO (THE

„Wenn der Hai stirbt, weint niemand. Aber wenn Kong stirbt, weinen alle."

(Dino de Laurentiis)

Da ein Teil des Finales tatsächlich vor Ort in New Yorkgedreht wurde, benötigte man eine Vielzahl von Schaulustigen, damit die Szenen realistisch wirkten. In der ersten Nacht kamen nicht genug Statisten, doch in der Nacht darauf drohte die Situation zu eskalieren, weil so viele New Yorker dem Aufruf gefolgt waren, dass an reguläre Aufnahmen nicht mehr zu denken war. Viele rissen dem dort zum Einsatz kommenden Roboter-Affen sogar das Fell aus – als Erinnerungs-stück. Die noch fehlenden Szenen drehte man aufgrund dieser Erfahrungen am nächsten Abend so heimlich wie möglich.

Der Großteil der Arbeiten an KING KONG wurde alleine schon aus praktischen Gründen in riesige und detailliert ausgearbeitete Sets auf dem Studiogelände von MGM in Kalifornien verlegt.

TOWERING INFERNO, 1974) bewiesen hatte, dass er Big-Budget-Projekte stemmen konnte. Ursprünglich hatte ihn der Italiener für einen weiteren Katastrophen-Film verpflichtet, der aus mehreren Gründen nicht umgesetzt wurde. Guillermin sagte im August 1975 begeistert zu, folgte jedoch dem Ansatz seines Produzenten, sich vom Original zu entfernen.

Während das Team hinter der Kamera rasch Formen annahm, gab Universal auch nach der Abweisung ihrer Klage keine Ruhe. Man argumentierte, dass man eben nicht das Original remaken, sondern die Romanvorlage neu interpretieren wollte - und diese Rechte lagen eben nicht bei RKO, sondern waren seit Mitte der 60er-Jahre frei. Das Gericht wollte den neuen Antrag prüfen, was Universal nicht davon abhielt mit Joseph Sargent einen Regisseur und mit *The Legend of King Kong* einen Titel zu präsentieren - sogar einen Drehstart kündigte man an und wollte wie die Konkurrenz im Frühjahr 1976 mit den Aufnahmen beginnen. Die Reaktion von de Laurentiis? Er kündigte ebenfalls umgehend einen Titel an: *King Kong: The Legend Reborns*.

Im November 1975 legte man sich auf Hawaii als Drehort fest, annoncierte ein spektakuläres Vorab-Poster in der Presse und kündigte den Film für Dezember 1976 an. Einerseits natürlich ein genialer Werbecoup, andererseits setzten Paramount und de Laurentiis so auch Universal unter Zugzwang. Allerdings baute man o auch mächtig Druck auf, da der Streifen nun definitiv im Dezember 1976 anlaufen musste. man hatte also gerade noch 13 Monate - und das bei einem so großen Projekt wie diesem. Das fertige Skript traf ja erst im Dezember 1975 ein. Es gab viele Branchen-Insider die bezweifelten, dass der Film wirklich zu diesem Zeitpunkt anlaufen könnte.

Doch die Auseinandersetzung mit Universal ging noch weiter: Obwohl ihr neuer Versuch im November 1975 ab-

Obwohl es ursprünglich andere Pläne gab, wurden die meisten Kong-Szenen auf die altmodische Art gedreht: Mit einem Mann im Kostüm. Rick Baker, der das Kostüm mitentworfen hatte, oblag die Aufgabe, Kong zum Leben zu erwecken.

„Ich wollte den Film nicht remaken - ich wollte ihn machen. Für mich existierte das Original nicht. Außerdem hätte ich einen so blutigen Film ohnehin nicht drehen können." (John Guillermin)

geschmettert wurde, kündigten sie nun plötzlich einen Drehstart im Januar 1976 an. Im Grunde war offensichtlich, dass es sich um einen Bluff handelte, um die Konkurrenz zu verunsichern, doch de Laurentiis wurde die Situation zu heiß. Daher beriet er sich mit seinem Team und kam zu der Lösung, dass man ebenfalls im Januar 1976 einige Schiff-Aufnahmen organisieren konnte, dann eine mehrwöchige Pause einlegte, um dann weiter zu drehen. Das Vorhaben war riskant, teuer und erhöhte den Druck auf alle Beteiligten erneut. Da Universal nun einsah, dass sie keine Chance hatten, boten sie an, den Film gemeinsam zu produzieren, was der Italiener natürlich brüskiert ablehnte und Universal stattdessen verklagte. Doch dann setzte ihm Barry Diller von Paramount Pictures die Pistole auf die Brust. Er wollte keine schlechte Publicity. Erschwerend hinzu kam, dass Paramount und Universal zu diesem Zeitpunkt bei der Film-Vermarktung außerhalb Amerikas innerhalb der Cinema International Corporation (CIC) zusammen arbeiteten und eine Millionen-Klage das geschäftliche Miteinander belastet hätte. De Laurentiis blieb keine andere Wahl - er musste sich Anfang 1976 mit Universal einigen. Das Studio wurde prozentual am Box-Office-Ergebnis beteiligt, erhielt einige Merchandising-Rechte und sicherte sich das Recht, einen eigenen Film zu produzieren, wenn de Laurentiis nicht innerhalb von 18 Monaten einen Nachfolger ins Rennen schickte. Diese Vertragsklausel blieb über Jahrzehnte hinweg wertlos, gab Universal jedoch die Möglichkeit, Peter Jackson knapp 30 Jahre später seine King-Kong-Fassung in Szene setzen zu lassen.

Parallel zu diesen Vorgängen wurde die Besetzung zusammengestellt. Da de Laurentiis die horrenden Gagen der Topstars nicht zahlen wollte, suchte er neue Gesichter und alte Hasen, um die richtige Mischung zu finden. Jeff Bridges war einer der ersten, der gecastet wurde. Der alte Streifen zählte zu seinen Lieblingsfilmen, daher sagte er begeistert zu. Nachdem Robert Mitchum und Peter Falk abgelehnt hatten, wurde die Rolle des skrupellosen Wilson mit Charles Grodin besetzt, der dem undankbaren Part seinen ganz eigenen Stempel aufdrückte. Schwieriger war da schon die Besetzung der weiblichen Hauptrolle, für die u.a. auch Barbara Streisand zugesagt hatte. Doch weder etablierte Akteurinnen, noch Newcomer überzeugten den Produzenten. Es war schließlich Charles Bludhorn, der Jessica Lange ins Spiel brachte. Diese arbeitete damals als Model und war ihm bei einer Gala aufgefallen. De Laurentiis schaute sich die zu diesem Zeitpunkt völlig unerfahrene Lange nur aus Höflichkeit Bludhorn gegenüber an, erkannte aber trotz ihrer Zahnspange, dass sie genau die richtige Besetzung war und gab ihr sogar einen exklusiven Sieben-Jahres-Vertrag.

Allen Beteiligten war klar, dass die Qualität der Effekte und der Affenmaske entscheidend für den Erfolg des Films sein würden. Da der Produzent Stop-Motion-Effekte kategorisch ausschloss - hauptsächlich, weil diese Technik so immens zeitaufwändig war - favorisierte man von Beginn an eine Mischung aus verschiedenen Effekten. So wählte man einerseits den klassischen Weg und steckte einen Mann in ein Kostüm und wollte durch Miniatur-Kulissen die vermeintliche Größe darstellen, an-

dererseits setzte man für andere Aufnahmen auf eine riesige Puppe und für bestimmte Sequenzen wollte man bestimmte Glieder in riesiger Größe nachbauen, z.B. die Hände von Kong. Gleichzeitig sollte das Gesicht des Affen so menschenähnlich wie nur irgend möglich wirken, damit sich die Zuschauer leichter mit dem Tier als Held anfreunden konnten. Man verpflichtete Rick Baker, der u.a. bei SCHLOCK! (1973) Erfahrungen mit Affenkostümen gesammelt hatte. Baker redete de Laurentiis die Idee aus, das Make-up direkt auf das Gesicht eines Darstellers aufzutragen, da diese Vorgehensweise nicht mehr zeitgemäß wäre. Er versuchte auch, ein anderes Design durchzusetzen, dass Kong wie einen Gorilla wirken lassen sollte. Doch spätestens als Carlo Rambaldi - den der Produzent als Genie bezeichnete und der später durch seine Kreation E.T. (1982) Weltruhm erlangte - beteuerte, er könnte einen voll funktionsfähigen und riesigen Roboter bauen, der laufen und das Mädchen in die Hand nehmen könne, hatte er den Auftrag. Baker wurde zwar ebenfalls verpflichtet, sein Design und sein Kostüm sollten jedoch nur in den Szenen verwendet werden, in denen der Roboter nicht zum Einsatz kommen konnte.

„Ich sagte, dass dies unmöglich sei. Rambaldi konnte das nicht umsetzen. Wenn die NASA es nicht kann, kann er es auch nicht. Erst recht nicht, bei diesem engen Zeitrahmen."
(Rick Baker)

Doch man wollte nicht auf ihn hören. So kam es wie es kommen musste: Rambaldi schaffte es nicht und es lief eben doch darauf hinaus, dass in den meisten Szenen Baker im Affenkostüm zum Einsatz kam. Doch de Laurentiis hatte offenbar einen Narren an der Idee eines großen Kongs gefressen und beauftragte Glen Robinson mit dem Bau eines nicht ganz so ambitionierten Roboters und der einzelnen Elemente - was Rambaldi natürlich alles andere als begeisterte. Ende Februar 1976 begann der Bau des Robinson-Roboters, für den 4.000 Pfund Pferdehaare aus Argentinien importiert wurden. Das Ergebnis wog am Ende 6,5 Tonnen, konnte den Kopf drehen, die Arme bewegen, mit den Augen rollen und den Mund öffnen. Das gute Stück kostete alleine 1,7 Millionen Dollar und brauchte mehr als vier Monate, bis es fertig gebaut war. Im Film war der Roboter dann nur für ein paar Sekunden in insgesamt sechs Aufnahmen zu sehen, da der riesige Roboter einfach nicht überzeugte und viel zu statisch wirkte. Allerdings taugte der teure Fehlschuss zumindest als grandioses Marketingwerkzeug. Rambaldi konnte dann immerhin auf dem Gebiet glänzen, in dem er auch Erfahrung hatte: So baute er u.a. einen mechanischen Gorilla-Kopf, der durch erstaunliche Details eine verblüffend glaubwürdige Wirkung hinterließ. Rick Baker hingegen war mit dem Look der Kreatur insgesamt nicht zufrieden und zollte Kameramann Kline Respekt, dass er es schaffte, Kong so gut aussehen zu lassen.

Die Dreharbeiten, die Mitte Februar 1976 fortgesetzt wurden, waren von Beginn an ein einziges Chaos. Das Budget war durch den Streit mit Universal und die vorgezogenen Dreharbeiten ohnehin bereits auf 16-Millionen-Dollar angewachsen und stieg im weiteren Verlauf immer weiter an. Sets waren noch nicht fertig, das Wetter bzw. die Logistik brachten Probleme mit sich und die Kong-Szenen mussten aufgrund der diversen Missverständnisse neu arrangiert werden. Zudem funktionierten auch die sensiblen mechanischen Entwürfe Robinsons und Rambaldis nicht immer so, wie es sein sollte, was den Zeitdruck noch erhöhte. 18-Stunden-Drehtage waren die Regel, einen regulären Drehplan gab es nicht mehr, weil man sofort in den Sets drehte, die als erstes fertig wurden. Der Stress war enorm und ließ auch Regisseur Guillermin die Beherrschung

King Kong lebt!

ORIGINALTITEL: King Kong Lives! • USA, 1986 • REGIE: John Guillermin • DREHBUCH: Steven Pressfield, Ronald Shusett
DARSTELLER: Brian Kerwin, Linda Hamilton, John Ashton, u.a.
Einspielergebnis USA: $ 4.711.220 • Besucherzahlen Deutschland: Videopremiere

INHALT:
King Kong liegt seit zehn Jahren im Koma. Die Tierärztin Amy Franklin will ihm ein künstliches Herz einpflanzen, benötigt dafür aber eine riesige Menge Blutplasma. Der Abenteurer Hank Mitchell entdeckt zufällig den weiblichen Riesenaffen Lady Kong in Borneo und bringt sie nach Amerika. Nachdem das künstliche Herz verpflanzt wurde, bricht Kong aus und befreit Lady Kong - verfolgt vom Militär.

Das immerhin 22-Millionen-Dollar teure Sequel - übrigens tatsächlich von de Laurentiis produziert - gilt als schlechtester King-Kong-Film aller Zeiten. In Anbetracht der Tatsache, dass der Riesen-Affe auch einige Auftritte in grandios missglückten Monsterfilmen aus Asien hatte, eine nicht gerade schmeichelhafte Beurteilung - leider trifft sie in vielen Punkten zu. Die Geschichte ist wahnwitzig abstrus, die Regie Guillermins völlig austauschbar und ohne Spannung, die Effekte trotz des annehmbaren Budgets wesentlich schlechter als im 76er-Original. Der Streifen schwankt zwischen langweilig, trashig, unfreiwillig komisch und peinlich hin und her und funktioniert selbst als Parodie auf sich selbst nicht. KING KONG LEBT! wurde ein grandioser Flop und erntete zu Recht vernichtende Kritiken.

King Kong

Dino De Laurentiis präsentiert einen John Guillermin Film „KING KONG"   mit JEFF BRIDGES · CHARLES GRODIN und JESSICA LANGE Produktionsleitung: Federico De Laurentiis und Christian Ferry   Drehbuch: Lorenzo Semple, Jr. Produktion: Dino De Laurentiis Regie: John Guillermin Musik: John Barry

Deutsches Kinoplakat von 1976
Verleih: Tobis

Stabangaben: USA 1976 | 134 Minuten

ORIGINALTITEL: King Kong • REGIE: John Guillermin • DREHBUCH: Lorenzo Semple Jr. • KAMERA: Richard H. Kline • SCHNITT: Ralph E. Winters • MUSIK: John Barry • PRODUZENT: Dino De Laurentiis • PRODUKTIONSFIRMA: Dino De Laurentiis Company STARTTERMIN USA: 17.10.1976 EINSPIELERGEBNIS USA: $ 52.614.445 DARSTELLER:

Jeff Bridges	Jack Prescott
Charles Grodin	Fred Wilson
Jessica Lange	Dwan
John Randolph	Capt. Ross
Rene Auberjonois	Roy Bagley
Julius Harris	Boan
Jack O'Halloran	Joe Perko
Dennis Fimple	Sunfish
Ed Lauter	Carnahan
Jorge Moreno	Garcia

verlieren - sein ruppiges Verhalten gegenüber der Crew kostete ihm nach einer Auseinandersetzung mit Frederico de Laurentiis fast den Job, doch er besserte sich nach diesem Streit und konnte **KING KONG** zu Ende drehen. Wie chaotisch die Dreharbeiten tatsächlich verliefen, wurde klar, als die Dreharbeiten erneut unterbrochen werden mussten, weil das Set, in dem Kong das erste Mal auftauchte, noch nicht fertig war. Die riesige Mauer, mit der sich die Eingeborenen vor dem „Monster" schützten, wurde im Studio aufgebaut und war 47 Fuß hoch - alleine dieses Set kostete 800.000 Dollar. De Laurentiis ging das Geld aus und er wurde bei seinen ausländischen Partnern mit bisher abgedrehtem Material vorstellig, um mehr Geld zu erhalten. Geld-

und Zeitnot waren auch die Gründe, warum die finalen Szenen in New York teilweise umgeschrieben wurden. Trotzdem kostete das Spektakel am Ende 24 Millionen Dollar - doppelt so viel wie veranschlagt. Wie knapp der Zeitrahmen war, wurde auch daran deutlich, dass an den optischen Effekten bis Stunden vor der Abgabe noch gearbeitet wurde. Doch am Ende hatten es Guillermin und de Laurentiis geschafft: **KING KONG** lief wie angekündigt unter großem Marketing-Getrommel im Dezember 1976 weltweit in den Kinos an - sie hatten gewonnen.
Die Kritiken zeigten sich in den Staaten eher positiv überrascht, während in Deutschland die Krallen gegen die Kong-Rückkehr gewetzt wurden.

*„Es ist eine romantische Fantasy-Aben-
teuer-Geschichte - kolossal, albern, berührend. Ein großartiger Comic-Film …
ein moderner Klassiker, der genau so viel
Wertschätzung verdient hat wie das Original."*

(Pauline Kael, The New Yorker)

*„Es kommt der Tag, frei nach Henning
Venske, da filmt Hollywood seine eigenen
Werbekampagnen. Mit einem Schlachtge-
schrei ohnegleichen stürzt sich der smarte
Spekulant ins Produktionsgetümmel, es-
kortiert von Anwälten und PR-Agenten.
(...) Hollywoods Magie und Mythos gehen
bei solcher Ausschlachterei vor die Hunde.
In der Garotte aus Hast und Protz wurde
die Phantasie erstickt. (…)Mit zynischer
Sinnfälligkeit und Gigantomanie beweist
Dino de Laurentiis, dass die Zeit romanti-
scher Mythen vorbei ist, den Schöpfern
folgen die Schänder."*

(Wolfgang Limmer)

In Deutschland kaufte Horst Wendlandt für
den Tobis-Verleih die Rechte an **KING KONG**
auf und wollte gemeinsam mit dem ZDF die
Hauptdarstellerin Jessica Lange in einer großen Show präsentieren. Dafür hatte man für
teures Geld sogar eine Hand des Film-Gorillas
nachbauen lassen. Als Wendlandt hörte, dass
Lange aufgrund Verpflichtungen in Japan
nicht kommen könnte, suchte er das Gespräch
mit Dino de Laurentiis, mit dem er gut befreundet war. Als auch dieser ihm bestätigte,
dass Lange nicht kommen konnte, platzte
dem wütenden Wendlandt, der die englische
Sprache nur bedingt beherrschte, der Kragen,
was bei den damals im Büro anwesenden
Besuchern für Heiterkeitsausbrüche sorgte.

*„Okay, than tell the olle Pissnelke, she will
never come here and I don´t want to see
she again."*   (Horst Wendlandt)

Trotzdem ließ er insgesamt dreißig King
Kongs aus Pappe von knapp vier Metern
bauen und schickte diese in die Städte, in
denen eine Premiere stattfand.
Der Aufwand und das Risiko machten sich
am Ende für Laurentiis bezahlt: Weltweit
spielte **KING KONG** knapp 90 Millionen Dollar
ein, erwies sich als ungemein rentabel und
war in den USA der dritt erfolgreichste Film
des Jahres überhaupt. Dazu erhielt der italienische Produzent vom US-Sender NBC 19,5
Millionen Dollar für die TV-Rechte zweier
Ausstrahlungen. Um diese Summe zu refinanzieren, strahlte NBC den Film als Zweiteiler
aus und baute Szenen ein, die für die Kinofassung im Vorfeld heraus geschnitten worden
waren. Viele Fans waren der Meinung, dass
diese längere Version der Kinofassung überlegen sei. Bis heute ist diese jedoch nicht auf
DVD veröffentlicht worden.
Der **KING KONG** des Jahres 1976 hatte im
Gegensatz zu vielen anderen Remakes tatsächlich eine Daseinsberechtigung, da man
sich vom Original löste und eher eine freie
Interpretation des Stoffes schuf. Der Film war
spannend, berührend und bestach sowohl
durch eine glänzende Kameraführung, wie
auch durch eine passende Besetzung, aus
der insbesondere Charles Grodin heraus
stach, der seinen Part ebenso selbstironisch
anlegte, wie Guillermin seine Inszenierung.

**Jeff Bridges, der Jahre später durch seine Darstellung des Dude in THE BIG LEBOWSKI zur Kultfigur aufstieg,
sagte sofort zu, als ihm die Möglichkeit gegeben wurde, in dem Remake des Klassikers mitzuspielen.
Schließlich zählt das Original zu seinen Lieblings-Streifen und hatte ihn als Kind nachhaltig beeindruckt.**

Der Regisseur nahm den Stoff zwar ernst,
weckte auch Emotionen und packte den Zuschauer, doch ein Augenzwinkern war seinem
Stil fast durchgehend anzusehen - und das
tat dem Film sehr gut. Handwerklich war er
ohnehin über jeden Zweifel erhaben und
Dank der pompösen Ausstattung und den
immens aufwändigen Sets, war das Budget
bei ihm in guten Händen. Überraschend jedoch, dass der eher als „technische Filmemacher" bekannte Guillermin auch in den ru-
higeren Momenten überzeugte, ohne in die
Kitsch-Falle zu treten.
Die Effekte darf man natürlich nicht mit heutigen Maßstäben messen, da hin und wieder
überdeutlich wird, dass da eben doch ein
Mann im Kostüm steckte, z.B. bei der aus
heutiger Sicht unfreiwillig komischen Kampf-
szene gegen eine riesige Schlange. Allerdings
gab es aber auch Szenen, in denen die me-
chanische Arbeit Rambaldis und das Schau-

spiel von Baker der CGI-Figur der Peter-
Jackson-Verfilmung überlegen waren, weil
Kong einfach echter und greifbarer wirkte.
Doch auch dieser noch recht frühe Blockbus-
ter-Vertreter ließ bereits die Schwächen erkennen. die auf einen Großteil des aktuellen
Big-Budget-Outputs aus Hollywood zutreffen:
Man will möglichst allen gerecht werden, kein
Risiko eingehen, um ein größtmögliches Publikum anzusprechen. Eine Portion mehr Respektlosigkeit, etwas mehr Mut, neues zu
wagen wäre nötig gewesen, um das Remake
ein besseres Standing zu verschaffen. Doch
auch so braucht sich die Guillermin-Fassung
sicherlich nicht hinter der Peter-Jackson-Va-
riante zu verstecken und ist dieser sogar in
vielerlei Punkten überlegen. Der 76er-Kong
war unterhaltsames und spektakuläres Mainstream-Kino wie es sein sollte und ist auch
heute immer noch sehenswert und packend.
Gut gebrüllt, Kong! (TH)

PLATZ
5

Starttermin in
Deutschland:
17.12.76
Besucher in
Deutschland:
2.400.000

Her mit den kleinen Engländerinnen.

Die 60er-Jahre waren aus gesellschaftlicher eine Zeit des Umbruchs, in die der Ruf nach sexueller Freiheit und dem Loslassen der vermeintlich prüden Werte der 50er-Jahre immer lauter wurde. Diese Veränderungen griffen auch die Medien auf, so dass es zu einem Medienhype kam, bei dem man nur schwerlich auseinanderhalten konnte, wo nun wirklich Aufklärung betrieben wurde, und wo die Kommerzialisierung ohne Interesse an der eigentlichen Thematik der eigentliche Auslöser war. Auch das Filmgeschäft konnte und wollte sich diesen Einflüssen nicht widersetzen, so dass ab Mitte der 60er-Jahre einige Aufklärungsfilme produziert wurden, die das Interesse der Gesellschaft nur zu gerne aufgriffen. Halbdokumentarische - und aus heutiger Sicht durchaus amüsante - Produktionen wie DAS WUNDER DER LIEBE (1968) von „Chef-Aufklärer" Oswalt Kolle lockten Millionen Menschen in die Kinos. Die ziemlich drögen und unaufgeregten Streifen reichten dem Publikum jedoch bald nicht mehr, so dass mehr

und mehr Aufklärung mit fiktiven Elementen vermischt wurden, die nur mühsam kaschieren konnten, dass das Interesse an nackter Haut im Vordergrund des Interesses stand - die 13-teilige Reihe SCHULMÄDCHEN-REPORT (1970-1980) war dafür ein gutes Beispiel. Doch auch diese Mischung war nur eine Zwischenstation zur klassischen deutschen Sexkomödie, die Filme wie DIE SEXABENTEUER DER DREI MUSKETIERE (1971) mit dem Genre-Star Ingrid Steeger hervorbrachte. Nachdem das Interesse aufgrund der Marktüberflutung und der Austauschbarkeit der Filme Mitte der 70er-Jahre nachgelassen hatte, gab es die nächste „Evolution", als Produktionen mit „schlüpfrigem" Inhalt direkt für ein junges Publikum produziert wurden, die die Probleme der Teenagerzeit mal heiter, mal ernst thematisierten. Die langjährige Eis-am-Stiel-Reihe (1978-1988) war zumindest mit den ersten beiden Filmen dafür das Paradebeispiel. Der italienische Beitrag FLOTTE TEENS UND HEISSE JEANS (1975), der Gloria Guida zum Star machte, ging ebenfalls

INHALT:
Frankreich 1959: Als die beiden Freunde Alain und Jean-Pierre, die Sprösse wohlhabender Familien, ihren Schulabschluss in Englisch nicht schaffen, werden sie nach England geschickt. Dort sollen sie ihre Sprachkenntnisse verbessern. Doch die beiden Jungs haben auch in England nur Mädchen und Party im Kopf und überhaupt keine Lust, die „Straffahrt" in ein fremdes Land als Sprachreise zu begreifen. Und so nehmen zahlreiche Verwicklungen ihren Lauf, die die Freunde überstehen müssen.

in diese Richtung und war noch wesentlich ernster angelegt, als die folgenden Beiträge der Reihe.

Auch französische Filmemacher reagierten auf diesen Trend - so wie Michel Lang, der seit Mitte der 60er-Jahre als Drehbuchautor und Regieassistent tätig war, und hier seine Chance gekommen sah. Er verfasste sein Drehbuch, das - ähnlich bei Boaz Davidson, der die ersten vier Eis-am-Stiel-Streifen inszenierte und schrieb - auf eigene Jugenderinnerungen basierte. Lang, der bis dahin nur bei zwei Kurzfilmen Regie geführt hatte, bekam eine Finanzierung erstaunlich schnell realisiert und seine Besetzung zusammen, zu der sich auch die deutsche Schauspielerin Christine Schnell gesellte, die heute hauptsächlich Theater spielt und als Synchron- und Hörspielsprecherin arbeitet. Es handelte sich durch die Bank um Newcomer ohne große Erfahrung vor der Kamera. Keiner der beteiligten Schauspieler konnte den Erfolg von **HER MIT DEN KLEINEN ENGLÄNDERIN-NEN** auch nur im Ansatz wiederholen. Ledig-

Für sein Spielfilmdebüt HER MIT DEN KLEINEN EGLÄNDERINNEN setzte Regisseur Michel Lang hauptsächlich auf unbekannte Newcomer wie z.B. Rémi Laurent (Bild oben), der leider bereits 1989 verstarb und zum Zeitpunkt der Dreharbeiten gerade einmal 18 Jahre alt war.

lich Rémi Laurent, im Film als Alain zu sehen, konnte mit EIN KÄFIG VOLLER NARREN (LA CAGE AUX FOLLES, 1978) von Edouard Molinaro einen weiteren Hit landen. In der vergnüglichen Komödie verkörperte er den Sohn von Ugo Tognazzi. Doch eine große Karriere lieb auch Laurent verwehrt. Er starb mit nur 32 Jahren an AIDS in Paris.

Niemand nahm wirklich von dem Film Notiz, doch als das Spielfilm-Debüt von Michel Lang in den französischen Kinos Anfang 1976 startete, entwickelte sich die kleine Komödie zum Überraschungshit des Jahres und konnte fast sechs Millionen Zuschauer in die Kinos locken. In Deutschland startete der Streifen erst fast ein Jahr später, wurde Ende 1976 veröffentlicht und erhielt mitunter sogar akzeptable Kritiken.

Ohne Streiche keine Teeniekomödie. In dieser Szene war Mireille, gespielt von Brigitte Bellac, das bedauernswerte Opfer. Auch Bellac konnte den Erfolg des Streifens nicht wiederholen.

Wer aufgrund des Titels reichlich nackte Haut erwartet, dürfte von HER MIT DEN KLEINEN ENGLÄNDERINNEN eher enttäuscht sein, denn im Grunde war das alles sehr züchtig, nie vulgär.

„Fröhlich zitiert Lang die Klischees eines ersten Auslandsaufenthaltes, macht sich liebenswert lustig über die kleinen nationalen Vorurteile. Vom ersten Bier und erster Übelkeit auf der Kanalfähre bis zu den verständnislos herzlichen Gasteltern, von der manchmal absonderlichen englischen Küche bis zur Flucht vor der ebenso hartnäckigen wie unattraktiven Haustöchter dürfte der Film für viele Zuschauer einen hohen komischen Wiedererkennungswert besitzen. Wenn Lang auch Grausamkeiten und Tragödien der Pubertät nicht vergisst, so beobachtet er doch mit Vorliebe heitere Episoden, heiter zumindest in der Rückschau. Keine Nostalgie a la Bogdanovichs „Letzter Vorstellung", wenig Sentiment wie in Mulligans „Frühling einen Sommer lang" oder in „American Graffiti" von Lucas. Stattdessen einer der lustigsten Filme, die ich in der letzten Zeit gesehen habe."

(Die Zeit)

Deutsches Kinoplakat von 1976
Verleih: 20th Century Fox

Stabangaben: Frankreich 1976 | 112 Minuten

ORIGINALTITEL: À nous les petites Anglaises!
• REGIE: Michel Lang • DREHBUCH: Michel Lang • KAMERA: Daniel Gaudry • SCHNITT: Thierry Derocles • MUSIK: Mort Shuman • PRODUZENT: Irène Silberman • PRODUKTIONSFIRMA: Les Films Galaxie
STARTTERMIN FRANKREICH: 07.01.1976
BESUCHERZAHLEN FRANKREICH: 5.704.446
DARSTELLER:

Rémi Laurent	Alain
Stephane Hillel	Jean-Pierre
Véronique Delbourg	Claudie
Sophie Barjac	Veronique
Julie Neubert	Carol
Rynagh O'Grady	Doreen
Aïna Walle	Britt
Brigitte Bellac	Mireille
Michel Melki	Pierrot
Eric Deacon	Mike

Wer nun vermutete, dass Michel Lang den Erfolg wiederholen wollte und schnell einen Nachfolger ins Rennen schickte, irrte: Lang, der nicht auf ein Genre fest gelegt werden wollte, wandte sich ganz bewusst einem Drama zu und legte mit der Romanadaption UNE FILLE COUSUE DE FIL BLANC (1977) ehr eine unerwartete Arbeit vor.

HER MIT DEN KLEINEN ENGLÄNDERINNEN und der erste EIS AM STIEL haben einige Parallelen. Sie sind mitunter ernster und melancholischer, als man sie heute in Erinnerung hat - was bei einem mit dem Titel und beim anderen mit den platten Fortsetzungen zu tun hat. Beide spielten n den 50er-Jahren, beruhten auf eigenen Erlebnissen und nahmen ihre Figuren ernst, so dass die Hauptcharaktere glaubwürdig und authentisch wirkten. Zudem verweigerten sich sowohl Michel Lang als auch Boaz Davidson überwiegend allzu platten Gags und Witzen. Allerdings geriet der französische Beitrag über weite Strecken bedeutend komischer als die spätere Konkurrenz, da sich Lang eines leiseren Humors bediente und die Gags auf mehreren Ebenen funktionierten. So zählten insbesondere die sprachlichen Probleme mit der Gastfamilie zu den humoristischen Highlights des Streifens. Hier muss auch die gelungene deutsche Synchronisation genannt werden, die entgegen des damaligen Trends sehr vorsichtig mit diesen sprachlichen Feinheiten umging, was auch auf einige tolle Dialoge zutraf. Abgerundet wurde das Lang-Werk durch eine sympathische Darsteller-Riege, aus denen zwar niemand herausragte, die aber ihre Figuren glaubwürdig darstellen konnte.

Nackte Tatsachen sah man kaum: Das war alles sehr züchtig und harmlos, auch schon für die damalige Zeit.

Schwachpunkt war das Drehbuch, welches ebenfalls Michel Lang zu verantworten hatte. Es zerfiel im Grunde in einzelne Episoden, die nur notdürftig miteinander verbunden waren - eine klassische Dramaturgie fand nicht statt. So geht **HER MIT DEN KLEINEN ENGLÄNDERINNEN** insbesondere zum Ende hin, wo der Ton immer nachdenklicher und melancholischer wurde, etwas die Puste aus und wird doch etwas zäh. Aber das konnte und kann nicht darüber hinweg täuschen, dass Lang einer der amüsantesten und schönsten Teenagerfilme überhaupt gelungen war, der trotz dieser Schwachpunkte auch heute noch unterhalten kann. Zusammen mit LA BOUM (1980) von Claude Pinoteau, der Sophie Marceau zum Star machte, sicherlich der beste französische Genre-Beitrag. (TH)

Im Mittelpunkt des Films stehen die unterschiedlichen Freunde Alain (Rémi Laurent, großes Bild links) und Jean-Pierre (Stéphane Hillel, großes Bild rechts), die aufgrund ihrer schlechten schulischen Leistungen nach England geschickt werden. Hillel spielte u.a. auch in den deutschen Streifen SUMMER NIGHT FEVER (1978) oder HEISSE KARTOFFELN (1980), in dem auch Zachi Noy, der „Dicke" aus EIS AM STIEL, mitspielte.

Her mit den Jungs!

ORIGINALTITEL: À nous les garçons • Frankreich, 1985
REGIE: Michel Lang • DARSTELLER: Sophie Carle, Valérie Allain, Franck Dubosc
STARTTERMIN FRANKREICH: 09.01.1985
STARTTERMIN DEUTSCHLAND: 13.02.1986
BESUCHERZAHLEN DEUTSCHLAND: 244.897

INHALT:
Die attraktive Stephanie kann sich die Jungs aussuchen - und das tut sie auch, ohne Rücksicht auf Verluste. Doch ihre Freundin lässt sich das nicht bieten und ergreift bald selbst die Initiative. Dass auch die Eltern einem Seitensprung nicht abgeneigt sind, passt genauso ins Bild wie ihre kleine Schwester, die ihr Zimmer gegen Geld vermietet

Zehn Jahre nach seinem Erfolg mit **HER MIT DEN KLEINEN ENGLÄNDERINNEN** kehrte Michel Lang in das Genre zurück, das ihm den Durchbruch beschert hatte. HER MIT DEN JUNGS war zwar weder eine Fortsetzung, noch ein Remake und hatte auch keinen Bezug zu dem alten Film, war an diesem aber nicht nur des Titels wegen offensichtlich angelehnt. Qualitativ konnte Lang nicht an seinen Erfolgsfilm anknüpfen und blieb sowohl in Frankreich, aber auch in Deutschland hinter den finanziellen Erwartungen zurück.

PLATZ

6

Starttermin in
Deutschland:

19.05.76

Besucher in
Deutschland:

1.750.000

HECTOR, DER RITTER OHNE FURCHT UND TADEL

Was viele nicht erwartet hatten, war Bud Spencer gleich in doppelter Hinsicht geglückt. Nicht nur, dass er gemeinsam mit seinem Dauerpartner Terence Hill den Sprung aus dem humorvollen Italowestern Dank des Erfolgs von ZWEI HIMMELHUNDE AUF DEM WEG ZUR HÖLLE (PIÙ FORTE RAGAZZI, 1972) geschafft hatte: Er baute sich erstaunlich schnell und ohne größere Anlaufschwierigkeiten auch eine überaus erfolgreiche Solo-Karriere auf, die er insbesondere mit der Figur des italienischen Kommissars Rizzo in den Plattfuß-Filmen, von denen zwischen 1973 und 1979 vier Streifen entstanden, begründete. Nachdem Spencer also bewiesen hatte, dass er auch solo ein Kassenmagnet war und die Leute ins Kino locken konnte, war es nur eine Frage der Zeit, bis man dem beliebten Schauspieler die Rolle eines echten italienischen Volkshelden auf den üppigen Leib schrieb.

HECTOR, DER RITTER OHNE FURCHT UND TADEL bezog sich recht lose auf die Erzählung *Ettore Fieramosca* von Massimo D'Azeglio und diese wiederum basierte auf einem tatsächlichen geschichtlichen Ereignis: Der Disfida di Barletta aus dem Jahre 1503. Man betrieb einen enormen Aufwand, um das historische Ereignis entsprechend in Szene zu setzen: Satte zehn Millionen Dollar kostete die italienisch-französische Koproduktion und zählt damit zu einem der teuersten Streifen des schwergewichtigen Neapolitaners überhaupt. Das Geld floss hauptsächlich in die möglichst Originalgetreue Ausstattung. So wurde die Stadt Barletta komplett nachgebaut - nicht etwa als bloßes Set, sondern tatsächlich in massiver Bauweise. Es waren so viele Handwerker, Komparsen und Statisten an dem Film beteiligt, dass man zudem um die Filmstadt quasi eine zweite Stadt baute, in der der riesige Mitarbeiterstab untergebracht werden konnte.

INHALT:

Apulien, 1504: Es herrscht Krieg zwischen Spanien und Frankreich. Die Franzosen belagern die Stadt Barletta, die von den Spaniern gehalten wird. Der italienische Söldnerführer Hector Fieramosca schließt sich trotz der Ausweglosigkeit der Situation den Spaniern an und brüskiert die Franzosen durch seine Respektlosigkeit. Um diesen Affront zu sühnen, wird als Kompromiss ein Turnier vorgeschlagen: Ein Wettkampf zwischen 13 Franzosen und 13 Italienern, sowie eine dreitägige Waffenruhe. Innerhalb dieser Zeitspanne stellt sich Hector seine Truppe zusammen und wird sogar zum Ritter geschlagen. Schließlich kommt es zum Duell der Italiener gegen die Franzosen...

HECTOR, DER RITTER OHNE FURCHT UND TADEL, eine französisch-italienische Ko-Produktion, wurde mit einem immensen Aufwand umgesetzt. Insbesondere die imposanten Bauten von Star-Architekt Pier Luigi Pizzi trieben das Budget in ungeahnte Höhen. Satte 10 Millionen Dollar kostete die Mischung aus geschichtlicher Aufarbeitung und Prügel-Klamauk im typischen Spencer-Stil. Der Film war zwar Europaweit erfolgreich, konnte aber nicht an die Einspielergebnisse der bekannteren Produktionen des „Dicken" anknüpfen

Als Regisseur verpflichtete man Pasquale Festa Campanile, der bislang eher durch leichte Komödien mit reichlich nackter Haut aufgefallen war, z.B. TOLL TRIEBEN ES DIE ALTEN GERMANEN (QUANDO LE DONNE PERSERO LA CODA, 1972). Allerdings war er auch am Drehbuch des Luchino-Visconti-Meisterwerks DER LEOPARD (IL GATTO-PARDO, 1963), in dem übrigens auch Terence Hill unter seinem richtigen Namen Mario Girotti zu sehen war, beteiligt.

Vor der Kamera sah man einige alte Bekannte anderer Spencer-Filme wieder: Enzo Cannavale, mittlerweile leider verstorben, hatte bereits als Caputo an den bis dato abgedrehten Plattfuß-Filmen mitgewirkt und auch Mario Pilar, war im Spencer Universum kein Unbekannter und war an dessen Seite bereits als Zwei-Finger-Joe in SIE NANNTEN IHN PLATTFUSS (PIEDONE LO SBIRRO, 1973) und als Menendez in ZWEI MISSIONARE (PORGI L´ALTRA, 1974) dabei. Dass man bei den Stuntmen dann auch auf die üblichen Gesichter rund um Riccado Pizzuti und Claudio Ruffini stieß, war dann auch nicht mehr überraschend.

Die teure Koproduktion wurde nach einer mehr als sechs-monatigen Drehzeit im Februar 1976 in Italien, drei Monate später in Deutschland gestartet und erwies sich einmal mehr als großer Erfolg. Gemessen an dem betriebenen Aufwand und dem Vergleich zu besseren Ergebnissen, war es jedoch nur ein mittelmäßiger Hit. Und mittelmäßig war auch der Film an sich. Regisseur Campanile und das laue Drehbuch, an dem sich gleich vier

BUD SPENCER

HECTOR, DER RITTER OHNE FURCHT UND TADEL

Ein Film von P.Festa Campanile – Franco Agostini – Enzo Cannavale – Frederik de Pasquale – Jacques Duphilo – **Andréa Ferreol** – Jacques Herlin – Angelo Infanti – Philippe Leroy – Oreste Lionello – Eros Pagni – Renzo Palmer – Gino Pernice – Mario Pilar – Marc Porel – Mariano Rigillo – Mario Scaccia – Bauten: Pier Luigi Pizzi · Musik: Guido u. Maurizio de Angelis

**Deutsches Kinoplakat von 1976
Verleih: Tobis**

| Stabangaben: Italien/Frz, 1976 | 95 Minuten |

ORIGINALTITEL: Il soldato di ventura • REGIE: Pasquale Festa Campanile • DREHBUCH: Franco Castellano, Giuseppe Moccia, Marcello Verucci, Pasquale Festa Campanile • KAMERA: Marcello Masciocchi • SCHNITT: Eugenio Alabiso, Mario Serandrei • MUSIK: Guido & Maurizio De Angelis • PRODUZENT: Camillo Teti • PRODUKTIONSFIRMEN: Mondial Televisione Film, Cité Films, Les Films Jacques Leitienne, Imp.Ex.Ci., Labrador Films
DARSTELLER:

Bud Spencer	Ettore Fieramosca
Franco Agostini	Romanello da Forlì
Enzo Cannavale	Bracalone da Napoli
Jacques Dufilho	Mariano Da Trani
Andréa Ferréol	Leonora
Angelo Infanti	Graziano d'Asti
Philippe Leroy	Charles La Motte
Oreste Lionello	Giovenale da Vetralla
Eros Pagni	Capoccio da Roma
Renzo Palmer	Fra' Ludovico da Rieti

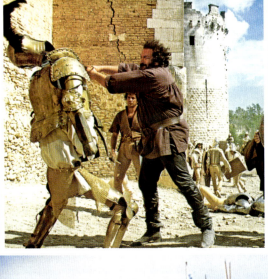

Autoren probierten, pendelten unentschlossen zwischen dem typischen Spencer Prügelulk und einer biederen Geschichtsstunde hin und her. Campanile bekam das Thema nie wirklich in den Griff und inszenierte über weite Strecken ohne Rhythmus oder dramaturgischem Verständnis. Handwerklich durchaus ansprechend hielt er **HECTOR, DER RITTER OHNE FURCHT UND TADEL** zwar auf Kurs, konnte jedoch nie eigene Akzente setzen. So gab es zwar einige humoristische Highlights, z.B. die Szene, in der Hector zum Ritter geschlagen wurde, doch diese gingen in der allgemeinen Trägheit leider mit unter. Selbst die Prügelszenen wirkten schwerfälliger und einfallsloser als zuletzt. Lediglich eine Szene mit Pizzuti am Strand blieb in bester Erinnerung. Besonders unverständlich jedoch, dass es Pasquale Festa Campanile nicht oder nur kaum gelang, den Aufwand und das Budget dieser immens teuren Produktion auf der Leinwand zu zeigen. Selbst die imposanten Bauten des Star-Architekten Pier Luigi Pizzi kamen nicht wirklich zur Geltung und wurden quasi sträflichst vernachlässigt.

So verließ man sich dann eben doch wieder auf das Charisma und die unglaubliche Leinwandpräsenz Spencers und wie so häufig zuvor, hielt er auch diesen allenfalls mittelmäßigen Streifen auf Kurs, agierte mit sichtlicher Spielfreude und natürlicher Dominanz. Gerade seine Szenen mit Enzo Cannavale, die auch privat befreundet waren, zählten zu den besten Momenten von **HECTOR, DER RITTER OHNE FURCHT UND TADEL.** Separat betrachtet leidlich unterhaltsam, doch bei der interessanten Hintergrundgeschichte und den finanziellen Möglichkeiten musste einfach mehr heraus kommen. Nicht überraschend, dass Campanile nie wieder bei einem Spencer-Film Regie führte, obwohl dieser gerne in einem familiären Umfeld arbeitete. Nicht umsonst saßen immer wieder Filmemacher wie Michele Lupo oder Stefano Vanzina, alias Steno, auf dem Regiestuhl der Solofilme Spencers. Die Mischung aus italienischer Geschichtsstunde und Brachialkomödie war zwar kein Ärgernis, aber auch kein wirklicher Treffer. Für Spencer-Fans aber natürlich heute wie damals Pflichtprogramm! (TH)

Spencer verkörperte in dieser Produktion den italienischen Volkshelden Ettore Fieramosca und den Geschehnissen rund um die Disfidadi Barletta aus dem Jahre 1503.

DAS BUCH ZU BUD SPENCER

Carlo Pedersoli und Mario Girotti: Hinter diesen zwei unscheinbaren Namen verbergen sich zwei Schauspieler, die das europäische Kino der 70er und 80er Jahre maßgeblich prägten und sich zum erfolgreichsten Duo der Nachkriegsgeschichte entwickelten: Bud Spencer und Terence Hill. Ihre Filme gehören mittlerweile zu den Klassikern der jüngeren Filmgeschichte, haben bis heute nichts von ihrem Charme verloren und begeistern nach wie vor Millionen.

Mittlerweile ist Terence Hill über 70 und Bud Spencer über 80 Jahre alt, doch ihre Popularität ist ungebrochen. Grund genug, das Schaffenswerk beider Schauspieler Revue passieren zu lassen. Neben einer umfassenden Besprechung ihrer Filme von 1951 bis zur Gegenwart, werden auch die wichtigsten Begleiter ihrer langen Karriere berücksichtigt und vorgestellt. Um einen möglichst kompletten Eindruck vermitteln zu können, führte der Autor Tobias Hohmann für dieses Buch 15 Interviews mit Freunden, Kollegen und Wegbegleitern von Bud Spencer und Terence Hill: Francesco Scardamaglia, Ottaviano DellZAcqua, Nando Paone, Philip Michael Thomas, Matthias Wendlandt, Ruggero Deodato, Giulio Base, Salvatore Basile, Sebastian Niemann, Alessandro Capone, Thomas Danneberg, Karl-Martin Pold, Josi W. Konski, Luciano Capanna und Neil Summers. Ein umfangreicher Anhang, inkl. Kurzkritiken, rundet das Buch dann schließlich ab.

BUD SPENCER & TERENCE HILL - ZWEI HIMMELHUNDE MIT VIER FÄUSTEN
Hardcoverbuch, ca. 570 Seiten • Farbe
39,95 EURO
Bestell-Nr. beim Tele-Movie-Shop: 3166

Für die großzügige Illustration des fast 600 Seiten starken Buches griff man auf zahlreiche Originalkinoplakate und Aushangbilder zurück.

51

SILENT MOVIE
Mit dem grandiosen Ton

*„Ich hab mich nie um Religion geschert, aber
ich habe Stummfilme angebetet. Sie waren mein
Kontakt zu gefühlvollen Dingen. Ich ging so
oft ins Kino, wie ich konnte."*
(Mel Brooks)

INHALT:
Mel Funn war einstmals ein angesagter und erfolgreicher Filmproduzent, bis ihm sein Alkoholproblem einen Strich durch die Rechnung machte. Seitdem versucht er verzweifelt, erneut Fuß in Hollywood zu fassen. Immer an seiner Seite: Seine beiden Freund Marty Eggs und Dom Bell. Als die Big Studios, deren Vorsitz Funn damals führte, von der Konkurrenz Engulf & Devour aufgekauft werden sollen, greift der Studiochef verzweifelt nach dem Strohhalm, den ihm Funn hinhält. Funn hat die glorreiche Idee einen starbesetzten Stummfilm zu produzieren.

Mel Brooks, Jahrgang 1926, wuchs in einer Zeit auf, in welcher der Stummfilm zwar nach und nach dem Tonfilm weichen musste, aber noch immer überaus präsent war. Bereits als Jugendlicher konnte er sich für die heutigen Klassiker erwärmen und schlich sich immer wieder in Vorstellungen, um seine Vorbilder Charlie Chaplin, den Marx Brothers oder Buster Keaton auf der großen Leinwand sehen zu können. Dabei hatte Buster Keaton immer einen ganz besonderen Platz in Mel Brooks' Herz.

1968 führte Mel Brooks bei seinem ersten Spielfilm TOTAL VERRÜCKTER BROAD-WAY (THE PRODUCERS) Regie und war darüber hinaus auch als Produzent tätig. In den Folgejahren festigte er seine Position als Comedy-Regisseur mit den Filmen DER WILDE WILDE WESTEN (BLAZING SADDLES, 1974) und FRANKENSTEIN JUNIOR (YOUNG FRANKENSTEIN, 1974). Hatte er in FRANKENSTEIN JUNIOR bereits seinen Kopf durchgesetzt und den Film in schwarz-weiß gedreht, ging er bei **SILENT MOVIE** noch einen Schritt weiter. Wie der Name bereits andeutet, wurde Mel Brooks nächste Produktion ein Stummfilm, die eine Hommage an die alten Zeiten war und speziell eine Verbeugung vor seinem Vorbild Buster Keaton werden sollte.

Engulf (Harold Gould, Bild oben) will das Studio in dem Mel Funn groß wurde, aufkaufen. Das kann Funn natürlich nicht zulassen und dreht seinen Stummfilm.

„Ich empfand eine wirkliche Nähe zu Chaplin und Keaton. Wie erzählt man eine Geschichte ohne zu sprechen, ohne zu chargieren? Wie schafft man es, nur anzudeuten?" (Mel Brooks)

Brooks' Idee war sicherlich ein Wagnis, welches mit $4.4 Mio zwar nicht übermäßig kostspielig wurde, für eine Komödie allerdings auch nicht sonderlich günstig ausfiel. Mit der Idee in seinem Stummfilm die Geschichte der Produktion eines Stummfilms zu erzählen, ist Brooks ein cleverer Ansatz gelungen, mit dem er quasi **SILENT MOVIE** selber persiflierte. Zudem holte er sich noch die Komiker-Veteranen Marty Feldman und Dom DeLuise an seine Seite. Ähnlich wie die Three Stooges gerieten die Freunde von einer Slapstick-Situation in die nächste. Für die Charakterisierung der Freunde ließ sich Brooks von seiner Beziehung zu seinen drei Brüdern inspirieren. Gemeinsam mit Ron Clark, Rudy De Luca und Barry Levinson verfasst Brooks das Skript, landete damit später mehr als nur einen Achtungserfolg und erhielt diverse Nominierungen: Eine Golden Globe Nominierung (in der Kategorie „Bester Film - Komödie/Musical") sowie eine Nominierung durch die Writers Guild of America („Beste Drehbuch - Komödie") konnte man immerhin für sich verbuchen.

So ungewöhnlich die Situation für die Drehbuchautoren auch war, der Dreh wurde dadurch erheblich erleichtert. Die Schauspieler mussten zwar aus den Vollen schöpfen, um ihre Emotionen zu übermitteln, doch man war nicht darauf angewiesen, auf Umgebungsgeräusche zu achten, welche die

Aufnahme möglicherweise ruinieren könnten. Dies stellte einen Segen für den Dreh dar, wie Mel Brooks später zu sagen pflegte. Für Mel Brooks amüsant, jedoch auch leicht frustrierend, war die Tatsache, dass die Crewmitglieder stark gehemmt waren und sich nicht zum Lachen hinreißen ließen, weil sie befürchteten, sie könnten die Szene stören.

Für Marty Feldman, der bereits in FRANKENSTEIN JUNIOR mit Brooks zusammengearbeitet hatte, war der Dreh eines Stummfilms die perfekte Plattform, um weitere Facetten seiner Darstellung umsetzen zu können. Zudem liebte er es, wenn andere Comedians um ihn herum waren, von denen er lernen konnte. Bei **SILENT MOVIE** bekam er wäh-

rend der Dreharbeiten die Chance, mit ein paar Koryphäen zusammenzuarbeiten, mit denen er sich rege austauschte. Der weltberühmte französische Pantomime Marcel Marceaux hat zwar nur einen kurzen Auftritt im Film, doch die kurze Zeit nutzte Feldman, um verschiedene Übungen mit ihm durchzugehen. Die beiden sprachen zwar keine gemeinsame Sprache, konnten aber über ihren physisch angelegten Humorstil miteinander kommunizieren. Überaus amüsant auch die Mel-Brooks-Idee, Marcel Marceaux das einzige Wort im gesamten Film sprechen zu lassen. Dieses einzelne Wort brachte **SILENT MOVIE** zudem einen Eintrag im Guinness Buch der Rekorde ein, als Tonfilm mit den wenigstens gesprochenen Dialogzeilen.

„Begreifst du überhaupt, dass hierfür anderthalb Stunden Noten komponiert werden müssen?! Du hörst nichts anderes als Musik!" (John Morris)

Zunächst wollte Brooks bei **SILENT MOVIE** sogar noch einen Schritt weitergehen und tatsächlich einen komplett tonlosen Film, also auch ohne Musikspur, produzieren. Eine Idee, die 20th Century Fox gar nicht behagte,

so dass Brooks John Morris darum bat, den Score zum Film beizusteuern. Sicherlich eine gute Entscheidung, denn die ersten Minuten, in denen tatsächlich gar nichts zu hören ist, wirken leicht befremdlich und verwirrend. Undenkbar, wie ein kompletter Spielfilm in diesem Stil ausgefallen und beim Publikum angekommen wäre. Als Brooks Morris von seiner Idee eines Stummfilms mit reiner Musikuntermalung erzählte, war Morris sichtlich entsetzt. Der Aufwand den er hierfür würde betreiben müssen, würde immens sein und so war es dann ja auch.

Zu beginnt hatte Brooks die Idee, verschiedene Themes für die diversen Gastauftritte zu kreieren. Ob nun Liza Minnelli, Anne Bancroft oder Burt Reynolds: Jeder sollte seine eigene unverwechselbare Melodie auf den Leib komponiert bekommen. Morris war wenig von der Idee angetan, wollte lediglich für Reynolds ein „Moviestar"-Theme komponieren, für die drei Hauptfiguren kreierte er hingegen einen Marsch, der ihren Weg durch Hollywood aufgriff. Als letztes Theme komponierte er etwas gefühlvolles, welches eingesetzt wurde, wenn emotionale Szenen durch die Musik erklärt werden sollten. Diese drei Melodien kombinierte er miteinander, um sie in den Szenen entsprechend einzusetzen. Dabei nahm Morris jedoch Abstand davon, das Klavier zu verwenden, da es ihm für einen Stummfilm zu klischeebehaftet war.

Auch bei den weiblichen Rollen legte Mel Brooks Wert auf die richtige Besetzung und verpflichtete so unterschiedliche Darstellerinnen wie Anne Bancroft (links), die durch DIE REIFEPRÜFUNG bekannt geworden war, und Bernadette Peters (rechts), die zu diesem Zeitpunkt noch am Anfang ihrer Karriere stand, jedoch bis heute aktiv ist. Bancroft verstarb hingegen bereits 2005.

Insgesamt wurden mehr als 40 Tonaufnahmen für den Film eingespielt, die insgesamt fast genau 90 Minuten andauerten. Die schiere Menge an Kompositionen, Aufnahmen und Überprüfungen stellte ein fast unüberwindbares Hindernis für Morris dar, so dass er Lionel Newman, Musikdirektor bei 20th Century Fox, um Hilfe bat. Newman sprang als Dirigent für Morris ein, so dass Morris sich allein auf das komponieren konzentrieren konnte.

SILENT MOVIE ist, wie nicht anders zu erwarten, prall gefüllt mit Slapstick-Einlagen und lebt auch in erster Linie von diesen. Das ist einerseits ein wenig einseitig, denn die besten Stummfilme waren nicht zwangsläufig reine Slapstick-Komödien, andererseits ist es charmant und punktgenau getroffen. Dass sich Brooks dabei an seinen großen Vorbildern orientierte, ist nicht weiter verwunderlich und wurde von ihm auch zu keiner Zeit verschwiegen. Eine Szene kopierte er gar 1:1 und spielte sie außerdem mit Buster Keatons Witwe Eleanor Keaton ein. Zwei Tage nahmen die Dreharbeiten für die Szene in Anspruch. In besagter Szene geht Eleanor in eine Telefonzelle. Brooks, der außerhalb des sichtbaren Bilds hockte, stand langsam auf und drückte somit Eleanor aus dem Bild. Ein Klassiker, den die Keatons gemeinsam häufiger im TV und auch auf der Bühne inszenierten. Diese Szene wurde jedoch später komplett aus dem Film gestrichen, da sie den Erzählfluss des Films leicht hemmte.

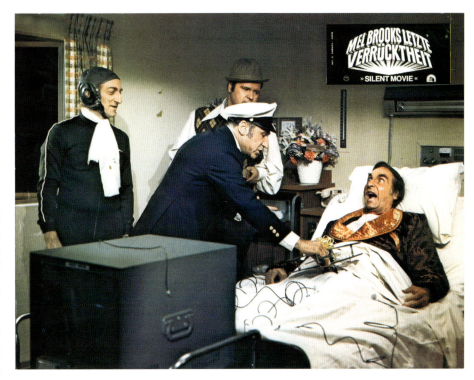

Mel Brooks (mit Kapitänsmütze) und seine Darsteller Marty Feldman (ganz links) und Dom DeLuise (verdeckt hinter Brooks) arbeiteten häufiger zusammen. Feldman und DeLuise hatten zudem kurz zuvor SHERLOCK HOLMES CLEVERER BRUDER, bei dem Gene Wilder Regie geführt hatte, abgedreht, so dass man sich kannte und schätzte.

> *„Ich hab die Idee direkt von DER KAMERAMANN geklaut. Viele Leute nennen es eine Hommage - ich nenne es Diebstahl. Nachdem wir die Szene im Kasten hatten, sank ich auf meine Knie und sagte: „Vielen Dank, Buster!"* (Mel Brooks)

Ein anderer Sketch zeigt Engulf (Gould) und Devour (Carey) auf einer öffentlichen Toilette. Devour versucht Engulf in seine Jacke zu helfen, bekommt es aber einfach nicht hin. Mal ist plötzlich das Innenfutter außen zu sehen, ein andermal hat stattdessen Devour die Jacke an. Diese Szene hatte Brooks ebenfalls direkt aus DER KAMERAMANN (THE CAMERAMAN, 1928) kopiert.

> *„Silent Movie ist nicht nur witzig, sondern macht auch Spaß. (...) Doch vielleicht sollte ich erwähnen, dass der Film eigentlich kein richtiger Stummfilm ist. Er ist prall gefüllt mit Musik, Soundeffekten, Explosionen, Pfiffen, Unfällen und, ja, einem Wort."* (Roger Ebert)

> *„Silent Movie ist nicht der bester Film, den Herr Brooks je gemacht hat, aber, wenn man seine Erwartungen entsprechend anpasst, könnte er das Netteste sein, was Sie diesen Sommer sehen werden."* (Vincen Canby)

Am 16. Juni 1976 feierte **SILENT MOVIE** in den USA Premiere. Die Presse war dem Film meist wohlwollend gesonnen, manch einer war schlichtweg begeistert von der Idee und Umsetzung des Films. Andere wiederum kritisierten die Dominanz des Slapstick-Humors,

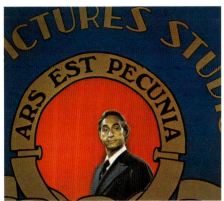

MEL BROOKS LETZTE VERRÜCKTHEIT

Deutsches Kinoplakat von 1976
Verleih: 20th Century Fox

Stabangaben: USA 1976	84 Minuten

ORIGINALTITEL: Silent Movie • REGIE: Mel Brooks • DREHBUCH: Mel Brooks, Ron Clark, Rudy De Luca, Barry Levinson • KAMERA: Paul Lohmann • SCHNITT: Stanford C. Allen, John C. Howard • MUSIK: John Morris • PRODUZENT: Michael Hertzberg • PRODUKTIONSFIRMA: Crossbow Productions • STARTTERMIN USA: 16.06.1976 • EINSPIELERGEBNIS USA: $ 36.145.695

DARSTELLER:

Mel Funn	Mel Brooks
Marty Eggs	Marty Feldman
Dom Bell	Dom DeLuise
Studiochef	Sid Caesar
Engulf	Harold Gould
Devour	Ron Carey
Vilma Kaplan	Bernadette Peters
Burt Reynolds	Burt Reynolds
James Caan	James Caan
Liza Minnelli	Liza Minnelli
Anne Bancroft	Anne Bancroft
Paul Newman	Paul Newman

Marty Feldman und Mel Brooks hatte bereits bei FRANKENSTEIN JUNIOR hervorragend zusammen gearbeitet, so dass es nur logisch war, dass Brooks seinem Kollegen eine Rolle auf den Leib schrieb, damit sie erneut zusammen arbeiten konnten. Leider verstarb Feldman bereits 1983, so dass SILENT MOVIE auch ihre letzte gemeinsame Produktion war.

MEL BROOKS

Mel Brooks wurde am 28. Juni 1926 in Brooklyn, New York City geboren. Im Laufe der Karriere war er als Komiker, Schauspieler, Regisseur und Drehbuchautor tätig und verschaffte sich mit seinen Filmparodien einen Namen in Hollywood, der auch heute noch Bestand hat.

Nachdem er als Stand-Up-Comedian und Sketchschreiber angefangen hatte, ersann er gemeinsam mit Buck Henry 1965 die TV-Serie Mini-Max, die überaus erfolgreich lief und ihm die Möglichkeit gab, bei seinem ersten Film Regie zu führen. Dabei packte er mit seinem ersten Film direkt ein heißes Eisen an, denn in FRÜHLING FÜR HITLER (THE PRODUCERS, 1968) nahm er das nationalsozialistische deutsche Regime aufs Korn. Ein jüdischer Broadway-Produzent versucht sich Geld zu erschleichen, indem er behauptet ein Musical über Adolf Hitler zu produzieren. Dem brisanten Thema zum Trotz wurde der Film ein großer Erfolg und Brooks wurde prompt mit dem Oscar für das beste Drehbuch ausgezeichnet.

Hiernach fokussierte sich Brooks nach und nach auf Genreparodien und feierte mit diesen etliche Erfolge. In DER WILDE WILDE WESTERN (BLAZING SADDLES, 1974) widmete er sich, wie nicht anders zu vermuten, dem Western und in FRANKENSTEIN JUNIOR (YOUNG FRANKENSTEIN, 1974) zog er den Horrorfilm durch den Kakao. Beide Filme waren übermäßig erfolgreich und auch seine nächste Parodie, SILENT MOVIE (1975), eine Hommage an den Stummfilm, bei der erstmals in eine der Hauptrollen schlüpfte, ließ die Kassen klingeln.

Mit HÖHENKOLLER (HIGH ANXIETY, 1977) nahm er Hitchcocks Filme aufs Korn, konnte jedoch nicht an

der nicht das Alleinstellungsmerkmal des Stummfilms darstellte, womit die Idee einer Persiflage ein wenig unterminiert wurde. Nichtsdestotrotz war **SILENT MOVIE** ein voller Erfolg. Die namhaften Stars, die Brooks nach eigenen Angaben für gerade einmal $300 pro Tag anheuern konnte - vermutlich dürften die nicht vorhandenen Dialoge das Zünglein an der Waage gewesen sein - zogen selbstverständlich auch das breite Publikum an. Immerhin hatte Brooks die Oscar-Preisträgerinnen Liza Minnelli und Anne Bancroft für seinen Film gewonnen. Mit Paul Newman, James Caan und Burt Reynolds - der sein Image genüsslich auf den Arm nahm - wurde der Cast ebenso abgerundet, wie durch Mel Brooks - der somit seine erste Hautrolle überhaupt übernahm - höchstpersönlich. Nicht zu vergessen die beiden Komiker Marty Feldman und Dom DeLuise. Auch in Deutschland feierte **SILENT MOVIE** Erfolge. 1976 erarbeitete man sich Platz 7 der Jahrescharts und 1980 kam es zu einer Wiederaufführung des Films.

Betrachtet man das Filmjahr 2011 rückblickend kommt einem bei **SILENT MOVIE** prompt der Oscar-Abräumer des Jahres THE ARTIST (2011) in den Sinn. Doch unterschiedlicher könnten die beiden Stummfilme nicht sein. THE ARTIST ist zwar ebenfalls eine Hommage an den Stummfilm, geht jedoch mit deutlich subtileren Tönen hausieren, während **SILENT MOVIE** in erster Linie die Slapstick-Comedy aufgreift. Das wirkt zeitweise ein wenig verschenkt und einseitig, ist jedoch genau die richtige Plattform für Mel Brooks typischen Humor, der hier auch ohne das gesprochene Wort greift. Die eingeblendeten Texttafeln sowie die Geräuschkulisse prägen das Erlebnis und runden das auch schon zu der damaligen Zeit ungewöhnliche Projekt ab. Allerdings ist **SILENT MOVIE** durchaus recht platt und manche Witze wirken recht deplatziert, grundsätzlich also eher ein Film, den man in geselliger Runde genießen kann. Beachtlich ist hingegen der Score aus der Feder John Morris, von dem der Film maßgeblich lebt und der ihm sein Profil und seinen Wiedererkennungswert verleiht. Mit perfektem Einsatz und den passenden Melodien werden die jeweiligen Szenen perfekt untermalt. Der Humor wird noch einmal betont, die ruhigen Szenen bekommen mehr Tiefe und die Actionsequenzen wirken dynamischer. **SILENT MOVIE** ist sicherlich nicht Mel Brooks' bester Film, aber definitiv unterhaltsam und einzigartig. (SW)

Mittlerweile hat er sich zurückgezogen, doch in den 70er- und 80er-Jahren war er einer der erfolgreichsten Komödienregisseure: Mel Brooks.

EINSPIELERGEBNISSE DER MEL-BROOKS-FILME AB 1975

M el Brooks konnte mit seinen Parodien über die Jahre hinweg ein weltweites Stammpublikum aufbauen, welches ihm und seinen Filmen treu blieb und für - bis auf eine Ausnahme - planbare Einspielergebnisse sorgten. Doch nachdem die Budgets in den 90er-Jahren rasant stiegen, die Besucherzahlen jedoch gleich blieben, wurde es für Brooks schwerer, seine Filme zu refinanzieren. In der folgenden Übersicht wurden nur die Regiearbeiten von Mel Brooks berücksichtigt.

Jahr	Deutscher Titel (Originaltitel)	Budget ($)	US-Box-Office	Besucherzahlen (D)
1974	FRANKENSTEIN JUNIOR (Young Frankenstein)	2.800.000	$ 86.273.333	3.500.000
1976	SILENT MOVIE (Silent Movie)	4.400.000	$ 36.145.695	1.600.000
1977	HÖHENKOLLER (High Anxiety)	3.400.000	$ 31.063.038	1.500.000
1981	MEL BROOKS - DIE VERRÜCKTE GESCHICHTE DER WELT (History of the World: Part I)	11.000.000	$ 31.672.907	1.584.814
1987	SPACEBALLS (Spaceballs)	22.700.000	$ 38.119.483	1.182.474
1991	DAS LEBEN STINKT (Life Stinks)	13.000.000	$ 4.102.526	276.583
1993	ROBIN HOOD - HELDEN IN STRUMPFHOSEN (Robin Hood: Men in Tights)	ca. 20.000.000	$ 35.739.755	2.128.941
1995	DRACULA - TOT ABER GLÜCKLICH (Dracula: Dead and Loving It)	ca. 15.000.000	$ 10.772.144	1.041.833

Ab 1975: 8 Filme · **Budget: 92.300.000** (ca.)
Einnahmen USA: $ 273.888.881 · **Deutsche Kinobesucher: 12.814.645**

seine Erfolg anknüpfen. Auch der Kultfilm SPACEBALLS, 1987), mit dem er das Science Fiction Genre parodierte, dabei den Fokus hauptsächlich auf George Lucas' KRIEG DER STERNE (STAR WARS, 1977) legte, war längst nicht mehr so erfolgreich. In den 90er-Jahren folgten noch ROBIN HOOD - HELDEN IN STRUMPFHOSEN (ROBIN HOOD: MEN IN TIGHTS, 1993) und der Flop DRACULA - TOT ABER GLÜCKLICH (DRACULA: DEAD AND LOVING IT, 1995) mit Leslie Nielsen in der Hauptrolle.

Neben seiner Karriere als Regisseur, war er auch als Produzent überaus erfolgreich. Überraschend ist dabei, dass er sich nicht allein auf Komödien stürzte. Seine erfolgreichste Produktion war beispielsweise das Drama DER ELEFANTENMENSCH (THE ELEPHANT MAN, 1980) unter der Regie von David Lynch. Acht Oscar-Nominierungen heimste man damit ein, ging schlussendlich jedoch leer aus. Doch auch die Produktionen EIN DRAUFGÄNGER IN NEW YORK (MY FAVOURITE YEAR, 1982) und FRANCES (1982) konnten Oscar-Nominierungen für sich verbuchen, wenn auch nicht in dem Ausmaß wie ELEFANTENMENSCH. Seit dem Ende der 90er-Jahre wurde es ruhig um Mel Brooks. Er war zwar weiterhin als Produzent

aktiv, reduzierte seinen Output jedoch massiv, ohne dabei nennenswert erfolgreich zu sein. Er überraschte Hollywood jedoch ein weiteres Mal, als er Musical-Versionen von FRÜHLING FÜR HITLER und FRANKENSTEIN JUNIOR auf den Weg brachte, die sich überraschend gut gegen die starke Konkurrenz schlugen.

Brooks' Filme sind mit ihren teils derben Witzen sehr direkt und nicht unbedingt etwas für Liebhaber des feinen Humors, nahmen jedoch mit einer vortrefflichen Zielsicherheit die diversen Genres aufs Korn. Im April 2010 erhielt Brooks seinen Stern auf dem Hollywood Walk of Fame.

PLATZ 8

Starttermin in Deutschland:
07.10.76
Besucher in Deutschland:
1.550.000

SCHLACHT UM MIDWAY

Spätestens ab Mitte der 70er-Jahre wurde deutlich, dass in Hollywood eine Art Generationenwechsel stattfand. Klassische Studioproduktionen waren nicht mehr angesagt, groß budgetierte Monumentalfilme zogen das Publikum nicht mehr an. Durch gesellschaftliche Veränderungen oder politische Wertverschiebungen verlangten die kritischen Zuschauer nach Stoffen, die ihnen die Majors nicht geben wollten oder konnten. Viele altgediente Produzenten, die seit Jahrzehnten im Geschäft waren, erlebten in dieser Phase ihr Karriereende, da sie den modernen Publikumsgeschmack nicht mehr trafen und ihre Arbeitsweise nicht mehr effizient und treffsicher genug war. Einer dieser Produzenten war Walter Mirisch, der seit Mitte der 40er-Jahre im Geschäft war und durch die Bomba-Filme, in denen Johnny Sheffield zwischen 1949 und 1955 insgesamt zwölf Mal als titelgebender Abenteurer die Hauptrolle übernahm, erste lukrative Erfolge feierte. Weitere sehr bekannte Mirisch-Produktionen waren DIE DÄMONISCHEN (IN-VASION OF THE BODY SNATCHERS, 1956), DIE GLORREICHEN SIEBEN (THE MAGNIFICENT SEVEN, 1960) oder IN DER HITZE DER NACHT (IN THE HEAT OF THE NIGHT, 1967). Mirisch hatte zahlreiche Hits produziert, genoss einen guten Ruf und kannte die Branche in- und auswendig. Trotzdem wartete er in den 70er-Jahren auf einen großen Kassenerfolg und wollte es daher offensichtlich noch einmal wissen, als er mit **SCHLACHT UM MIDWAY** eine sehr große Produktion mit Starbesetzung wagte und somit alles auf eine Karte setzte.

Mirisch las gerne historische Bücher und stieß dabei irgendwann auf die Schlacht um Midway, in der vom 4. bis zum 7.0.6.1942 die japanische Marine gegen die US-Navy kämpfte. Die Midwayinseln waren zu dieser Zeit der am weitesten im Westen liegende Vorposten der US-Amerikaner im Zentralpazifik und strategisch wichtig. Nach der Schlacht im Korallenmeer am 7. und 8. Mai 1942 war die US-Flotte sehr geschwächt und hätte einen weiteren Angriff nur schwerlich

INHALT:
1942: Die japanische Marine ist ungeschlagen und hat den Amerikanern schwer zugesetzt. Nach der Schlacht am Korallenmeer arbeitet der japanische Admiral Yamamoto an einem Plan, um die angeschlagene US-Flotte endgültig zu besiegen. Was er nicht weiß: Der US-Geheimdienst hat den japanischen Verschlüsselungscode geknackt und weiß nun, dass Yamamoto bei den Midway-Inseln zuschlagen will. Heimlich werden die letzten Flugzeugträger nach Midway geschickt, um den Japanern eine Falle zu stellen.

überstanden, daher wollten die Amerikaner ihre Gegner überrumpeln. Von den Folgen dieses gelungenen Schachzugs konnten sich die Japaner nie wieder erholen, daher gilt diese Schlacht als Wendepunkt des Pazifikkrieges. Der gewiefte Produzent spürte, dass dies ein wunderbarer Filmstoff sein könnte und war zudem auch persönlich von der Geschichte fasziniert. Als er den Dokumentarfilm BATTLE OF MIDWAY (1942), der von der US Navy produziert und von John Ford inszeniert wurde, sah, verstärkte sich dieser Eindruck noch. Auch Henry Fonda war an dieser Doku beteiligt, da er die Funktion als Erzähler übernahm.

Mirisch gab dem Autor Donald S. Sanford, mit dem er früher schon zusammen arbeitete und der ebenfalls Interesse an der Thematik hatte, den Auftrag, ein Drehbuch auf Basis der realen Ereignisse zu verfassen. Sanford hatte zudem Ende der 60er-Jahre für ähnlich gelagerte Produktionen ebenfalls die Vorlagen geliefert, hatte also durchaus Erfahrung im Genre.

Zuerst wollte man John Guillermin als Regisseur verpflichten, doch dieser sagte ab und übernahm lieber den Film KING KONG. Daher wandte man sich an den routinierten Filmemacher Jack Smight, der kurz zuvor mit GIGANTEN AM HIMMEL (AIRPORT 1974) - ebenfals mit Charlton Heston in Hauptrolle - einen großen Hit gelandet und somit bewie-

sen hatte, dass er auch technisch schwierige Produktionen meistern konnte.

Bereits während der Drehbuchentwicklung war klar, dass die Produktion sehr aufwändig und dementsprechend teuer werden würde. Daher hatte Mirisch frühzeitig entschieden, dass man im großen Stil Archivmaterial verwenden wollte - schließlich hatte man auch die Erlaubnis der Marine, dieses zu verwenden. Das hatte gleich mehrere Vorteile: Einerseits bekam man quasi gratis spektakuläres Material, andererseits hätte man in den 70er-Jahren auch keinen Zugriff auf die alten Flugzeugträger gehabt, da diese in der Regel nicht mehr im Einsatz waren. So wandelte man die alten Aufnahmen von 16 mm auf 35 mm um und bearbeitete diese, damit diese Szenen so unauffällig wie möglich in das spätere Material eingefügt werden konnten. All das geschah bereits vor dem eigentlichen Drehstart und kostete mehr als 60.000 Dollar. Parallel zu der Drehbuchentwicklung und der Überarbeitung des Archiv-Materials nahm der Cast allmählich Formen an. Mirisch ging nach dem Prinzip der damals noch erfolgreichen Katastrophen-Filme vor und wollte von Beginn an eine sehr populäre Besetzung verpflichten. Charlton Heston, der selbst im 2. Weltkrieg bei der Luftwaffe gedient hatte, war der erste Schauspieler, der zusagte. Kurz darauf konnte man auch Henry Fonda für die Produktion gewinnen und hatte somit zwei

Ein Teil der Dreharbeiten fand am Point Mugu in Kalifornien statt. Man wählte diesen Ort aus, weil er den Midwayinseln ähnelte. Man baute dort provisorische Landebahnen und einen Tower, so dass die meisten Bomben- und Beschussszenen dort gedreht werden konnten.

„Das ist ein dokumentarisches Werk. Kriege können notwendig und sogar gerecht sein, aber sie bleiben immer grausam und unmenschlich. Diese Schlacht im Pazifik hat zwar den Verlauf des „Zweiten Weltkriegs" entscheidend beeinflusst und ist darum ein Filmthema, aber das ist ja noch lange kein Grund für den Drehbuchautor, den Regisseur oder die Schauspieler, den japanischen Gegner zu verteufeln." *(Charlton Heston)*

Mit der Verpflichtung des legendären Mimen Toshiro Mifune (Bild unten, mittig) gelang Walter Mirisch ein großartiger Coup. Links neben Mifune sieht man übrigens Pat Morita, der knapp zehn Jahre später als Mr. Miyagi in KARATE KID populär wurde.

Hochkaräter an Bord. Ein weiterer Besetzungscoup gelang Mirisch mit der Verpflichtung des populären japanischen Schauspielers Toshirô Mifune, der schon öfter in US-Produktionen aufgetreten war und besonders in DIE HÖLLE SIND WIR (HELL IN THE PACIFIC, 1968) von John Boorman geglänzt hatte. Dieser bereitete sich penibel auf seine Darstellung des Admiral Isoroku Yamamoto vor und ließ seine Uniform in Japant anfertigen, damit diese so exakt wie möglich ausfiel. Um seinen Respekt zu bekunden, schenkte er Regisseur Smight ein Samurai-Schwert und hinterließ nicht nur deswegen bei der kompletten Crew einen bleibenden Eindruck. Mifune sagte jedoch nur zu, weil die Japaner nicht als der „böse Feind", sondern menschlich porträtiert wurden.

Mit James Coburn, Robert Wagner oder Hal Holbrook hatte Mirisch weitere Prominenz engagiert, wollte jedoch auch das Hollywood-Urgestein Robert Mitchum überreden. Dieser wollte aber allmählich etwas kürzer treten und hatte auf mehrwöchige Auslandsdreharbeiten wenig Lust - und genau die drohten bei SCHLACHT UM MIDWAY, da man auch auf einem echten Flugzeugträger drehen wollte.

„Walter löcherte Mitchum immer wieder wegen dieser Rolle und sagte ihm schließlich: ´Du liegst drei Tage nur im Bett.` Mitchum sagte mit den Worten: `Das ist eine gute Rolle´ dann ja auch zu." (Jack Smight)

Neben diesen Hochkarätern gab es jedoch auch eine ganze von Gastauftritten bzw. kleineren Rollen, die von Schauspielern übernommen wurden, die erst Jahre später ihren Durchbruch feiern sollten, z.B. Pat Morita - Miyagi in KARATE KID (1984) - oder Tom Selleck, der als MAGNUM (1980 bis 1988) unsterblich wurde.

Da man diese Produktion von der Größenordnung nicht ohne die Unterstützung der Navy umsetzen konnte, wandte man sich an Admiral Strean, der nicht nur als Verbindung zum Militär diente, sondern auch als technischer Berater fungierte, da er selbst in dieser Schlacht mitgekämpft hatte. Um dem Publikum auch technisch etwas neues zu bieten, produzierte man den Kriegsstreifen in so genannten Sensurround-Verfahren, für das im Kino eine spezielle Dekodierbox, mehrere Verstärker mit 1000 Watt Leistung und zehn große, speziell angepasste Tiefton-Lautsprecher benötigt wurden. Dieses Verfahren wurde ursprünglich für ERDBEBEN (1974) entwickelt und sollte besonders den tiefen Tönen einen Mehrwert einverleiben. Obwohl diese Technik recht realistisch klang, griff man nur bis Ende der 70er-Jahre darauf zurück.

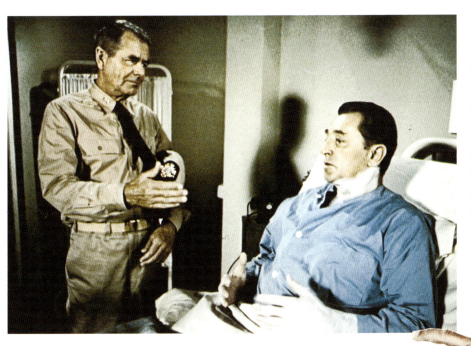

SCHLACHT UM MIDWAY war bis in die Nebenrollen hervorragend besetzt. So konnte man nicht nur Glenn Ford (Im Bild links)**, sondern auch Robert Mitchum** (liegend) **für die Produktion gewinnen.**

Für **SCHLACHT UM MIDWAY** benötigte man mehrere Drehorte: Einerseits drehte man natürlich im Studio, andererseits jedoch auch auf einem alten Marinestützpunkt in Florida. Die technische Crew arbeitete zudem auch am Lake Castaic, wo man die zahlreichen Modellaufnahmen in den Kasten brachte. Der wichtigste Drehort war aber sicherlich der Flugzeugträger USS Lexington, auf dem die Crew knapp zwei Wochen drehte und lebte. Matrosen wurden als Statisten eingesetzt, so dass es zu einem tatsächlichen Miteinander von Crew und Besetzung kam. Für die Darsteller, insbesondere für Charlton Heston - bei dem alte Erinnerungen wach wurden - waren diese zwei Wochen eine ganz besondere Erfahrung. Vielleicht war diese Erfahrung ein Grund dafür, warum die Drehzeit trotz des großen Staraufgebots so harmonisch und problemlos verlief.

„Ich war selbst in diesem Krieg, daher hat SCHLACHT UM MIDWAY eine besondere Bedeutung für mich. Ich bin sehr stolz auf diesen Film und finde ihn wunderbar."
(Charlton Heston)

Noch kurz vor den Dreharbeiten wurde dann noch einmal das Drehbuch verändert: Ursprünglich hätte Charlton Heston nämlich überlebt, doch nachdem man eine spektakuläre Absturzsequenz in den Archiven fand, hielt man es für eine gute Idee, den klassischen Helden Heston sterben zu lassen, um das Publikum zu überraschen.

Als der sieben-Millionen-Dollar-Film in die Kinos kam, waren die Reaktionen eher zurückhaltend.

„Die Schlacht um die im Pazifik gelegenen Midway Inseln im Juni 1942, dient dem Produzenten Walter Mirisch und seinem Regisseur Smight, nur als beliebiger Anlass für spektakulären Krach und etliche Gaststar Auftritte. Doch angesichts einer völlig unpersönlichen Inszenierung kommen selbst bewährte Profis wie Robert Mitchum, Henry Fonda und Cliff Robertson kaum zum Zug. Den Krieg reduziert Smight auf ein taktisches Sandkastenspiel mit einigen dürftig motivierten privaten Intermezzi, durch die sich Charlton Heston zu quälen hat."

(Hans C. Blumenberg)

„Man kann den Film als pures Spektakel erleben - allerdings nur, wenn man jegliche Hoffnung aufgibt, dass das Ganze Sinn macht. Bomben explodieren, Flugzeuge zerschellen und das Theater wackelt mit der Magie des Sensurround. Aber es gibt keine wirkliche Inszenierungs-Intelligenz, so dass die Spezialeffekte nicht in die Story eingebunden werden."

(Roger Ebert)

Finanziell lohnte sich der ganze Aufwand jedoch: Mehr als 40 Millionen Dollar spielte der Streifen alleine in den USA ein - da konnte man dann auch die durchwachsenen Kritiken hinnehmen.

Nachdem der Film erfolgreich im Kino angelaufen war, wurde noch zusätzliches Material gedreht, da ein TV-Sender den Film als Zweiteiler ausstrahlen wollte. Mehr als 30 Minuten zusätzliches Material wurde gedreht und Susan Sullivan als Freundin von Heston verpflichtet.

SCHLACHT UM MIDWAY war einer der letzten klassischen Heldenkriegs-Filme der ausklingenden 70er-Jahre und hätte - vom technischen Aspekt einmal abgesehen - aufgrund seines heroischen und im Grunde recht naiven Stils eher in die 60er-Jahre gepasst. Eine wirkliche Auseinandersetzung mit dem Thema Krieg oder der realen Schlacht fand nicht statt, womit das reale Vorbild tatsächlich nicht mehr als ein beliebiger Rahmen war, um eine austauschbare Geschichte zu erzählen. Visuell stachen die zahlreichen Stock-Footage-Aufnahmen ins Auge, die teilweise annehmbar integriert wurden, teilweise aber auch störend auffielen, weil sie immer wieder aus dem Geschehen heraus rissen. In konventioneller Erzählweise und in bekannten dramaturgischen Strukturen wurde die Geschichte ohne jedwede Inspiration abgespult und verkam somit zum altmodischen Heldenepos. Einzig der Umstand, dass man sich teilweise tatsächlich Mühe gab, die Japaner nicht als gesichtslose Finsterlinge zu porträtieren, hob diese Produktion von der gängigen Genre-Konkurrenz ab. Technisch also durchaus auf dem Höhepunkt seiner Zeit, war man dramaturgisch eher altbacken. Der größte positive Faktor des Films war denn auch seine Starbesetzung. Darsteller wie Heston, Fonda oder Mitchum mochten den Zenit ihrer Karriere schon zu diesem Zeitpunkt überschritten haben, doch sie besaßen noch genügen Charisma und Präsenz, um den Streifen über weite Strecken zu tragen. Mehr noch: Klassische Helden-Darsteller wie Charlton Heston passten perfekt in die recht naive Porträtierung der Figuren und verliehen dem Streifen einen angenehm altmodischen Touch, der heute noch stärker in den Vordergrund tritt, da der Zahn der Zeit auch an **SCHLACHT UM MIDWAY** genagt hat - der Streifen ist technisch wesentlich schlechter gealtert als Konkurrenzproduktionen dieser Ära.

So gibt es sicher bessere Kriegsfilme, doch aufgrund der exzellenten Besetzung findet dieser Genrebeitrag auch heute noch sicher sein Publikum. Kein Klassiker, aber leidlich unterhaltsam und im Grunde ein Produkt einer längst vergangenen Zeit. (TH)

Deutsches Kinoplakat von 1976
Verleih: CIC

Stabangaben: USA 1976 | 132 Minuten

ORIGINALTITEL: Midway • REGIE: Jack Smight
• DREHBUCH: Donald S. Sanford • KAMERA:
Harry Stradling Jr. • SCHNITT: Robert Swink,
Frank J. Urioste • MUSIK: John Williams •
PRODUZENT: Walter Mirisch • PRODUKTI-
ONSFIRMEN: The Mirisch Corporation, Univer-
sal Pictures • STARTTERMIN USA: 18.06.1976
• EINSPIELERGEBNIS USA: $ 43.220.000
DARSTELLER:

Charlton Heston ....Captain Matt Garth
Henry Fonda ....Admiral Chester W. Nimitz
James Coburn ....Captain Vinton Maddox
Glenn Ford ......Admiral Raymond A. Spruance
Hal Holbrook ..Commander Joseph Rochefort
Toshirô Mifune ......Admiral Isoroku Yamamoto
Robert Mitchum ......Admiral William F. Halsey
Cliff Robertson ....Commander Carl Jessop
Robert Wagner ..Lt. Commander Ernest Blake
Robert Webber ....Admiral Frank J. Fletcher

PLATZ
9

Starttermin in
Deutschland:
09.09.'76
Besucher in
Deutschland:
2.400.000

FAMILIENGRAB

Alfred Hitchcock war immer für eine Überraschung gut - sowohl was die Handlung seiner Filme anging, als auch bei der Wahl seiner Projekte. Kaum jemand hätte seinerzeit erwartet, dass der „Meister des Suspense" nach den recht düsteren Streifen FRENZY (1972) und TOPAS (TOPAZ, 1969) mit **FAMILIENGRAB** wieder an seine alten Comedy-Thriller ÜBER DEN DÄCHERN VON NIZZA (TO CATCH A THIEF, 1955) und IMMER ÄRGER MIT HARRY (THE TROUBLE MIT HARRY, 1955) anknüpfte. Dass sein 53. Film gleichzeitig auch sein letzter sein sollte, konnte zudem auch niemand ahnen - doch das Schlussbild seines filmischen Vermächtnisses könnte in der Retrospektive betrachtet nicht passender sein.

Hitchcock fiel es seit Mitte der 60er-Jahre zunehmend schwerer, seine Wunsch-Projekte umzusetzen. Das Filmgeschäft hatte sich verändert und die Studios verlangten auch von ihm, dass er sich den Sehgewohnheiten des Publikums anpasste und seine Filme einer leichteren Vermarktung zuliebe mit Stars besetzte und zeitgemäßere Themen anpackte. Er suchte nach FRENZY lange nach einem geeigneten Stoff und wurde bei dieser Suche auf den Roman *Auf der Spur (The Rainbow Pattern)* von Victor Canning aufmerksam, der 1972 veröffentlicht wurde. Ihm gefiel die Story, doch ihm war klar, dass er sie massiv überarbeiten musste, damit er einen Film nach seinen Vorstellungen umsetzen konnte. Mehr als ein Jahr arbeitetet er mit Drehbuchautor Ernes Lehman, der auch das Skript zu dem Hitchcock-Streich DER UNSICHTBARE DRITTE (NORTH BY NORTHWEST, 1959) verfasst hatte, an einer Adaption dieses Buches. Zu diesem Zeitpunkt trug das Projekt jedoch noch den Titel *Deceit (Täuschung)*. Wie beim Perfektionisten Hitchcock üblich waren alle Details bereits im Drehbuch festgelegt: Kamerawinkel, Schnittfolgen oder Länge der Aufnahmen.

INHALT:
Blanche und George, ein arbeitsloser Schauspieler und Taxifahrer, sind pleite und versuchen sich mit Gaunereien über Wasser zu halten. Sie wittern ihre große Chance, als sie die reiche Miss Rainbird kennenlernen, die auf der Suche nach ihrem verschollenen Neffen ist. Erstaunlicherweise ist die Suche sehr bald von Erfolg gekrönt, nachdem die beiden der alten Dame helfen. Doch so einfach, wie die zwei es sich vorgestellt haben, ist das Ganze nicht: Der gefundene Neffe hat nämlich gerade einen Bischof entführt und kann eine sentimentale Tante und ein trotteliges Gangsterpärchen nun überhaupt nicht gebrauchen. Um irgendwie aus der Sache raus zu kommen, beschließt er kurzerhand, sie aus dem Weg zu räumen.

Die Story des Buches unterschied sich deutlich von dem Ansatz den Lehman und Hitchcock wählten. Während der Roman eher eine düstere Stimmung verbreitete, kam die Verfilmung leichtfüßig bis heiter daher, während Canning seine Geschichte in England spielen ließ, verlegte die Adaption den Plot in die Staaten - ohne genauer darauf einzugehen, wo die Handlung nun genau spielte - und während Blanche in der Vorlage wirklich hellsehen konnte, war es bei der filmischen Umsetzung nur eine Finte. Während die Änderungen zu Beginn kaum auffielen, entfernte sich der Streifen mit längerer Laufzeit mehr und mehr von seinen eigentlichen Wurzeln. Diese Veränderungen dürften auch den Ausschlag für die eher ablehnende Haltung von Victor Canning gewesen sein, dem überhaupt nicht gefiel, was man aus seinem Roman gemacht hatte und der mit dem Film nichts zu tun haben wollte Hitchcock führte bei **FAMILIENGRAB** nicht nur Regie, sondern war gleichzeitig auch Produzent. Er sah auch überhaupt nicht ein, warum er die in seinen Augen horrenden Gagenforderungen einiger Stars bezahlen sollte und musste einige Absagen hinnehmen. So war eigentlich Al Pacino für den Part vorgesehen, der schlussendlich von Bruce Dern gespielt wurde, den er bereits bei MARNIE (1964) eingesetzt hatte. William Devane musste aus Zeitgründen absagen und wurde durch Roy Thinnes ersetzt. Karen Black hingegen hatte sich ursprünglich für die Rolle beworben, die mit Barbara Harris besetzt wurde. Sie hatte sehr genaue Vorstellungen, wie sie diese angehen wollte - doch davon wollte Hitchcock nichts hören, war er doch der Meinung, sie sei die perfekte Fran.

Die Besetzung des letzten Hitchcock-Films wurde während der Vorbereitungen bzw. sogar noch während der Dreharbeiten durcheinander gewürfelt. William Devane stieß erst spät zum Cast und Karen Black hätte lieber eine andere Rolle übernommen.

Für die musikalische Untermalung wurde John Williams verpflichtet, der durch seinen treibenden Score zu dem Steven-Spielberg-Hit DER WEISSE HAI (JAWS, 1975) schlagartig bekannt geworden war.

Die Dreharbeiten, die Mitte Mai 1975 starteten, verliefen überaus harmonisch, hielten jedoch für die Schauspieler die eine oder andere Überraschung bereit. Einerseits arbeitete der perfektionistische Filmemacher als einer der ersten mit detaillierten Storyboards und hatte andererseits den ganzen Film im Grunde schon vor den eigentlichen Aufnahmen im Kopf durchgeplant. Die Darsteller erhielten für sie ungewohnt genaue Angaben, was sie wie, wann und wo tun sollten.

„Er lässt sich nicht groß auf ein warum ein. Bei ihm heißt es: Mach es so. Du gehst einfach so durch den Film und tust, was man dir sagt."
(Karen Black)

Zudem war Hitchcock gesundheitlich bereits stark angeschlagen und ein ganz spezieller Typ obendrein. Als ihm ein Drehort schlicht und ergreifend zu kalt war, ließ er sich kurzerhand wieder vom Set fahren und bestand auf eine wärmere Umgebung, was zur Folge hatte, dass der ganze Drehplan umgeworfen werden musste. Er hielt sich auch strikt an festgelegte Zeiten - so begann ein Arbeitstag pünktlich um 9 Uhr morgens, endete aber genauso pünktlich um 17 Uhr. William Devane sprach scherzhaft von Arbeitszeiten wie bei einer Bank. Wie professionell und strategisch klug der kranke Regisseur jedoch tatsächlich arbeitete, wurde deutlich als er am Ende im Verhältnis 2:1 drehte, während moderne Hollywood-Produktion ein Drehverhältnis - womit die Relation des gedrehten zum für den Film verwendeten Filmmaterial gemeint ist - von 20:1 aufweisen. Damit schonte er natürlich einerseits das Budget, schützte sich aber andererseits, da man im Schneideraum so nicht mehr viel verändern konnte. Für seine Verhältnisse gestattete er seinen Darstellern sogar erstaunlich viele Freiheiten, da sie bisweilen bei den Dialogen improvisieren durften.

Dass er auch seinen äußerst bissigen Sinn für Humor nicht verloren hatte, erlebten einige Journalisten am eigenen Leibe, als sie das Set des Films besuchen durften, um bereits im Vorfeld etwas die Werbetrommel zu rühren. Die Presseleute staunten nicht schlecht, als sie ihre Namen auf den Grabsteinen erkannten, die für die Szene auf dem Friedhof benötigt wurden. Allerdings griff „Hitch" nicht nur aufgrund seiner Vorliebe des schwarzen Humors auf diesen Kniff zurück: Gleichzeitig schützte er sich und die Produktion vor späteren Beschwerden, falls - trotz vorheriger Recherche - ein Name von einer real lebenden Person verwendet wurde. (Geht dann weiter mit) Und seinen üblichen Cameo-Auftritt ließ sich der eigenwillige Regisseur natürlich auch nicht nehmen, auch wenn man diesmal nur seine Silhouette hinter einer Tür sah. Er hatte allerdings im Vorfeld sogar uberlegt, diesmal auf seinen Cameo-Auftritt zu verzichten und kündigte an, dass er diesmal nicht zu sehen sein würde. Im Grunde hat er diese Ankündigung j auch wahr gemacht.

Die eigentlich so ruhig verlaufenen Dreharbeiten wurden nur von einem, dafür aber äußerst prägnanten, Vorfall überschattet, als Hitchcock einen Darsteller feuerte: Roy Thinnes musste nach ein paar Drehtagen seine Koffer packen. William Devane, wie erwähnt die eigentliche Wunschbesetzung, war nun doch verfügbar, so dass Thinnes, der natürlich nicht gerade begeistert reagierte, gehen musste. Dieser personelle Austausch sorgte aber natürlich auch dafür, dass einige Szenen - in denen Thinnes zu sehen war - nun nachgedreht werden mussten, z.B. in der Kirche. Allerdings verwendete man auch das alte Material und drehte nur die Sequenzen nach, für die William Devane unbedingt zu sehen sein musste. Ohne weitere Vorfälle endeten die Dreharbeiten des mit knapp drei Millionen Dollar übersichtlich budgetierten Films Mitte August 1975, wobei sich die Arbeit am Schnitt ziemlich lange hinzog.

Als **FAMILIENGRAB** im April 1976 startete, erhielt der Altmeister, der für seine letzten Arbeiten heftig kritisiert worden war, freundliche bis hervorragende Kritiken.

EINSPIELERGEBNISSE DER ALFRED-HITCHCOCK-FILME (AUSZUG)

Da deutsche Zahlen erst zu den späteren Filmen des Meister-Regisseurs vorlagen - und selbst diese nicht sonderlich genaue Angaben vermittelten - wurde bei der folgenden Übersicht der Fokus auf das US-Einspiel gelegt.

Jahr	Titel (Originaltitel)	Hauptdarsteller	US-Box-Office
1940	REBECCA (Rebecca)	Laurence Olivier	$ 6.000.000
1941	VERDACHT (Suspicion)	Cary Grant	$ 4.500.000
1945	ICH KÄMPFE UM DICH (Spellbound)	Gregory Peck	$ 7.000.000
1946	WEISSES GIFT (Notorious)	Cary Grant	$ 24.464.742
1951	DER FREMDE IM ZUG (Strangers on a Train)	Farley Granger	$ 7.000.000
1954	BEI ANRUF MORD (Dial M for Murder)	Grace Kelly	$ 6.000.000
1954	DAS FENSTER ZUM HOF (Rear Window)	James Stewart	$ 27.559.601
1955	ÜBER DEN DÄCHERN VON NIZZA (To Catch A Thief)	Cary Grant	$ 8.750.000
1955	IMMER ÄRGER MIT HARRY (The Trouble with Harry)	John Forsythe	$ 7.000.000
1956	DER MANN, DER ZU VIEL WUSSTE (The Man Who Knew too Much)	James Stewart	$ 11.333.333
1956	DER FALSCHE MANN (The Wrong Man)	Henry Fonda	$ 2.000.000
1958	VERTIGO (Vertigo)	James Stewart	$ 3.200.000
1959	DER UNSICHTBARE DRITTE (North by Northwest)	Cary Grant	$ 13.275.000
1960	PSYCHO (Psycho)	Anthony Perkins	$ 32.000.000
1963	DIE VÖGEL (Birds)	Tippi Hedren	$ 11.403.529
1964	MARNIE (Marnie)	Sean Connery	$ 7.000.000
1966	DER ZERRISSENE VORHANG (Torn Curtain)	Paul Newman	$ 13.000.000
1969	TOPAS (Topaz)	Frederick Stafford	$ 6.000.000
1972	FRENZY (Frenzy)	Jon Finch	$ 12.600.000
1976	FAMILIENGRAB (Family Plot)	William Devane	$ 13.200.000

20 Filme • Einnahmen: US$ $223.286.205 (ca.)

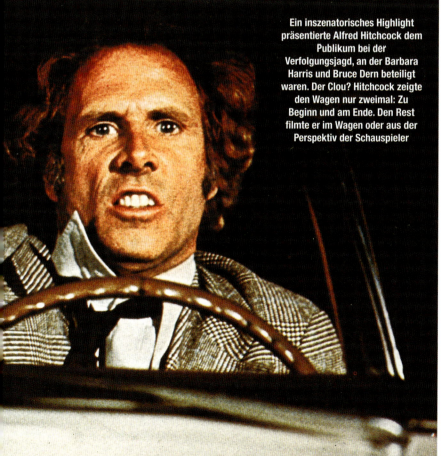

Ein inszenatorisches Highlight präsentierte Alfred Hitchcock dem Publikum bei der Verfolgungsjagd, an der Barbara Harris und Bruce Dern beteiligt waren. Der Clou? Hitchcock zeigte den Wagen nur zweimal: Zu Beginn und am Ende. Den Rest filmte er im Wagen oder aus der Perspektiv der Schauspieler

HARRY
SHOEBRIDGE
1903-1950
—
SADIE
SHOEBRIDGE
1905-1950

Ed Lauter verkörperte in seiner Karriere nicht selten den Bösewicht vom Dienst und ist bis heute dick im Geschäft. 1976 sah man ihn auch noch an der Seite vn Charles Bronson in NEVADA PASS

„Hitchcock hat auch im Alter nichts von seinen Fähigkeiten als Geschichten-Erzähler verloren. Familiengrab hat einerseits die Schärfe seiner späten US-Arbeiten, andererseits aber auch Freude an eigenartigen Charakteren, die Hitchcocks britische Phase prägten."

(The Times)

„Eine raffiniert gebaute Krimi-Persiflage, deren aberwitzige Handlung nur ein loses Gerüst ist, auf das der Regisseur seine spielerische Strychnin-Ironie packt."

(TZ München)

Deutsches Kinoplakat von 1976
Verleih: CIC

Stabangaben: USA 1976 | 121 Minuten

ORIGINALTITEL: Family Plot • REGIE: Alfred Hitchcock • DREHBUCH: Ernest Lehman • KAMERA: Leonard J. South • SCHNITT: J. Terry Williams • MUSIK: John Williams • PRODUZENT: Alfred Hitchcock • PRODUKTIONSFIRMA: Universal Pictures
Starttermin USA: 09.04.1976
EINSPIELERGEBNIS USA: 13.200.000
DARSTELLER:

Karen Black	Fran
Bruce Dern	George Lumley
Barbara Harris	Blanche Tyler
William Devane	Arthur Adamson
Ed Lauter	Joseph P. Maloney
Cathleen Nesbitt	Julia Rainbird
Katherine Helmond	Mrs. Maloney
Warren J. Kemmerling	Grandison
Edith Atwater	Mrs. Clay
William Prince	Bishop Wood

> „Ich habe das immer vermieden, weil sich dadurch das ganze Interesse nur auf den letzten Teil konzentriert. Man sitzt da und wartet in Ruhe auf die Beantwortung der Frage: Wer war der Täter? Von Aufregung keine Spur." *(Alfred Hitchcock)*

Die positiven Kritiken und das durchaus gute Einspielergebnis gaben Alfred Hitchcock Kraft, um gemeinsam mit Ernest Lehman an seinem nächsten Werk *The Short Night* zu arbeiten, jedoch einsehen musste, dass er nicht mehr die Kraft hatte, um einen weiteren Film zu drehen. Und in Anbetracht der Tatsache, wie gelungen sein leider letzter Streifen ausfiel, war das mehr als nur bedauerlich. **FAMILIENGRAB** war eine leichtfüßig inszenierte Gaunerkomödie, die von ihrem schwarzen Humor ebenso profitierte, wie von den genialen und erfrischenden Dialogen. Auch die exzellent besetzte Darstellerriege, aus dem die so unterschiedlichen Bruce Dern und William Devane herausragten, trug ihren Anteil an dem guten Gesamteindruck, den der Film hinterließ. Hitchcock gelang nicht nur das Kunststück, Humor und Spannung zu verbinden, sondern

parodierte sich und sein eigenes Werk dabei Augenzwinkernd und vorbehaltlos. Das Drehbuch, für das Lehman den Edgar Allen Poe Award - den weltweit populärsten und gleichzeitig bedeutendsten Preis für kriminalliterarische Werke in den USA - erhielt, beschäftigte sich wie bei Hitchcock üblich nicht lange mit dem „Wer war es?", sondern lebte davon, dass der Zuschauer immer mehr weiß, als die Charaktere im Film. Der Filmemacher selbst hatte auch nie Interesse an der „Who done it?" Thematik (siehe Zitat oben).

FAMILIENGRAB war vielleicht kein Meisterwerk wie PSYCHO (1960) oder DIE VÖGEL (1963), aber in der Essenz eben doch ein waschechter Hitchcock - nur mit ironischer Note, was ihn umso sympathischer machte. Es handelte sich um einen der Filme, die

beim zweiten Mal einen besseren Eindruck hinterließen: Einerseits, weil eine etwaige Erwartungshaltung nicht mehr enttäuscht werden konnte, andererseits, weil man so erst die vielen Details wahrnahm. Hitchcock erlaubte sich mit seinem letzten Streifen einen kleinen, liebevoll gemeinten Jux mit dem Publikum, und als Zuschauer wäre man am Ende des Films nicht überrascht gewesen, wenn der Filmemacher selbst in die Kamera blinzelte, ganz getreu dem Motto: „Nehmt das doch alles nicht so ernst." Möglich, dass **FAMILIENGRAB** nicht das angemessene filmische Vermächtnis für einen der größten Regisseure des 20. Jahrhunderts war - aber vielleicht war es das passende und richtige für einen Mann, der das Publikum wie kein zweiter manipulieren und in seinen Bann schlagen konnte - auch bei seinem letzten Werk. (TH)

PLATZ 10

Starttermin in
Deutschland:
30.01.76
Besucher in
Deutschland:
1.450.000

DIE 120 TAGE VON SODOM

DIE 120 TAGE VON SODOM ist das filmische Vermächtnis des umstrittenen Ausnahmeregisseurs Pier Paolo Pasolini, der am 2. November 1975, knapp drei Wochen vor der Premiere seiner letzten Arbeit, unter noch immer ungeklärten Umständen brutal ermordet wurde. Sorgte der exzentrische Filmemacher schon bis dahin für kontroverse Diskussionen, überschritt er mit dieser Produktion alle Grenzen und schuf - im Guten wie im schlechten - den Inbegriff eines Skandalfilms. Während man bei manch anderem so genannten Skandalfilm der 60er- und 70er-Jahre rückblickend nur schwerlich und bedingt nachvollziehen kann, warum z.B. ein Film wie DIE GESCHICHTE DER O (HISTOIRE D´O, 1975) seinerzeit so viel Staub aufwirbelten, stellt sich diese Frage bei Pasolinis letztem Werk nicht - im Gegenteil. Aufgrund der veränderten Sehgewohnheiten schockiert sein Film heute vielleicht noch stärker als in den 70er-Jahren, in denen immer wieder versucht wurde, die filmischen Grenzen zu verschieben bzw. auszuloten. Der Streifen ist immer noch extrem harter Tobak und vielleicht das Extremste, was jemals auf 35 mm gebannt und regulär im Kino gezeigt wurde. Daher war es nicht überraschend,

dass DIE 120 TAGE VON SODOM bis heute nahezu weltweit Probleme mit der Zensur hat und in manchen Ländern nach wie vor verboten ist.

Ursprünglich war Pasolini gar nicht als Regisseur, sondern als Drehbuchautor an dem Projekt beteiligt. Sein langjähriger Freund Sergio Citti, mit dem er schon seit Jahren zusammenarbeitete, sollte den Regieposten bekleiden. Gemeinsam entwickelten sie das Drehbuch und schnell kristallisierte sich heraus, dass der Stoff eher zu dem radikalen Pasolini passte. Er war es auch der die Handlung ganz bewusst ins die Republik Saló und ins Jahr 1945 verlegte. Als Citti dann auch noch die Möglichkeit erhielt, für DIE SCHMUTZIGEN, DIE HÄSSLICHEN UND DIE GEMEINEN (BRUTTI, SPORCHI E CATTIVI, 1976) von Ettore Scola das Drehbuch schreiben zu können, stieg er endgültig aus und überließ seinem Freund das Projekt. Da ein Großteil des bereits fertigen Drehbuchs jedoch auf ihrer beiden Ideen beruhte, und er Pasolini auch weiterhin bei der Entwicklung hilfreich zur Seite stand, blieb Citti als Drehbuchautor gelistet. Grundsätzlich beruhte ihr Skript auf der Vorlage des Marquis de Sade, der seinen Episodenroman bereits 1785 unter dem Titel

INHALT:
Die Republik Saló ist ein faschistischer Staat im vom Dritten Reich besetzten Norditalien. Die Vertreter des untergehenden Staates entführen Männer und Frauen, darunter auch Kinder und Heranwachsende, halten diese in einem Anwesen gefangen, leben an ihnen ihre Triebe und Fantasien aus. Die Orgien nehmen immer extremere Formen an, als die Gefangenen wie Tiere gehalten und Kot zu essen bekommen - jegliche Moral, jegliche Ethik verliert ihren Wert.

Les 120 Journées de Sodome ou L'Ecole du Libertinage verfasste. Die Folter- und Sexszenen wurden dabei teilweise 1:1 von Pasolini und Citti übernommen. Er verlagerte das geschehen jedoch ganz bewusst in diese zeitliche Epoche und an diesen Ort, weil er so geschichtliche Bezüge einbauen konnte, die sein eigentliche Interesse an dem Stoff unterstützten. Nicht selten sprachen Kritiker und der Regisseur selbst in diesem Zusammenhang von der „Anarchie der Macht".Pasolini machte schon mit dem Originaltitel (Salò o le 120 giornate di Sodoma) deutlich, dass Faschismus ein Thema seines Film war. Galt Salò doch als letzter Rückzugsort des diktatorischen Ministerpräsidenten Benito Mussolini.

„Vier Nazifaschisten machen Razzien; das Schloss von Sade, wo sie die Gefangenen hinbringen, ist ein kleines Muster-KZ. Es interessierte mich zu sehen, wie die Macht agiert, wenn sie sich von der Menschlichkeit abspaltet und sie zum Objekt macht."
(Pier Paolo Pasolini)

Produziert wurde **DIE 120 TAGE VON SODOM** von Alberto Grimaldi, der mit schwierigen Produktionen Erfahrung hatte - so produzierte er auch DER LETZTE TANGO VON PARIS (ULTIMO TANGO A PARIGI, 1972) von Bernardo Bertolucci. Er hatte aber auch seichtere Unterhaltung für den Massenmarkt produziert, wie den sehenswerten Terence-Hill-Film VERFLUCHT, VERDAMMT UND HALLELUJA (E POI LO CHIAMARONO IL MAGNIFICO, 1972), bei dem Enzo Barboni Regie führte. Grimaldi hatte im Gegensatz zu anderen italienischen Produzenten den Vorteil, dass er enge Kontakte zu United Artists hatte, womit eine weltweite Auswertung in den meisten Fällen gegeben war.
Pasolini verpflichtete für die Figuren der Ausbeuter und Folterer - also Bischof, Herzog, Präsident und Magistrat - professionelle Schauspieler, griff bei der Besetzung der Opfer jedoch auf Laiendarsteller zurück. Hinter der Kamera versammelte er einige bemerkenswerte Größen des italienischen Films wie den Kameramann Tonino Delli Colli, der mit dem Filmemacher bereits bei PASOLINIS TOLLDREISE GESCHICHTEN (I RACCONTI DI CANTER-

BURY, 1972) zusammengearbeitet hatte. Bekannt wurde er durch seine langjährige Zusammenarbeit mit Western-Ikone Sergio Leone und führte u.a. bei SPIEL MIR DAS LIED VOM TOD (C´ERA UNA VOLTA IL WEST, 1968) für ihn die Kamera. Für die musikalische Untermalung konnte er den großen Ennio Morricone gewinnen, der ja ebenfalls durch die Leone-Filme populär geworden war. Alleine diese Verpflichtungen und die sehenswerte Ausstattung sowie die Sets machten deutlich, dass Pasolini keinen billigen Schundfilm anging, wie ihm nicht selten von den Kritikern unterstellt wurde.
In nur 37 Tagen drehte er den Film ab. Während er bei seinen anderen Arbeiten gerne auf die Improvisation der Schauspieler setzte,

Vier Männer lassen Männer, Frauen, Heranwachsende und Kinder in das Schloss bringen, um sich an ihnen zu vergehen. Einer dieser Männer war der so genannte Präsident, der von Aldo Valletti verkörpert wurde, dessen Karriere mit dem Pasolini-Streifen quasi beendet war.

ging er nun methodischer und strikter vor, gab genaue Anweisungen und Vorgaben, was sich auch in der Aufteilung in vier Akten niederschlug, die die Überschriften „Vorhölle", „Höllenkreis der Leidenschaften", „Höllenkreis der Scheiße" und „Höllenkreis des Blutes" trugen. Als der US-Partner den Film sah, wurde dem einen oder anderem Vertreter des Studios schlecht. Pasolini ahnte, welche Wellen der Film schlagen würde, starb aber wie erwähnt vor der Premiere.

„Dieser Film sprengt so radikal alle bisherigen Grenzen, dass all das, was man immer wieder über mich gesagt hat, nun mit anderen Worten ausgedrückt werden muss."

(Pier Paolo Pasolini)

Nachdem **DIE 120 TAGE VON SODOM** in Italien erstmals vorgeführt wurde, setzte ein nahezu weltweiter Zensurreigen ein, der seinesgleichen suchte. Wurde das Verbot bereits am 18. Dezember 1975 wieder aufgehoben, folgte prompt die nächste Beschlagnahmung am 13 Januar 1976, die zudem ein Strafverfahren gegen Produzent Grimaldi mit sich brachte, da in dem Film auch teilweise minderjährige Darsteller eingesetzt wurden. 1977 wurde der Streifen wieder frei gegeben und Grimaldi frei gesprochen, doch trotzdem folgten weitere Beschlagnahmungen und Verbote. Erst 1991 erhielt der Skandalfilm schließlich eine Freigabe ab 18 Jahren. Selbst im toleranten Frankreich wurde die Produktion nach ihrer Welturaufführung verboten und erst im Mai 1976 mit einem X-Rated wieder frei gegeben, was dazu führte, dass er nur in Pornokinos aufgeführt werden durfte.

So geschah es, dass das filmische Vermächtnis Pasolinis zum Zeitpunkt des Kinostarts Anfang Januar 1976 ausgerechnet nur in Deutschland legal gesehen werden konnte. Die FSK hatte den Streifen überraschend mit nur sechs Schnittauflagen im November 1975 frei gegeben. Als **DIE 120 TAGE VON SODOM** anlief, brach ein Sturm der Entrüstung los, die zu einer kontrovers geführten Debatte rund um das Thema Zensur führte. Während die einen ein Meisterwerk, das sich mit dem Faschismus auseinandersetzte, sahen, waren die anderen entsetzt und fürchteten den Untergang des Abendlandes. Man warf Pasolini vor, die „Freiheit der Kunst zu missbrauchen, mit der er die Grenzen des Darstellbaren" überschreite. Andere Journalisten kamen zu dem simplen Schluss, dass der Streifen zum „Schutze der Gesellschaft" verboten werden müsse. Auch die Kritiken hätten nicht unterschiedlicher ausfallen können.

„Der übelste Akt von seelischem Terrorismus, der je mit Hilfe des grausamsten aller Medien, des Films, an den Zuschauern begangen wurde."

(Thomas Kielinger, Die Welt)

„Pasolini bedient sich des Werks von de Sade wie eines Steins, den er der italienischen Gesellschaft entgegenschleudert. Seine provokatorische Absicht ist es, die Gesellschaft aus ihrer Deckung zu locken, um sie dazu zu zwingen, sich ihrer Verkommenheit und ihrer widerspruchsvollen Verdammung der Homosexualität zu entledigen."

(Alberto Moravia, Corriere della Sera)

Wie nicht anders zu erwarten war, schloss sich auch in Deutschland eine wahre Beschlagnahmungswelle an diese Diskussion an, die über Jahre andauerte, und noch dazu unübersichtlich ausfiel, da der Skandalstreifen teilweise „nur" lokale Aufführungsverbote erhielt. Aufgrund privater Anzeigen kam es bereits kurz nach dem Kinostart zu einigen Beschlagnahmungen. Grundsätzlich konnte jeder Staatsanwalt - der der Meinung war, dass der Streifen gegen §184 StGB (Verbreitung von Pornographie oder §131 StGB (Verherrlichung von Gewalt) verstieß - die Aufführung verhindern. Wurde er innerhalb von drei Tagen von einem Amtsrichter unterstützt, blieb der Film unter Verwahrung und ein Strafverfahren gegen den jeweiligen Kinobesitzer wurde eingeleitet. So kam es zu unterschiedlichen Auslegungen, da jeder Richter selbst urteilen konnte, ob der Film wieder aufgeführt werden durfte, oder nicht. Nachdem eine erste bundesweite Beschlagnahmung, die wiederum jeder Staatsanwalt beantragen konnte, scheiterte, stimmte das Saarbrücker Amtsgericht am 24. Februar 1976 dem Antrag auf eine bundesweite Be-

Deutsches Kinoplakat von 1976
Verleih: United Artists

Stabangaben: Italien, Frz. 1975 | 145 Minuten
ORIGINALTITEL: Salò o le 120 giornate di Sodoma • REGIE: Pier Paolo Pasolini • DREHBUCH: Pier Paolo Pasolini, Sergio Citti • KAMERA: Tonino Delli Colli • SCHNITT: Nino Baragli, Tatiana Casini Morigi, Enzo Ocone • MUSIK: Ennio Morricone • PRODUZENTEN: Alberto De Stefanis, Alberto Grimaldi, Antonio Girasante • PRODUKTIONSFIRMEN: Produzioni Europee Associati (PEA), Les Productions Artistes Associés
STARTTERMIN FRANKREICH: 22.11.1975
DARSTELLER:
Paolo Bonacelli........................Herzog
Giorgio Cataldi ....Bischof
Umberto P. Quintavalle ....Magistrat
Aldo Valletti ....Präsident
Caterina Boratto ....Signora Castelli
Elsa De Giorgi ....Signora Maggi
Hélène Surgère ....Signora Vaccari
Sonia Saviange ....The Pianist

Um das Publikum zu schocken schreckte Pasolini auch nicht davor zurück, Koprophagie-Szenen im Detail zu zeigen. Nicht wenige Kinobesucher verließen spätestens da das Kino.

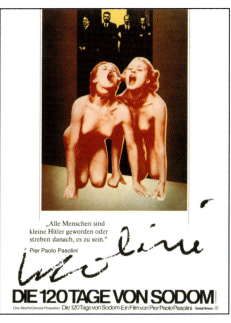

„Die Mächtigen sind immer Sadisten, und wer Macht erdulden muß, dessen Körper wird zur Sache, zur Ware."
Pier Paolo Pasolini

DIE 120 TAGE VON SODOM
Eine Alberto Grimaldi Produktion · Die 120 Tage von Sodom · Ein Film von Pier Paolo Pasolini · United Artists

Pasolinis Mutter am Tag seiner Ermordung:
„Armer Paolo, ich bin an allem schuld."
Pier Paolo Pasolini

DIE 120 TAGE VON SODOM
Eine Alberto Grimaldi Produktion · Die 120 Tage von Sodom · Ein Film von Pier Paolo Pasolini · United Artists

„Alle Menschen sind kleine Hitler geworden oder streben danach, es zu sein."
Pier Paolo Pasolini

DIE 120 TAGE VON SODOM
Eine Alberto Grimaldi Produktion · Die 120 Tage von Sodom · Ein Film von Pier Paolo Pasolini · United Artists

schlagnahmung zu. Kinobesitzer, gegen die nun strafrechtlich ermittelt wurden, drohten ihrerseits mit Klagen. Auch der Verleiher „United Artists" kündigte an, notfalls durch alle Instanzen zu klagen und berief sich in der Argumentation auf die Kunstfreiheit. Dieses bundes- weite Verbot wurde am 22. Juni 1977 wieder aufgehoben, da das Gericht entschied, dass **DIE 120 TAGE VON SODOM** nicht gewaltverherrlichend und nicht pornographisch sei, da die gezeigten Szenen keine sexuelle Erregung herbeiführen, sondern abschreckend wirken wollten. Bis heute steht Pasolinis letztes Werk auf dem Index und löste auch bei jüngeren Festival-Aufführungen Diskussionen und Proteste aus. In dem Zusammenhang durchaus bemerkenswert, dass der Streifen in Schweden seit jeher ab 15 Jahren gesehen werden kann.

Die damaligen Diskussionen und Kontroversen rund um den Film, waren nicht aus der Luft gegriffen und bei einer erneuten Kinoauswertung wäre es vermutlich wieder so, dass ein Teil des Publikums den Kinosaal vorzeitig verlässt. Pasolini beging hier eine filmische Barbarei und zeigte so extreme Szenen, dass der Zuschauer jedweder Zugang zu den Figuren oder auch den unterschwellig durchaus vorhandenen kritischen Einflüssen, verwehrt blieb. Zu brutal, zu absurd fiel die Parabel auf die Machtausübung der regierenden Klasse aus, als das sein eigentliches Anliegen wirklich die Macht der Bilder durchbrechen könnte.

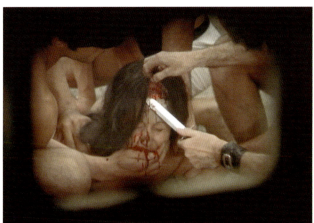

„Der Mensch hat keine Wurzeln mehr, er ist ein monströses Geschöpf des Systems, meines Erachtens ist er zu allem fähig."
(Pier Paolo Pasolini)

Pasolini zeichnete ein zynisches und deprimierendes Weltbild, in dem der menschliche Körper nicht mehr als eine Art „Ware" war, die gebraucht und dann ersetzt wurde. Sehr offensichtlich ging es ihm nicht um das Orgiastische und es ging ihm auch

„Ich bin vollkommen davon überzeugt
daß es nicht das Objekt der Lust,
sondern die Idee des Bösen
ist, die uns erregt."
Pier Paolo Pasolini

DIE 120 TAGE VON SODOM
Eine Alberto Grimaldi Produktion · Die 120 Tage von Sodom · Ein Film von Pier Paolo Pasolini · United Artists

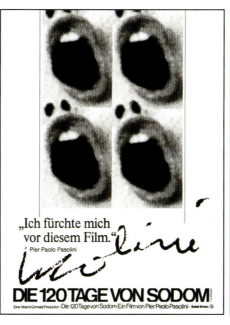

„Ich fürchte mich
vor diesem Film."
Pier Paolo Pasolini

DIE 120 TAGE VON SODOM
Eine Alberto Grimaldi Produktion · Die 120 Tage von Sodom · Ein Film von Pier Paolo Pasolini · United Artists

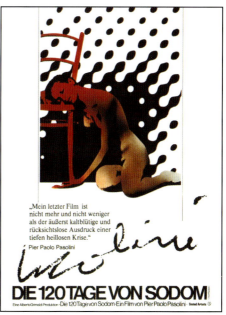

„Mein letzter Film ist
nicht mehr und nicht weniger
als der äußerst kaltblütige und
rücksichtslose Ausdruck einer
tiefen heillosen Krise."
Pier Paolo Pasolini

DIE 120 TAGE VON SODOM
Eine Alberto Grimaldi Produktion · Die 120 Tage von Sodom · Ein Film von Pier Paolo Pasolini · United Artists

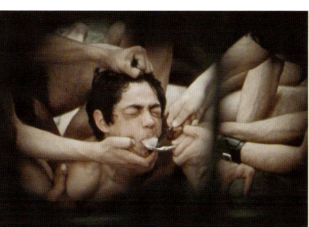

Regisseur Pasolini zeigte nicht nur Vergewaltigungsszenen, sondern auch extrem harte und detaillierte Gewaltszenen. Durch die distanzierte Inszenierung wurde zwar deutlich, dass der umstrittene Filmemacher wesentlich mehr als einfach nur Blut und Gewalt zeigen wollte, doch seine Bilder sind einfach zu stark, als dass man seine eigentlichen Motive erkennen konnte.

nicht ausschließlich darum, den Zuschauer einfach nur zu schockieren - dafür setzte er die Sex-, Vergewaltigungs-, Folter- und selbst die Koprophagie-Szenen zu beiläufig und oberflächlich um. Aufgrund dieser auffallend distanzierten Inszenierung konnte man sich auch weder mit Täter noch Opfer identifizieren. Trotzdem waren die einzelnen Szenen zu abstoßend und beklemmend, als dass man diese ausblenden und Pasolinis eigentliche Intentionen erkennen konnte - und das war dann auch der Denkfehler des Filmemachers, dem jedoch auch durchaus zuzutrauen war, diesen Faktor schulterzuckend hinnehmen. Dass er deutlich mehr im Sinn hatte als eine Aneinanderreihung abstoßender Szenen, wurde insbesondere durch das letzte Kapitel „Höllenkreis des Blutes" deutlich, in dem der Zuschauer zum Voyeur wider Willen wird. Pasolini veränderte hier die Perspektive und ließ den Zuschauer Folter und Mord durch das Fernglas einer der vier Folterer verfolgen, was äußerst beklemmend wirkte und seinen Zweck erfüllte: Das Zuschauen wird zur Qual. So wird sich ein abschließendes Urteil nur jeder selbst bilden können, denn **DIE 120 TAGE VON SODOM** wird die Zuschauer immer noch und immer wieder in zwei Teile spalten: Die, die den Film als ekelhaften Schund bezeichnen und die, die ihn als geniales, kontroverses Meisterwerk feiern. Doch schon alleine die Tatsache, dass ein so alter Film immer noch Bestand hat, immer noch für Aufsehen sorgt, spiegelt schlussendlich eine gewisse Klasse wieder, die eben nur Produktionen aufweisen, die etwas ganz besonderes waren und sind - im positiven, aber auch im negativen Sinne. Daher gilt: Anschauen, und selbst ein Urteil bilden - wenn man es denn schafft, bis zum Ende durch zu halten. (TH)

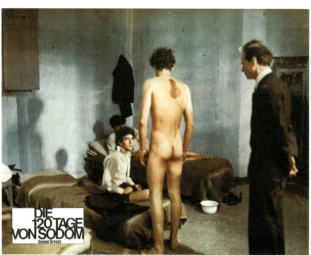

Pasolinis Ziel war es, seine Darsteller zu entmenschlichen, ihren Körper als austauschbare Ware zu zeigen.

DER MYSTERIÖSE TOD DES PIER PAOLO PASOLINI

„Die Finger seiner linken Hand waren gebrochen und aufgeschnitten. Der linke Oberkiefer war zerschmettert. Die zerquetschte Nase war nach links gebogen. Seine Ohren waren entzweigeschnitten, und das linke Ohr abgerissen. Er hatte Wunden auf Schultern, Brustkorb, Hüften; die Spuren der Reifen seines Wagens, mit dem man ihn überfahren hatte, waren deutlich sichtbar. Zwischen Kehle und Nacken war eine schreckliche Platzwunde. Zehn Rippen waren gebrochen, ebenso das Brustbein. Die Leber war an zwei Stellen auseinander gerissen. Sein Herz war geplatzt.“

(Corriere della Sera)

Vermutlich wird nie aufgeklärt werden, was in der Nacht vom 1. auf den 2. November 1975 geschah und wie Pasolini wirklich ums Leben kam. Die Ereignisse rund um den Mord an dem bekennenden Homosexuellen böte genügend Stoff für eine Verfilmung - tragisch, aber irgendwie passend zum ausschweifenden Leben des gefeierten Filmemachers.

Am 2. November 1975 fand man an der römischen Meeresküste bei Ostia die Leiche von Pasolini.

Schnell nahm man den Stricher Giuseppe Pelosi im Wagen des Opfers fest. Er gestand die Tat und behauptete, Pasolini habe ihn in der Nähe des Bahnhofs Termini aufgelesen und sie hätten anschließend in einem Restaurant zu Abend gegessen. danach wären sie nach Ostia gefahren, wo sich Pasolini ihm sexuell näherte, jedoch abgewiesen wurde und angeblich gewalttätig reagiert hätte. Pelosi habe sich gewehrt und ihm mit einem Brett erschlagen - dass er ihn dabei mehrfach mit dem Wagen überrollte, wollte er nicht gemerkt haben. Aufgrund diverser Ungereimtheiten kam schnell die Vermutung auf, dass es sich um einen Auftragsmord gehandelt habe, an dem mehrere Personen beteiligt waren - doch da Pelosi gestand und es keine anderen Beweise gab, wurde er verurteilt und saß seine Haftstrafe bis 1982 ab.

2005, also 30 Jahre nach der Tat, gab der Verurteilte in einem TV-Interview zu Protokoll, dass nicht er, sondern andere Personen, deren Identität er jedoch nicht kenne, die Mörder seien. Da man ihm androhte, seiner Familie etwas zu tun, habe er geschwiegen. Erst jetzt, nachdem seine Eltern gestorben seien, könnte er sein Schweigen brechen. Eine Wiederaufnahme der Ermittlungen wurde in erster Instanz abgelehnt. Es wurde noch mysteriöser, als nachgewiesen wurde, dass der italienische Geheimdienst in die Ermittlungen verwickelt war und Pasolinis Freund Sergio Citti, Mit-Drehbuchautor von **DIE 120 TAGE VON SODOM**, erklärte, dass man seinen Freund mit gestohlenem Rohmaterial dieses Filme an den Unglückort gelockt hätte. Mit einer Unterschriftenkampagne verlangten mehrere Hundert Autoren eine Wiederaufnahme der Ermittlungen.

DIE
FILME, DIE ES NICHT in die
TOP 10 SCHAFFTEN

Da sich die europäische Filmszene Mitte der 70er-Jahre noch erstaunlich wacker gegen die Big-Budget-Streifen aus Hollywood wehren konnte und immer noch ein treues Publikum hatte, schafften einige hoch gehandelte US-Produktionen etwas überraschend nicht den Einzug in die TOP 10, obwohl sie heute zu den Klassikern dieses Jahrzehnts gezählt werden und in den Staaten wesentlich besser liefen.

Ein Paradebeispiel für einen bei uns überraschend mittelmäßig gestarteten Film, der mittlerweile jedoch einen Kultstatus innehat, war **TAXI DRIVER** mit Robert De Niro, der unter der Regie von Martin Scorsese einmal mehr bewies, warum er als einer der besten Schauspieler seiner Generation bezeichnet wird. Obwohl der Film gewisse zeitgenössische Einflüsse hat, ist seine Geschichte ebenso zeitlos wie die Umsetzung.

Auch **DAS OMEN** lief bei uns nicht so erfolgreich, wie man es aufgrund des bekannten Titels und des vergleichsweise bemerkenswerten US-Einspiels vermuten durfte. Trotzdem erfreut sich das Franchise - mittlerweile gibt es ja vier Filme und das unvermeidliche Remake - auch in Deutschland großer Beliebtheit, wobei nur das Original als Klassiker des Genres betrachtet wird.

Mit **DER GREIFER** musste Frankreichs Superstar Belmondo einen kleinen Dämpfer einstecken. Nicht nur in Deutschland, auch in Frankreich konnte man nicht die erwarteten Zahlen vermelden, wobei auch dieser Actionthriller sehr erfolgreich lief. Aber für einen Kassenmagneten wie Belmondo war das Ergebnis alles andere als zufriedenstellend. Überraschend hingegen das große Interesse an der Wiederaufführung des ersten Real-Spielfilms von Walt Disney. **20.000 MEILEN UNTER DEM MEER** drohte das Studio einst in den Konkurs zu treiben, erwies sich dann jedoch als großer Hit und konnte auch bei der Wiederaufführung zwanzig Jahre später sein Publikum finden.

Ebenfalls überraschend, dass das US-Trauma rund um den Watergate-Skandal auch bei uns akzeptabel lief. Vielleicht war der Erfolg von **DIE UN-BESTECHLICHEN** auch in der prominenten Besetzung mit Robert Red-

ford und Dustin Hoffman zu suchen. Wie auch immer: Der akkurat recherchierte Thriller hatte das Interesse verdient.

DIE HINDENBURG markierte ein wenig das Ende der temporär so beliebten und teuer umgesetzten Katastrophenfilme, auch wenn noch einige Genrebeiträge produziert wurden. Der reale geschichtliche Hintergrund war nicht mehr als ein Aufhänger, konnte jedoch noch einmal die Zuschauer in die Kinos locken, auch wenn man sicherlich mit einem höheren Einspiel gerechnet hatte.

Weit hinter den Erwartungen zurück blieb auch **BARRY LONDON**, der von dem genialen Filmemacher Stanley Kubrick umgesetzt wurde, der damit seine vermutlich ungewöhnlichste Arbeit vorlegte. Da der Streifen noch nicht einmal sein Budget wieder einspielte, musste sich auch ein Kubrick fortan teilweise den Gesetzen und Spielregeln der Studios beugen.

Sam Peckinpah lag quasi ständig im Clinch mit den Studios und Produzenten, doch auch er musste einsehen, dass er sich nicht den Ast absägen konnte, auf dem er saß. **DIE KILLER-ELITE** wird gemeinhin auch eher als rei-

ne Auftragsarbeit des Regisseurs bezeichnet, die nicht an die Klasse seiner großen Klassiker heran reichte. Doch selbst dann bewies Peckinpah seine Qualitäten.

Schon frühzeitig hatte Klaus Kinski jedwede Karriereplanung über Bord geworfen und bei der Auswahl seiner Projekte hauptsächlich auf die Höhe seiner Gage geachtet. Das dürfte bei **JACK THE RIPPER**, der vom Exploitation-Filmemacher Jess Franco inszeniert wurde, nicht anders gewesen sein. Doch wie so häufig zuvor und auch danach, wertete Kinski durch seine Klasse auch so eine Produktion unwillkürlich auf.

Richard Harris konnte mit DER MANN, DEN SIE PFERD NANNTEN 2 nicht den Erfolg des Vorgängers wiederholen.

Als Pacino und John Cazale als Bankräuber in dem bemerkenswerten Sidney-Lumet-Thriller HUNDSTAGE. Der Film zählt heute zu den Klassikern des amerikanischen Films und gilt als wichtiger Vertreter des New Hollywood-Kinos der 60er- und 70er-Jahre.

DIE OSCAR-VERLEIHUNG '76

Die mittlerweile 48th Annual Academy Awards wurden am 29. März 1976 im Dorothy Chandler Pavilion in Los Angeles verliehen. Gleich mehrere Moderatoren führten durch die glanzvolle Veranstaltung: Goldie Hawn, Gene Kelly, Walter Matthau, George Segal und Robert Shaw.

Großer Abräumer in diesem Jahr war **EINER FLOG ÜBER DAS KUCKUCKSNEST**, der nicht nur in nahezu allen wichtigen Kategorien nominiert war, sondern auch die begehrtesten Trophäen mit nach Hause nehmen konnte. Er war in neun Kategorien nominiert und konnte in den fünf wichtigsten Kategorien einen Oscar gewinnen. Nach **ES GESCHAH IN EINER NACHT** (1935) von Frank Capra, war es erst das zweite Mal, dass ein Film das schaffte.

DIE OSCARS 1976

Nominierten Filme/Personen.
Die Gewinner sind rot markiert.

BESTER FILM
Einer flog über das Kuckucksnest - Saul Zaentz, Michael Douglas
Barry Lyndon - Stanley Kubrick
Hundstage - Martin Bregman, Martin Elfand
Der weiße Hai - Richard D. Zanuck, David Brown
Nashville - Robert Altman

BESTE REGIE
Milos Forman - Einer flog über das Kuckucksnest
Federico Fellini - Amarcord
Stanley Kubrick - Barry Lyndon
Sidney Lumet - Hundstage
Robert Altman - Nashville

BESTER HAUPTDARSTELLER
Jack Nicholson - Einer flog über das Kuckucksnest
Al Pacino - Hundstage
James Whitmore - Give 'em Hell, Harry!
Maximilian Schell - The Man in the Glass Booth
Walter Matthau - Die Sunny-Boys

BESTE HAUPTDARSTELLERIN
Louise Fletcher - Einer flog über das Kuckucksnest
Glenda Jackson - Hedda
Carol Kane - Hester Street
Isabelle Adjani - Die Geschichte der Adèle H.
Ann-Margret - Tommy

BESTER NEBENDARSTELLER
George Burns - Die Sunny-Boys
Burgess Meredith - Der Tag der Heuschrecke
Chris Sarandon - Hundstage
Brad Dourif - Einer flog über das Kuckucksnest
Jack Warden - Shampoo

BESTE NEBENDARSTELLERIN
Lee Grant - Shampoo
Sylvia Miles - Fahr zur Hölle, Liebling
Brenda Vaccaro - Einmal ist nicht genug
Ronee Blakley - Nashville
Lily Tomlin - Nashville

BESTE KAMERA
Barry Lyndon - John Alcott
Der Tag der Heuschrecke - Conrad L. Hall
Funny Lady - James Wong Howe
Die Hindenburg - Robert Surtees
Einer flog über das Kuckucksnest - Haskell Wexler, Bill Butler

BESTER SCHNITT
Der weiße Hai - Verna Fields
Hundstage - Dede Allen
Der Mann, der König sein wollte - Russell Lloyd
Einer flog über das Kuckucksnest - Richard Chew, Lynzee Klingman, Sheldon Kahn
Die drei Tage des Condor - Fredric Steinkamp, Don Guidice

BESTES ADAPTIERTES DREHBUCH
Einer flog über das Kuckucksnest - Lawrence Hauben, Bo Goldman
Barry Lyndon - Stanley Kubrick
Der Mann, der König sein wollte - John Huston, Gladys Hill
Der Duft der Frauen - Ruggero Maccari, Dino Risi
Die Sunny-Boys – Neil Simon

BESTES ORIGINAL DREHBUCH
Hundstage - Frank Pierson, Gore Vidal
Amarcord - Federico Fellini, Tonino Guerra
Geliebte Lügen - Ted Allan
Shampoo - Robert Towne, Warren Beatty
Ein Leben lang - Claude Lelouch, Pierre Uytterhoeven

PLATZ
12

Starttermin in
Deutschland:
07.10.'76
Besucher in
Deutschland:
1.350.000

PLEASE
DO NOT SL
DOOR

TAXI DRIVER

Man mag es heute gar nicht mehr glauben, aber selbst Meisterregisseur Martin Scorsese hat einmal klein angefangen und musste Klinken putzen, um die Projekte umsetzen zu können, die ihn reizten. So war es auch bei **TAXI DRIVER**, einem der wichtigsten Filme der 70er-Jahre.

Das Drehbuch schrieb Paul Schrader, der bis dahin als Filmkritiker gearbeitet hatte, während einer schweren privaten Krise Anfang der 70er-Jahre. Er hatte sich gerade von seiner Frau getrennt, sich mit seiner Geliebten überworfen und Auseinandersetzungen mit dem American Film Institute ausgefochten. Zudem plagten ihn auch Schulden. Weil er nicht wusste wohin er gehen sollte, fuhr er ziellos in der Stadt umher und sprach über Wochen mit keinem Menschen ein Wort - er kapselte sich völlig ab und haderte mit sich und dem Leben. Das Drehbuch schrieb er während dieser Phase innerhalb von nur

zehn Tagen. Es brach förmlich aus ihm heraus, wie er später zu Protokoll gab. Er machte auch nie ein Geheimnis daraus, dass Travis Bickle im Grunde autobiographische Züge trug. Durch Umwege landete das Skript schließlich bei Brian De Palma, dem es sehr gut gefiel. Ihm war aber klar, dass es nicht der richtige Stoff für ihn war und übergab es daher an seinen guten Freund Martin Scorses, der zu diesem Zeitpunkt gerade für Roger Corman DIE FAUST DES REBELLEN (BOXCAR BERTHA, 1972) gedreht hatte und noch ein völlig unbeschriebenes Blatt war. Er war begeistert von dem Drehbuch und wusste sofort, dass er den Film unbedingt machen konnte. De Palma brachte auch Julia und Michael Phillips zu dem Projekt, die jedoch noch frischer in dem Geschäft waren als Scorsese. Sie erwarben im Sommer 1973 eine Option auf den Stoff für gerade einmal 1.000 Dollar, waren jedoch nicht in der Lage, das Skript bei einem Studio unterzubringen,

INHALT:
Da der Vietnam-Veteran Travis Bickle unter Schlafstörungen leidet, nimmt er einen Job als Taxifahrer in New York an. Aufgrund seiner Schlafstörungen fährt er vorwiegend die unbeliebten Nachtschichten bis in die dunkelsten Ecken der Stadt oder fährt ziellos umher.

Als ihn die Wahlkampfhelferin Betsy, die er seit langem umgarnt hat, abweist, zieht er sich noch mehr zurück und durch die zwielichtigen Gestalten, die er mit seinem Taxi befördert, kommt er zu der Einsicht, dass der Abschaum von New Yorks beseitigt werden muss. Er kauft vier Pistolen und beginnt, zu trainieren, da er überzeugt davon ist, dass er derjenige ist, der in der Stadt aufräumen muss.

erhielten auch aufgrund der Unerfahrenheit aller Beteiligten - nur Absagen und ließen das Schrader-Werk einstweilen wieder in der Schublade verschwinden. Doch kurz darauf wendete sich das Blatt zum Guten, als alle Beteiligten entscheidende Karriere-Fortschritte machten: So konnte Martin Scorsese gemeinsam mit Robert De Niro und Harvey Keitel den Überraschungserfolg HEXENKESSEL (MEAN STREETS, 1973) landen, De Niro erhielt eine Rolle - und später den Oscar - in DER PATE 2 (THE GODFATHER: PART 2, 1974), Schrader hatte ein Drehbuch für sehr viel Geld an Warner Bros. verkaufen können, die schließlich Sydney Pollack engagierten, um YAKUZA (THE YAKUZA, 1974) umzusetzen, und Julia und Michael Phillips landeten mit DER CLOU (THE STING, 1973) ebenfalls einen Hit. Doch trotzdem war es sehr schwierig, den kontroversen Stoff einem Studio zu verkaufen, doch schließlich schlug Columbia Pictures zu - allerdings wollten sie **TAXI DRIVER** so günstig wie möglich umsetzen, so dass der Film am Ende gerade einmal die lächerliche Summe von 1,3 Millionen Dollar kostete. De Niro, der sich von der Geschichte genauso angesprochen fühlte wie Scorsese, lehnte lukrativere Angebote ab und akzeptierte eine Gage von gerade einmal 35.000 Dollar, damit der Streifen überhaupt gedreht werden konnte. Aus Kostengründen stand sogar zwischenzeitlich die Überlegung im Raum, die Produktion in s/w zu drehen, was am Veto des Studios scheiterte.

Sehr früh stieß Harvey Keitel, der mit Scorseses HEXENKESSEL gedreht hatte, zum Cast. Ursprünglich sollte er eine andere Rolle spielen, doch als er das Drehbuch las, bat er Scorsese darum, den Zuhälter Sport spielen zu können - doch den hatte

Robert De Niro konnte sich aufgrund anderer Verpflichtungen nicht wirklich den Irokesenhaarschnitt rasieren lassen, so dass man mit verschiedenen Tricks arbeiten mussten, um sein Aussehen so realistisch wie möglich wirkte.

Schrader als Farbigen beschrieben. Man änderte die Hautfarbe jedoch nicht nur wegen dem Interesse von Keitel, sondern auch, weil Scorsese und Schrader befürchteten, dass das Thema Rassismus noch stärker in den Vordergrund gestellt werden könnte. Die Besetzung der jugendlichen Prostituierten Iris erwies sich als problematisch. Entweder man besetzte sie mit einer älteren Schauspielerin, um den Problemen mit dem Jugendschutz aus dem Weg zu gehen, oder man verpflichtete tatsächlich ein Darstellerin in dem Alter, akzeptierte jedoch, dass das Probleme mit sich bringen könnte. Nachdem der Regisseur mit Jodie Foster ALICE LEBT HIER NICHT MEHR (ALICE DOESN`T LIVE HERE ANYMORE, 1974) gedreht hatte, den er unmittelbar vor **TAXI DRIVER** umsetzte, stand die Entscheidung fest, denn sie war in seinen Augen die perfekte Besetzung. Auch Paul Schrader war einverstanden und brachte Foster sogar mit dem Mädchen zusammen, das sein Vorbild für diese Rolle gewesen war. In der Szene, in der De Niro Foster fast überfuhr, konnte man sie sogar kurz im Film sehen. Es gab einige Kontroversen, ob die gerade einmal 14-jährige Foster diese Rolle spielen durfte, doch einerseits war einerseits war ständig ihre Mutter vor Ort, andererseits überprüfte auch eine Mitarbeiterin der Jugendschutzbehörde, ob alle Auflagen eingehalten wurden. Bei besonders heiklen Szenen wurde sogar Fosters acht Jahre ältere Schwester eingesetzt, so dass es während der Dreharbeiten zu keinen Problemen kam. Foster ist zudem bis heute von den Qualitäten des Streifens überzeugt.

„Ich denke, dass es einer der besten Filme ist, der jemals in Amerika gemacht wurde. Er sagt etwas über Amerika aus. Über Einsamkeit. Es ist einfach ein Klassiker."
(Jodie Foster)

Neben Robert De Niro sorgte insbesondere die Leistung von der damals 14-jährigen Jodie Foster für Aufsehen. Aufgrund ihres Alters durfte sie einige Szenen nicht selbst drehen, weswegen man ein ums andere Mal ihre ältere Schwester einsetzte.

Cybill Shepherd, die ihren bis dahin bekanntesten Auftritt in dem Peter-Bogdanovich-Klassiker DIE LETZTE VORSTELLUNG (THE LAST PICTURE SHOW, 1971) absolviert hatte, wurde auf ausdrücklichen Wunsch von Martin Scorsese engagiert. Allerdings wurde das Drehbuch nach Testaufnahmen angepasst, da sie mit ihrer Rolle zu Beginn etwas unzufrieden war und u.a. eine zu geringe Screentime bemängelte.

Da die Produktion einen recht beschwerlichen Weg hinter sich hatte, konnte keiner damit rechnen, dass es am Ende so schnell gehen und der Drehstart auf Juni 1975 festgelegt würde. Das brachte jedoch Probleme für Robert De Niro mit sich, der insgesamt nur zwei Wochen Vorbereitungszeit hatte, in denen er sich nicht nur körperlich, sondern auch psychisch auf seine anspruchsvolle Rolle vorbereiten musste. Erschwerend hinzukam, dass er sich während der Pre-Production-Phase in Italien aufhielt, wo er unter der Regie von Bernardo Bertolucci das Epos 1900 (1976), das in zwei Teilen in die Kinos gebracht wurde, abdrehte. Der als Method Actor bekannte Schauspieler flog während der Drehpausen nach New York, holte sich einen Taxischein, ließ sich ein echtes Taxi geben und fuhr damit durch New York und beförderte ganz normale Fahrgäste, die ihn nicht erkannten. Er wollte so das Gespür für seine Rolle bekommen, lernen, was Taxifahrer tagtäglich erleben und wie sie ihren Job sehen. Er pendelte mehrfach zwischen Italien und Amerika hin und her, sah diesen Aufwand jedoch als notwendig an. In einigen Nächten wurde er von Martin Scorsese begleitet.

> „Er war absolut anonym. Leute stiegen ein und nahmen keine Notiz von ihm - es war, als ob er gar nicht existierte. Doch dann setzte sich ein junger Mann in das Taxi, registrierte seinen Namen auf der Lizenz und sagte: `Jesus, letztes Jahr hast du den Oscar gewonnen und musst jetzt wieder Taxi fahren.´ Bobby sagte dann, dass er nur recherchiert, aber das wollte ihm der Typ nicht glauben." (Martin Scorsese)

De Niro traf sich im Vorfeld auch mit Jodie Foster, damit sie sich etwas besser kennen lernen konnten, was sicherlich mit dazu beitrug, dass die Dreharbeiten problemlos abliefen. Die Kollegen von De Niro brauchten jedoch ein paar Tage bis sie verstanden, dass er auch in den Drehpausen in der Rolle blieb, um nicht die Konzentration zu verlieren.

Scorsese ermunterte seine Darsteller im Vorfeld zu improvisieren, Vorschläge zu machen und sich die Figuren so zu gestalte, dass sie sie in- und auswendig kannten. Es wurde viel geprobt, aber trotzdem nicht das geringe Budget und die damit einher gehenden zeitlichen Einschränkungen vergessen.

Eher notgedrungen musste der Filmemacher auch als Schauspieler vor die Kamera treten, war doch ursprünglich jemand anderes für den Part des betrogenen Ehemannes eingeplant. Als dieser jedoch kurzfristig absagte, sprang der Meister höchstpersönlich ein.

Das Studio machte jedoch viel Druck und war mit dem abgedrehten Material nicht zufrieden. Einzig der Umstand, dass der Film so

DIE EINSPIELERGEBNISSE

M artin Scorsese gilt als einer der wichtigsten Regisseure der letzten Jahrzehnte. Er brachte einige Kultfilme hervor und bewahrte sich einen Großteil seiner Unabhängigkeit, weil er mit seinen Filmen national, aber auch international Erfolge feiern konnte und die Kritik auf seiner Seite hatte. So darf man auch auf seine zukünftigen Projekte gespannt sein.

DIE WICHTIGSTEN MARTIN-SCORSESE-FILME

Jahr	Deutscher Titel	Originaltitel (Hauptdarsteller)	Budget ($)	Box-Office USA	Besucherzahlen (D)
1976	TAXI DRIVER	Taxi Driver (Robert De Niro)	1.300.000	$28.262.574	1.350.000
1980	WIE EIN WILDER STIER	Raging Bull (Robert De Niro)	18.000.000	$23.383.987	ca. 500.000
1986	DIE FARBE DES GELDES	The Color of Money (Paul Newman)	10.000.000	$52.293.982	810.470
1988	DIE LETZTE VERSUCHUNG CHRISTIE	The Last Temptation of Christ (Willem Dafoe)	7.000.000	$8.373.585	248.259
1990	GOODFELLAS	Goodfellas (Robert De Niro)	25.000.000	$46.836.214	253.661
1995	CASINO	Casino (Robert De Niro)	52.000.000	$42.512.375	530.204
2004	AVIATOR	The Aviator (Leonardo DiCaprio)	110.000.000	$102.610.330	1.102.326
2006	DEPARTED	Departed (Leonardo DiCaprio)	90.000.000	$132.384.315	1.286.741
2010	SHUTTER ISLAND	Shutter Island (Leonardo DiCaprio)	80.000.000	$128.012.934	1.484.491

TAXI DRIVER wurde auch wegen seiner brutalen Gewaltdarstellung kritisiert. Doch im Gegensatz zu anderen Filmen setzte Martin Scorseses dies nicht als plakatives Mittel ein, sondern als einzige Ausdrucksmöglichkeit eines verstörten Mannes.

günstig war und der Drehort New York so weit von Kalifornien entfernt lag, verhinderten wohl eine massivere Einmischung der Verantwortlichen in die Dreharbeiten, die im September 1975 endeten.

Es folgten noch Auseinandersetzungen über die Freigabe, da man ein R-Rated erreichen musste, damit der Streifen überhaupt in die Kinos kommen konnte. Als Folge musste z.B. das Finale etwas abgedunkelt werden, damit man nicht alles so deutlich sehen konnte. Es war ein zähes Ringen, doch am Ende konnte **TAXI DRIVER** mit der gewünschten Freigabe starten.

Alle Beteiligten waren sehr stolz auf das Ergebnis, doch Regisseur Scorsese glaubte nicht, dass der Film viele Leute ansprechen würde und war daher von den Reaktionen - positiv wie negativ - überrascht. Einfacher gesagt: Die zweite Scorsese-De Niro-Keitel-Zusammenarbeit schlug ein wie eine Bombe und erntete überragende Kritiken. Allerdings äußerten selbst wohl gesonnene Kritiker Bedenken in Bezug auf die kontroverse Thematik.

„Ein hervorragend inszenierter, mit Emotionen prall aufgeladener Film. Aber es gibt auch Bedenken: Unkritische Kinogänger könnten diese amerikanische Heldensage leicht als Rechtfertigung einer Do-it-yourself-Justiz verstehen."
(Hamburger Abendblatt)

„Taxi Driver ist ein brillanter Alptraum. Und wie alle Alpträume erzählt er uns noch nicht einmal die Hälfte von dem, was wir wissen wollen. (…) Scorsese will das Versagen von Travis übersehen, und wir wollen fast sein Leben nicht sehen. Aber ist da und er leidet." (Roger Ebert)

Aufgrund seiner Gewalttätigkeit, der rassistischen Untertöne und seiner moralisch ambivalenten Handlung sorgte **TAXI DRIVER** für

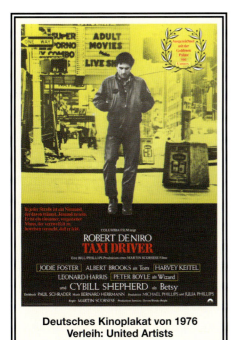

Deutsches Kinoplakat von 1976
Verleih: United Artists

Stabangaben: USA 1975 | 133 Minuten

ORIGINALTITEL: Taxi Driver • REGIE: Martin Scorsese • DREHBUCH: Paul Schrader • KAMERA: Michel Chapman • SCHNITT: Tom Rolf, Melvin Shapiro • MUSIK: Bernard Herrmann • PRODUZENT: Julia & Michael Phillips • PRODUKTIONSFIRMA: Columbia Pictures, Bill / Phillips, Italo/Judeo Productions
STARTTERMIN USA: 08.02.1976
EINSPIELERGEBNIS USA: $ 28.262.574
DARSTELLER:

Travis Bickle	Robert De Niro
Iris	Jodie Foster
Betsy	Cybill Shepherd
Sport	Harvey Keitel
Charles Palantine	Leonard Harris
Wizard	Peter Boyle
Tom Albert	Brooks
Melio	Victor Argo
Taxifahrer	Harry Cohn
Doughboy	Harry Northup

eine lang anhaltende Diskussion. Viele Kritiker rückten Scorsese in die Nähe von Selbstjustiz-Thrillern wie EIN MANN SIEHT ROT (DEATH WISH, 1974) - doch größer könnten die Unterschiede nicht sein. Während Travis Bickle seine Taten aufgrund einer offensichtlichen geistigen Verwirrung begeht, zog Bronson mit der Legitimation das richtige zu tun in den „Krieg". Während Bronson ein aufrechter Bürger darstellte, dem Unrecht getan wurde, verkörperte De Niro ein seelisches Wrack, das isoliert und ziellos durch die Stadt streifte. In erster Linie ging es auch nicht um die Gewalt an sich, sondern um die Einsamkeit, die ihn dazu bringt, die Welt verzerrt wahrzunehmen.

Scorsese gelang das Kunststück, seinerzeit aktuelle Themen wie Vietnam oder den Watergate-Skandal sehr offensichtlich in seinen Film einfließen zu lassen, aber das Hauptthema so geschickt in den Mittelpunkt zu stellen, dass ihm ein nahezu zeitloses Werk gelang, das heute vielleicht ähnlich aktuell ist wie 1976.

Getragen wurde der Streifen natürlich von einem beängstigend intensiv aufspielenden De Niro, der eine der besten Leistungen seiner Karriere zeigte. Die Verwirrtheit, die Einsamkeit, die Unbeholfenheit, die Wut - all die Gefühle, die Bickle im Laufe der Handlung durchmachen muss, fing der Mime Punktgenau ein, ohne zu chargieren oder zu übertreiben. Doch auch Harvey Keitel und insbesondere Jodie Foster machten den Film zu einem schauspielerischen Leckerbissen und bereiteten De Niro die Bühne für seine überragende Leistung, deren Synonym die viel zitierte und parodierte Spiegelszene (Redest du mit mir? Du laberst mich an?) wurde. Die Low-Budget-Produktion wurde vom American Film Institute zu den besten 100 Filmen der letzten 100 Jahre gezählt. Und wenn ein US-Film des Jahres 1976 diese Ehrung verdient hatte, dann **TAXI DRIVER.** Gelang Martin Scorsese, Paul Schrader und Robert De Niro doch nicht weniger als ein Klassiker des ohnehin starken 70er-Jahre-Kinos. Ein moderner und zeitloser Klassiker. (TH)

PLATZ
14

Starttermin in
Deutschland:
25.09.'76
Besucher in
Deutschland:
1.250.000

DAS OMEN

In den frühen 60er-Jahren zeichnete sich ab, dass die goldenen Zeiten der klassischen Traumfabrik-Jahre gezählt waren. Große Regisseure wie Alfred Hitchcock oder John Ford hatten ihren Zenit überschritten, populäre Stars waren mittlerweile verstorben oder zu alt, um noch das jugendliche Publikum zu erreichen. Da die Studiobosse die Zeichen der Zeit nicht erkannten, investierten sie horrende Summen in Monumentalfilme wie CLEOPATRA (1963), die zwar nach wie vor ihr Publikum fanden, jedoch einerseits vom Aufwand her nicht mehr zu rechtfertigen waren und andererseits am Markt vorbeiproduziert wurden. Diese künstlerische Lücke, der Bedarf an frischen Ideen und neuen Filmemachern ermöglichte es Regisseuren wie Mike Nichols, Sam Peckinpah, George A. Romero oder auch Roman Polanski ihre Ideen durchzusetzen. Polanski hatte mit ROSEMARIES BABY (ROSEMARY´S BABY, 1968), in dem eine Frau den Antichristen zur Welt bringen soll, einen erstaunlich erfolgreichen Film in die Kinos gebracht, der trotz der altbackenen Thematik beim Publikum sehr gut ankam. Als dann der damals kontrovers diskutierte DER EXORZIST (The EXORCIST, 1973) von William Friedkin ein noch größerer Kassenerfolg wurde, war klar, dass Stoffe dieser Art sehr gefragt waren. Klassische Themen wie Religion, Gott, Teufel, Erlösung, Weltuntergang, die in den 60er-Jahren - wenn überhaupt - nur in Monumental-Epen abgehandelt wurden, fanden - obwohl die Filmemacher durchaus kritisch mit der Institution der Kirche ins Gericht gingen - nun wieder ihr Publikum. Auch die Kirche tolerierte dieses neue Interesse, da die Bibelverkäufe ebenso stiegen wie die Zahl der Kirchenbesuche - wenngleich sie natürlich wetterte, dass einige der gezeigten Szenen blasphemisch sei.

Viele kamen durch DER EXORZIST überhaupt erst wieder mit der Kirche in Kontakt - wie z.B. der Geschäftsmann Robert Munger, der sich die Frage stellte, was denn passieren würde, wenn der Antichrist als scheinbar normaler Junge auf die Erde käme. Ihm gefiel die Idee so gut, dass er den Produzenten Harvey Bernhard kontaktierte, der schon ein paar Produktionen auf die Beine gestellt, jedoch keinen großen Erfolg gehabt hatte. Bernhard war sofort begeistert, erkannte das Potential und verfasste ein 15-seitiges Treatment auf Basis der Idee von Munger. Mit diesem Treatment versuchte er einen Autor zu finden, der ihm daraus ein Drehbuch entwickelte, welches er Studios anbieten konnte. Doch kein Autor konnte sich für die Idee erwärmen, auch David Seltzer nicht, der kein Interesse daran hatte, einen Horrorfilm zu schreiben. Er überlegte es sich jedoch aus einem sehr profanen Grund anders: Er war pleite und hatte kein weiteres Projekt in Aussicht. Seltzer fand jedoch überraschend schnell Zugang zum Stoff, recherchierte über Wochen hinweg und wurde zum Experten des neuen Testaments, wobei er sich insbesondere auf die Johannesoffenbarung konzentrierte. Das

INHALT:

Am 06.06.1966 bringt Katherine Thorn, die Frau des US-amerikanischen Botschafters in Rom, ein Kind zur Welt, das direkt nach der Geburt stirbt. Ihr Mann, Robert Thorn, wechselt auf Anraten eines Geistlichen den Jungen mit einem eben erst geborenen Kind aus, dessen Mutter bei der Geburt gestorben ist, erzählt seiner Frau davon jedoch nichts. Jahre später wird Robert Thorn Botschafter der USA in Großbritannien, und schon bald ereignen sich mysteriöse Vorfälle im Umfeld des jungen Damien. Ein Priester sucht Thorn auf, um ihn davon zu überzeugen, dass sein Sohn der Antichrist sei, verstirbt jedoch kurz darauf. Als seine Frau wenig später eine Fehlgeburt erleidet und ein Fotograf merkwürdige Bilder präsentiert, stellt er eigene Nachforschungen an und stößt auf beunruhigende Beweise. Nachdem sich mysteriöse Todesfälle häufen, akzeptiert er, dass sein Sohn tatsächlich der Antichrist ist und getötet werden muss.

fertige Drehbuch wurde unter dem Titel *The Antichrist* von Studio zu Studio herum gereicht, doch alle winkten erst einmal ab: Das Thema war ihnen zu unbequem, das Skript zu erschrecken. Kurzfristig war Sony an einer Umsetzung mit Charles Bronson oder James Coburn interessiert, doch auch daraus wurde nichts. Harvey Bernhard wandte sich an Mace Neufeld, einem Neuling in dem Geschäft, der es schlussendlich im Frühjahr 1974 bei Warner Bros. unterbringen konnte, die ja bereits auch DER EXORZIST produziert hatten. Das Studio sicherte sich eine Option auf das Antichrist-Skript und legte als Regisseur Chuck Bail fest. Eine Klausel dieser Option beinhaltete, dass das Skript zurück an Bernhard fallen würde, wenn die Produktion nicht innerhalb eines Jahres angelaufen wäre. Man besserte das Drehbuch aus, kümmerte sich um den Cast und sichtete sogar verschiedene Drehorte, z.B. in der Schweiz. Es stellte sich jedoch ziemlich schnell heraus, dass die Verantwortlichen bei Warner Bros. in einer Art Zwickmühle steckten, weil sie gleichzeitig das Sequel zu DER EXORZIST vorbereiteten.

Sie befürchteten einerseits, dass die Filme thematisch zu ähnlich seien und sich die Zuschauer streitig machen könnten, andererseits stiegen die Produktionskosten der Fortsetzung rasant an, so dass sie schließlich das Projekt *Antichrist* fallen ließen.

Zwei Tage bevor die Option auslief, schickte Mace Neufeld das Drehbuch zu Richard Donner, der seit den frühen 60er-Jahren für das TV gearbeitet und bei zahlreichen Serien Regie geführt hatte. Donner versuchte zu diesem Zeitpunkt, in das Spielfilm-Geschäft umzusatteln, hatte dabei aber bislang nur mittelmäßigen Erfolg gehabt. Neufeld wusste, dass Donner mit Alan Judd, dem Produktionschef von 20th Century Fox befreundet war, und hoffte, dass er das Drehbuch über diesen Umweg an den Mann bringen konnte. Sein Plan ging auf: Donner gefiel die Grundidee des Skripts und bat daher seinen Freund Judd, sich das Drehbuch noch einmal anzusehen - unabhängig davon, dass auch dieses Studio das Skript im Vorfeld bereits abgelehnt hatte. Da Richard Donner die Schwächen sehr klar benennen konnte und betonte, dass

er wüsste, was der Vorlage fehlte, gab Judd grünes Licht. Allerdings hatte Fox ein miserables Jahr ohne Hit hinter sich und konnte nur ein kleines Budget von 2,5 Millionen Dollar freigeben, was Donner - der es gewohnt war, mit kleinen Budgets zu arbeiten - nicht davon abhielt, sich umgehend in die Arbeit zu stürzen.

Donner sah in der Story keinen Horrorfilm, sondern einen Thriller, in dessen Mittelpunkt die Paranoia eines Mannes stand. Dementsprechend musste alles, was übernatürlich und unrealistisch wirkte, umgeschrieben oder ersetzt werden. Selbst die Todesfälle mussten so umgesetzt werden können, dass alles nur ein Missgeschick oder Zufall sein könnte. Seiner Meinung nach musste es realistisch sein, damit die Leute auch glaubten und akzeptierten, was sie sahen. Aufgrund dieser Neuausrichtung wurde der Titel dann auf *The Birthmark (Das Muttermal)* geändert.

Man hatte nun ein Studio, ein Budget, einen Regisseur, ein gutes Skript - aber die Geschichte verlangte nach einem bekannten Namen, der den Film tragen konnte und auch

Richard Donner baute mit den gängigen Stilmitteln geschickt eine bedrohliche Atmosphäre auf, die durch einen unerwartet heftigen Effekt am Ende aufgelöst wurde.

6
66

Lee Remick (Bild unten) spielte die Rolle der Katherine Thorn, die bei der Geburt ihr Kind verliert und von ihrem Mann getäuscht wird: Er erzählt ihr nicht, dass sie eine Fehlgeburt erlitt und ersetzte seinen Sohn durch ein anderes Kind. Remick galt als exzellente Theater-Schauspielerin und glänzte auch in DAS OMEN durch ihre differenzierte Darstellung. Sie starb bereits 1991.

beim Publikum zog. Man bot die Hauptrolle Charlton Heston an, doch der sagte ebenso ab wie Roy Scheider oder William Holden, der ironischerweise für das spätere Sequel zusagte. Schließlich versuchte man es bei Gregory Peck, der seit BEGRABT DIE WÖLFE IN DER SCHLUCHT (BILLY TWO HATS, 1974) keinen Film mehr gedreht hatte, nun jedoch auf der Suche nach einem geeigneten Stoff war. Neufeld und Bernhard zögerten jedoch, ihm das komplette Drehbuch zukommen zu lassen, da sich kurz zuvor Pecks Sohn Jonathan das Leben genommen hatte. Und da Peck als Thorn in der damaligen Fassung am Ende seinen Sohn umgebracht hätte, fanden sie die Parallelen etwas heikel. Doch für alle Beteiligten kam die Zusage von Peck überraschend schnell und ohne Umschweife, was das Prestige und die Aufmerksamkeit, die das Projekt von nun an bekommen sollte, rapide erhöhte. Er akzeptierte sogar die begrenzten Möglichkeiten der Produktion und war mit 250.000 Dollar zufrieden. Zusätzlich erhielt er 10% der Einspielergebnisse - zu dem Zeitpunkt ahnte ja niemand, welcher Welterfolg der Streifen werden sollte. Peck verdiente am Ende also doch noch mehrere Millionen Dollar mit dieser Rolle.

Die weitere Besetzung gestaltete sich nach der Zusage von Peck als relativ einfach - mit einer Ausnahme: Die Besetzung des Jungen. Donner, Neufeld und Bernhard weiteten ihre Suche aus, nachdem sie in England - wo der Film über weite Strecken entstand - nicht das richtige Kind fanden. Harvey Stephens stellte sich als die richtige Wahl heraus, nachdem er auf Richard Donner - auf dessen Wunsch wohlgemerkt, weil er wissen wollte, ob der Junge in einer Szene auf seine Mutter losgehen könnte - einprügelte, jedoch nicht aufhörte, als dieser sagte, dass er aufhören sollte.

Die Dreharbeiten starteten schließlich am 12.Oktober 1975 und fanden nicht nur in England, sondern auch in Rom und Jerusalem statt - und das bei diesem bescheidenen Budget.

Den finalen Titel **DAS OMEN** erhielt die Produktion erst während der Aufnahmen. Zeit- und Geldmangel erschwerten natürlich generell die ambitionierten Dreharbeiten, die z.B. auch Aufnahmen mit Tieren, sowie anspruchsvolle Effektaufnahmen vorsahen. Um die entsprechenden Szenen trotzdem in den Kasten zu bekommen, griff Richard Donner ein ums andere Mal tief in die Trickkiste. Bei den Szenen mit den Pavianen wurde der Anführer der Affen betäubt und ins Auto gelegt. Der Rest der Primaten dachte nun, dass ihr „Chef" entführt wurde

> „Danach sagte ich: Färbt dem Jungen die Haare schwarz: Das ist der Antichrist. Ich war froh, dass es nicht mein Kind war."
> (Richard Donner)

Dem Ende der Welt
einen Tag näher ...

DAS OMEN

GREGORY PECK LEE REMICK
DAS OMEN
EINE HARVEY BERNHARD-MACE NEUFELD PRODUKTION
DAVID WARNER BILLIE WHITELAW
MACE NEUFELD HARVEY BERNHARD RICHARD DONNER
DAVID SELTZER JERRY GOLDSMITH

**Deutsches Kinoplakat von 1976
Verleih: 20th Century Fox**

Stabangaben: USA 1975 | 111 Minuten

ORIGINALTITEL: The Omen • REGIE: Richard Donner • DREHBUCH: David Seltzer • KAMERA: Gilbert Taylor • SCHNITT: Stuart Baird • MUSIK: Jerry Goldsmith • PRODUZENT: Harvey Bernhard • PRODUKTIONSFIRMA: 20th Century Fox
Starttermin USA: 25.06.1976
EINSPIELERGEBNIS USA: 60.922.980
DARSTELLER:

Gregory Peck ....Robert Thorn
Lee Remick ....Katherine Thorn
David Warner ....Jennings
Billie Whitelaw ....Mrs. Baylock
Harvey Stephens...................................Damien
Patrick Troughton ....Father Brennan
Martin Benson ....Father Spiletto
Robert Rietty ....Monk
Tommy Duggan.....................................Priester
John Stride ....Psychiater

„Ich bin fest davon überzeugt, dass der Teufel nicht wollte, dass dieser Film gedreht wird."
(Harvey Bernhard)

und griffen planmäßig das Auto an - unglücklicherweise erwachte jedoch auch das betäubte Tier auf dem Rücksitz, so dass die Panik von Lee Remick und Harvey Stephens nicht nur gespielt war. Bei den Aufnahmen mit den Rottweilern auf dem Friedhof hatte man ganz andere Probleme: Die Tiere verhielten sich viel zu harmlos. Erst nachdem die Schauspieler und Stunt-Doubles Fleisch unter der Kleidung

versteckten hatten, wurden die Tiere angriffslustiger und bissen sogar teilweise durch die Schutzkleidung hindurch.

Die Dreharbeiten wurden von einigen merkwürdigen Ereignissen begleitet, die die Marketing-Abteilung natürlich gerne aufnahm und vermutlich auch noch ausschmückte. Die Presse stürzte sich auf diese Geschichten und bald war vom „Omen-Fluch" die Rede: Flugzeuge, in denen Mitglieder der Filmcrew saßen, u.a. auch Peck, wurden vom Blitz getroffen, eine Maschine, in der Peck eigentlich sitzen sollte, stürzte ab, ein Lokal, das Harvey Bernhard besuchen wollte, wurde kurz zuvor von der IRA in die Luft gesprengt und im engeren Umfeld des Special-Effects-Experten wurde eine Person bei einem Verkehrsunfall geköpft. Das Besondere daran war, dass Richardson für die Enthauptungsszene im Film verantwortlich war.

Richard Donner musste im Finale noch Gregory Peck überzeugen, der um sein Image fürchtete, sich aber schließlich überzeugen ließ. Die Dreharbeiten endeten am 2. Januar 1976 und bereits kurz darauf wurde die erste Schnittfassung Alan Judd vorgestellt. Dieser Begriff erst jetzt, welchen Hit er da in Händen hielt und beauftragte eine New Yorker Werbeagentur für die breit angelegte Marketingkampagne, die am Ende bedeutend teurer war als der Film an sich. Bereits lange vor dem Filmstart war **DAS OMEN** in aller Munde, erst recht, als Seltzer zwei Wochen vor Kinostart den Roman zum Film veröffentlichte, den er während der Drehzeit verfasst hatte. Das Buch wurde zum Bestseller und heizte die Erwartungshaltung noch weiter an. Doch während die Marketing-Maschinerie auf Hochtouren lief, wurden hinter den Kulissen noch Schwachstellen beseitigt. So bemängelte Judd das Ende: Ursprünglich starb Damien nämlich auch und wurde zusammen mit seinen „Eltern" begraben. Er fragte, ob es nicht besser sei, ein nicht so eindeutiges Ende zu nehmen und schlug vor, dass der Junge am Ende überlebte. Donner liebte die Idee, so dass die Schlussszene auf dem Friedhof nachgedreht wurde. Judd war es auch, der die Studio-Kriegskasse noch einmal

öffnete und ermöglichte, dass Jerry Goldsmith den Score komponierte, der für seine Arbeit die zehnte Oscar-Nominierung erhielt. Dass er die Trophäe dann für diese Produktion endlich entgegen nehmen konnte, überraschte ihn selbst am meisten.

DAS OMEN wurde Ende Juni 1976 in die amerikanischen Kinos gebracht und spielte bereits am ersten Wochenende das Doppelte seines Budgets ein. Unter dem Strich spielte der Film alleine in den USA mehr als 60 Millionen Dollar ein. Das Box-Office-Ergebnis kam natürlich auch deswegen zustande, weil der Film für enorme Kontroversen sorgte und wochenlang in der Presse behandelt wurde. Die Kritiken wären in Amerika aber auch im Ausland gemischt.

„Zwar technisch sorgfältig, doch unoriginell und steril inszeniert. So vermittelt ‚Das Omen' anstelle gruseligen Schauders eher gepflegte Langeweile." (Die Zeit)

„Im Gegensatz zu Friedkin hat Donner seinen Horror besser dosiert, die Pointen seines Films umsichtiger verteilt. Zudem gibt Gregory Peck als Erziehungsberechtigter des bösen Knirpses dem ganzen Werk einen Hauch von seriöser Schauspielkunst."

(Hamburger Abendblatt)

In vielerlei Hinsicht war **DAS OMEN** schon zum Zeitpunkt seiner Entstehung ein altmodischer Genrefilm. Donner setzte den Schwerpunkt - im Gegensatz zu William Friedkin bei DER EXORZIST - nicht auf knallige Effekte oder bewusste Grenzüberschreitungen, sondern auf Atmosphäre und Stil. Ausstattung, Beleuchtung, Kameraarbeit erinnerten nicht selten an die Horrorklassiker der 50er-Jahre. Alles wirkte wesentlich würdevoller und stilistisch bemerkenswerter als bei der damaligen Konkurrenz. Donner baute seine Spannung gekonnt auf, spielte subtil mit der Erwartungshaltung des Publikums und setzte die durchaus unangenehmen Tötungsszenen im völligen Kontrast dazu sehr rasant und hart um, so dass sie dann schockierten, wie es vorgesehen war. Donner mischte die üblichen Genre-Zutaten mit den modernen technischen Möglichkeiten, behielt jedoch stets Peck im Fokus der Erzählung. Der eigentliche Clou der Geschichte war es jedoch, dass der Junge gar nicht wusste, dass er der Sohn des Teufels und der Auslöser der ganzen Geschehnisse war. Dass Donner es dann trotzdem schaffte, dass das Publikum dem eigentlich unschuldigen Jungen den Tod wünschte, bewies, wie sorgfältig und durchdacht er

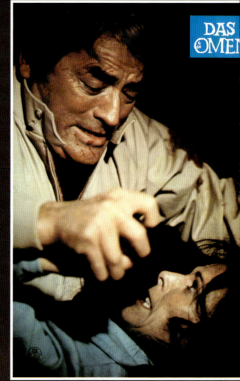

David Warner spielte den Fotografen Jennings, der auf seinen Bildern beunruhigende Merkwürdigkeiten fest stellte und sich deswegen an Richard Thorn wendete. Warner ging mit seinem Film-Tod in die Filmgeschichte ein: So zählt die Köpfungs-Szene - die übrigens ursprünglich durch eine herabfallende Glasscheibe umgesetzt werden sollte, was aus technischen Gründen nicht praktikabel war – doch zu den spektakulärsten und bekanntesten Momenten des 70er-Jahre-Kinos.

an die Inszenierung der Geschichte heran gegangen war: Das war stimmig und intelligent gemacht.

Die bis in die Nebenrollen exzellent gecastete Darsteller-Riege rund um den serös wie eh und je aufspielenden Peck verstärkte noch den Eindruck eines im Grunde eher altmodischen Horrorfilms und bildete mit der routinierten Regie die positiven Eckpfeiler des heutigen Klassikers. Unterstützt von der unheilvollen musikalischen Untermalung von Jerry Goldsmith baut der Streifen auch heute noch eine bedrückende Atmosphäre auf, der man sich nicht entziehen kann. Fraglos sind die annähernd 40 Jahre nicht spurlos an **DAS OMEN** vorbei gezogen - so werden die Sehgewohnheiten des heutigen Genre-Publikums nicht mehr bedient: Zu geduldig der Aufbau, zu atmosphärisch im Detail und zu altmodisch - in positiver Hinsicht jedoch - die Darstellung der Figuren. Von seiner Klasse jedoch hat der Film nicht verloren und gilt nach wie vor und zu Recht als einer der Meilensteine des Genres. (TH)

DAS FRANCHISE

Nach dem überwältigendem Erfolg war es natürlich nur eine Frage der Zeit, wann **DAS OMEN** fortgesetzt werden würde. Harvey Bernhard und Mace Neufeld waren dabei jedoch die einzigen, die vom Originalfilm übrig blieben. DAS OMEN 2 und DAS OMEN 3 waren mehr oder minder klassische Sequels und durchaus noch erfolgreich, wenngleich sie nicht annähernd an das Einspielergebnis des ersten Films anknüpfen konnten. DAS OMEN 4 wurde Jahre später für das US-TV umgesetzt und wiederholte - trotz einiger Bezüge zur Trilogie - eher die Geschichte des ersten Teils, diesmal nur mit einem Mädchen in der Hauptrolle.

DAS REMAKE

Aufgrund seiner Ausnahmestellung wurde natürlich auch **DAS OMEN** nicht von einem Remake verschont - das Remake kam 2006 in die Kinos und erwies sich wiederum als ordentlicher Erfolg.

DAS OMEN (THE OMEN)

Als sein Kind bei der Geburt stirbt, adoptiert Robert Thorn das Baby einer anderen - ohne das Wissen seiner Frau. An Damiens fünften Geburtstag aber geschehen merkwürdige Dinge: Bizarre Todesfälle, die panische Angst Damiens vor Kirchen und der merkwürdige Pater Brennan, der Thorn verkündet, dass Damien der der Sohn des Satans ist.
Regie: John Moore · **Darsteller:** Liev Schreiber, Julia Stiles, David Thewlis

Jahr	Budget $ (ca.)	Einspiel (USA)	Besucherz. (D)
2006	25.000.000	54.607.383 $	356.914

DAS OMEN 2 - DAMIEN

Sieben Jahre später: Damien lebt bei seinem reichen Onkel Richard Thorn in Chicago und wird von ihm auf eine Militärakademie geschickt. Richard übersieht erst alle Anzeichen, doch auch er muss einsehen, dass Damien der Antichrist ist und getötet werden muss.
Regie: Don Taylor · **Darsteller:** William Holden, Lee Grant, Jonathan Scott-Taylor

Jahr	Budget $ (ca.)	Einspiel (USA)	Besucherzahlen (D)
1978	4.000.000	26.518.355 $	450.000

OMEN 3 - BARBARAS BABY

Damien ist mittlerweile erwachsen und gleichzeitig Präsident von Thorn Industries und Botschafter der USA in England. In England soll der Sohn Gottes wiedergeboren werden, zudem will ein Mönchsorden ihn umbringen. Damien lässt alle fraglichen Säuglinge und Mönche umbringen, doch ein Mönch kann seine Lebensgefährtin überzeugen, dass Damien der Sohn des Teufels ist.
Regie: Graham Baker · **Darsteller:** Sam Neill, Rossano Brazzi, Don Gordon

Jahr	Budget $ (ca.)	Einspiel (USA)	Besucherzahlen (D)
1981	6.500.000	20.471.382 $	300.000

OMEN IV - DAS ERWACHEN

Damien ist seit Jahren tot. Doch als das Pärchen Gene und Karen die kleine Delia adoptieren, geschehen schon bald unerklärliche Dinge, mysteriöse Todesfälle häufen sich. Die Eltern schalten einen Detektiv ein, doch auch er stirbt ebenfalls nach einem Unfall. Da erfährt Karen, dass sie schwanger ist - mit Delias Bruder, dem neuen Antichristen...
Regie: Jorge Montesi, Dominique Othenin-Girard · **Darsteller:** Faye Grant, Michael Woods, Michael Lerner

Jahr	Budget $ (ca.)	Einspiel (USA)	Besucherzahlen (D)
1991	1.500.000	TV-Premiere	Kino < 100.000

PLATZ
15

Starttermin in
Deutschland:
02.04.76

Besucher in
Deutschland:
1.200.000

DER GREIFER

Ab den frühen 70er-Jahren richtete der französische Star Jean-Paul Belmondo seine Karriere neu aus. War er bis dahin in den unterschiedlichsten Rollen zu sehen, achtete er fortan stark auf den kommerziellen Erfolg seiner Filme. Nicht umsonst gründete er 1972 seine Produktionsfirma Cerito Films und produzierte einen Großteil seiner Filme gleich selbst. So behielt er alle Fäden in der Hand, konnte über Drehbücher ebenso bestimmen wie über Besetzungen oder den Regisseur. Er setzte sich damit jedoch auch selbst unter Druck, weil Flops nun auch sein Geld gekostet hätten. Daher baute er den Namen Belmondo ganz bewusst zu einer Marke aus und konzentrierte sich bei seiner Rollen- und Filmauswahl auf Produktionen, die zumindest in ganz Europa funktionierten und einen Markt fanden. Einen Film wie ELF UHR NACHTS (PIERROT LE FOU, 1965) von Jean-Luc Godard findet sich z.B. ab Mitte der 70er-Jahre eben nicht mehr in der Filmografie des französischen Mimen. Zudem schränkte er seinen Filmoutput merk-

INHALT:
Nachdem Roger Pilard, genannt „Der Greifer", im Auftrag der französischen Regierung einen Rauschgiftring auffliegen lässt, setzen die Hintermänner einen Preis auf seinen Kopf aus. Gleichzeitig wird Frankreich von einer Serie von Überfällen erschüttert, die alle von demselben Mann begangen werden - die Presse tauft ihn „Den Falken". Die Regierung setzt Pilard auf den Verbrecher an, da ihre Polizei nicht in der Lage ist, den „Falken" zu fassen. „Der Greifer" gewinnt das Vertrauen von Costa Valdez, einem jungen Gelegenheitsgangster und Komplizen des letzten Überfalls des "Falken". Gemeinsam nehmen sie die Spur des Schurken auf, doch der Verbrecher sieht scheinbar jeden Schritt voraus und lockt die beiden in eine Falle, in der Pilard scheinbar ums Leben kommt.

lich ein und drehte in der Regel nur noch einen Film pro Jahr - doch der musste dann natürlich auch ein Erfolg werden.

Dank seiner Physis wurde Belmondo natürlich neben seinen komödiantischen Rollen auch und besonders als Darsteller in Actionfilmen akzeptiert. Da Clint Eastwood mit DIRTY HARRY (1971) einen weltweit großen Hit als kompromissloser Cop, der sich gegen das Verbrechen auflehnt, erzielt hatte, lag es nahe, dass auch Belmondo in diese Richtung ging. So war ANGST ÜBER DER STADT (PEUR SUR LA VILLE, 1975) sehr deutlich von dem Don-Siegel-Klassiker beeinflusst und erwies sich nicht nur in Frankreich als großer Erfolg. Da er anschließend mit DER UNVERBESSERLICHE (L´ INCORRIGIBLE, 1975) eine klassische Komödie gedreht hatte, wurde es nun wieder Zeit für eine ernstere Rolle. Da kam ihm das Drehbuch von Philippe Labro natürlich gerade recht. Labro, der mit dem hervorragenden NEUN IM FANDENKREUZ (SANS MOBILE APPARENT, 1971) mit Jean-Louis Trintignant in der Hauptrolle auf sich aufmerksam gemacht hatte, hatte zusammen mit Jacques Lanzmann ein Drehbuch verfasst, welches perfekt auf Belmondo zugeschnitten war. Da Labro und Lanzmann bereits bei DER ERBE (L´HÈRITIER, 1972) erfolgreich und harmonisch mit dem Superstar bei einem Actionthriller zusammen gearbeitet hatten, nahm Belmondo von dem Drehbuch - welches damals noch unter dem Arbeitstitel *Les Animaux dans la Jungle (Die Tiere im Dschungel)* gehandelt wurde - Notiz und war sehr angetan. Ihm gefiel die Geschichte sogar so gut, dass er einen ursprünglich involvierten Produzenten auszahlte und **DER GREIFER** nun selbst produzieren wollte. Allerdings hatten sich die Vorzeichen seit ihrer letzten Zusammenarbeit verändert - war Belmondo bei DER ERBE nur ein einflussreicher Schauspieler gewesen, zeichnete er nun für alle Bereiche verantwortlich und mischte sich dementsprechend auch ein und drängte auf seiner Meinung nach unverzichtbare Drehbuchüberarbeitungen. Die Konflikte wurden jedoch jedoch im Gegensatz zu den Auseinandersetzungen mit Philippe de Broca bei DER UNVERBES-

Jean-Paul Belmondo übernahm die Stunts in seinen Film meistens selbst. Auch bei DER GREIFER ließ er sich das nicht nehmen und setzte die Dreharbeiten trotz einer schmerzhaften Rückenverletzung fort. Er verschwieg sogar sein Handicap gegen über Regisseur Labro, damit die Produktion nicht verzögert wurde.

SERLICHE - den er ebenfalls produzierte - ohne Groll geklärt. Belmondo machte auch Besetzungsvorschläge und brachte dabei Bruno Cremer ins Spiel, mit dem er die Schauspielschule besucht hatte und der schließlich auch als sein Gegenspieler gecastet wurde. Da Regisseur Labro sehr viel Wert auf eine adäquate Besetzung der kleineren Rollen legte, zog sich das Casting ziemlich lange hin, bevor die Dreharbeiten Mitte Oktober 1975 starten konnten. Trotz der Interventionen Belmondos hatte der Filmemacher klare Vorstellungen von seinem Film.

„Meine Filme haben immer das gleiche Schema. Ein einsamer Mann auf der Suche. Auf der Suche nach Glück. Auf der Suche nach seiner Selbstverwirklichung. Auf der Suche nach einer verborgenen Wahrheit. Auf der Suche nach dem Sinn des Lebens. Vor allem aber nach dem Sinn des Todes."
(Philippe Labro)

BELMONDO DER GREIFER

BELMONDO
DER
GREIFER
Ein Film von: PHILIPPE LABRO

94

Um das Vertrauen des jungen Ganoven Costa Valdez zu gewinnen, wird Pilard (Belmondo) inkognito in das Gefängnis eingeschleust. Valdez war ein Helfer des berüchtigten „Falken", der seine Komplizen nach Raubzügen erschoss, um Zeugen zu beseitigen – doch Valdez überlebte und ist nun die einzige Chance für den „Greifer", an seinen Gegner heran zu kommen.

Die Aufnahmen zogen sich bis Ende Januar 1976 hin und entstanden bei eisigen Temperaturen. Labro begrüßte die optische Tristesse, da diese zu seinem eher kühlen Inszenierungs-Stil passte, doch gerade für Belmondo, der in fast jeder Szene zu sehen war, waren es beschwerliche Dreharbeiten - erst recht, weil der athletische Schauspieler seine Stunts natürlich wieder komplett selbst übernahm. Er verletzte sich am Rücken und setzte die Dreharbeiten nur unter Schmerzen fort, verschwieg das jedoch sowohl seinem Regisseur, als auch dem Großteil der Crew, um die Fortsetzung der Produktion nicht zu gefährden, was Labro ungemein beeindruckte.

Als **DER GREIFER** in den französischen Kinos anlief, erhielt er gemischte Kritiken. Viele bemängelten die Tatsache, dass sich der Franzose so deutlich von den amerikanischen Vorbildern DIRTY HARRY und DEATH WISH (1974) mit Charles Bronson beeinflussen ließ und der Film so brutal und zynisch ausfiel. Auch das Publikum reagierte auf den „Killer" Belmondo eher irritiert. Der Streifen war zwar ziemlich erfolgreich, lockte aber mehr als 50% weniger Zuschauer in die Kinos als noch ANGST ÜBER DER STADT. Der kritische Regisseur, der auch als Journalist bzw. Romanautor tätig war und u.a. eine Al-Capone-Biographie veröffentlicht hatte, gab sich selbst die Schuld für dieses im Vergleich enttäuschende Ergebnis und monierte den vermeintlich fehlenden Rhythmus, wurde jedoch von seinem Star, der den Film mochte, immer verteidigt.

DIE
JEAN-PAUL-BELMONDO
FILME (1975-1985)

Obwohl ihm die Kritik vorwarf, dass er sich in den 70er-Jahren zu stark dem Mainstream-Kino zuwandte, gab ihm der Erfolg Recht. Über Jahre hinweg zählte Jean-Paul Belmondo Europaweit zu den absoluten Topstars und lockte selbst zum Ende seiner Karriere noch das Publikum in die Lichtspielhäuser. Allerdings musste auch er sich der US-Übermacht geschlagen geben, zog sich - als er die Zeichen der Zeit erkannte - fast völlig aus dem Filmgeschäft zurück und trat nur noch vereinzelt und in für ihn ungewöhnlichen Rollen vor die Kamera.

BESUCHERZAHLEN DER JEAN-PAUL-BELMONDO FILME

Jahr	Deutscher Titel	Originaltitel (Regie)	Besucherzahlen Frankreich	Besucherzahlen (D)
1975	ANGST ÜBER DER STADT	Peur sur la ville (Henri Verneuil)	3.948.000	1.150.000
1975	DER UNVERBESSERLICHE	L'incorrigible (Philippe de Broca)	2.572.000	4.200.000
1976	DER GREIFER	L'alpagueur (Philippe Labro)	1.533.183	1.200.000
1976	DER KÖRPER MEINES FEINDES	Le corps de mon ennemi (Henri Verneuil)	1.771.161	900.000
1977	EIN IRRER TYP	L'animal (Claude Zidi)	3.157.789	3.150.000
1978	DER WINDHUND	Flic ou voyou (Georges Lautner)	3.950.691	3.000.000
1978	DER PUPPENSPIELER	Le guignolo (Georges Lautner)	2.849.000	1.073.344
1981	DER PROFI	Le professionnel (Georges Lautner)	5.243.511	3.210.134
1982	DAS AS DER ASSE	L'as des as (Gérard Oury)	5.452.598	1.486.283
1983	DER AUSSENSEITER	Le Marginal (Jacques Deray)	4.949.000	1.416.947
1984	DIE GLORREICHEN	Les morfalous (Henri Verneuil)	3.612.000	634.957
1984	FRÖHLICHE OSTERN	Joyeuses Pâques (Georges Lautner)	3.428.000	871.702
1985	DER BOSS	Hold-up (Alexandre Arcady)	2.323.387	403.039

Besucherzahlen Gesamt: Frankreich 40.842.320 • Deutschland 21.546.406

Im Gegensatz zu anderen Actionfilmen Belmondos war DER GREIFER nicht als großes Stunt-Spektakel oder Materialschlacht konzipiert, sondern überzeugte eher durch die kühle Inszenierung und setzte vorrangig auf die Physis des Hauptdarstellers.

Auch in Deutschland fielen die Kritiken eher gemischt bis negativ aus.

„Labros Greifer ist weder eindeutig eine von der Wirklichkeit losgelöste Ausgeburt der Phantasie, noch zeigt der Regisseur die Absicht, seinen Stoff glaubwürdig an der Realität zu orientieren. Derlei Überlegungen standen wohl bei der Herstellung des Films auch gar nicht zur Debatte: Er ist ohnehin nur als Vehikel für die Präsentation eines zugkräftigen Stars gedacht. Thema und Besetzung versprechen einen harten Thriller, doch der Film enttäuscht maßlos: Langeweile ist Trumpf. Schade!"
(Cinema)

Sicherlich zählte **DER GREIFER** nicht zu den besten Beiträgen des „ernsten" Belmondo. Zu groß einige Plot-Lücken, zu unnötig die eine oder andere Nebenstory, die im Grunde nur von dem eigentlichen Duell ablenkten. Trotzdem gelang Regisseur Labro ein spannender, harter und sehr kühler Thriller, der inhaltlich bedeutend zynischer daher kam, als die offensichtlichen Vorbilder: In der französischen Variante des harten Cop-Films der 70er-Jahre hatte die Polizei bereits akzeptiert, dass sie den Gangstern nicht mehr gewachsen waren und engagierten daher einen Kopfgeldjäger der modernen Wohlstandsgesellschaft, um die Probleme zu beseitigen. Belmondo tötete also im Auftrag der Politiker,

Deutsches Kinoplakat von 1976
Verleih: Tobis

Stabangaben: Frankreich 1976 | 110 Minuten
ORIGINALTITEL: L'alpagueur • REGIE: Philippe Labro • DREHBUCH: Philippe Labro, Jacques Lanzmann • KAMERA: Jean Penzer • SCHNITT: Jean Ravel • MUSIK: Michel Colombier • PRODUZENT: Jean Paul Belmondo • PRODUKTIONSFIRMA: Cerito Films • Starttermin Frankreich: 07.03.1976 • Besucherzahlen Frankreich: 1.533.183
DARSTELLER:
Jean-Paul Belmondo ....Roger Pilard
Bruno Cremer ....Der Falke
Jean Négroni ....Spitzer
Patrick Fierry ....Costa Valdez
Jean-Pierre Jorris ....Salicetti
Victor Garrivier....................................Doumecq
Claude Brosset ....Granier
Marcel Imhoff..........................Theaterdirektor
Francis Huger ....Kommissar Gavarni
Muriel Belmondo ....Hostess

die seine Praktiken nicht nur duldeten, sondern sogar unterstützten und finanziell entlohnten - ein deutlicher Unterschied zu DEATH WISH oder DIRTY HARRY.

Labro - unterstützt von dem hervorragenden Score aus der Feder von Michel Colombier - inszenierte zurückgenommen und setzte seinen Star als Außenseiter der Gesellschaft ein, als Söldner, der keine Emotionen zeigte und keine Freundschaften einging. Das Duell zwischen Jäger und Gejagten dominierte den Streifen, und Labro baute die Spannung geschickt auf - schließlich trafen Killer und Kopfgeldjäger erst im Finale aufeinander, in dem die aufgestauten Emotionen dann herausbrachen. Phillipe Labro ließ sich zwar thematisch von Bronson und Eastwood inspirieren, doch aus visueller Sicht gab es deutliche Anleihen bei John Ford oder Sam Peckinpah, so dass der französische Actionthriller wesentlich amerikanischer wirkte, als andere Arbeiten Belmondos. Ohne viel Schnörkel und ohne groß angelegte Actionszenen trieb er die beiden Protagonisten vor sich her und baute eine große Spannung auf, die nur dann einbrach, wenn er sich zu stark auf die erwähnten „Nebenkriegs-Schauplätze" fokussierte.

„Ich stelle mir unter einem Thriller einen Zug vor, der durch die Nacht fährt: Der muss nicht zu viele Zwischenstopps einlegen." *(Philippe Labro)*

Jean-Paul Belmondo agierte in **DER GREIFER** seiner Rolle entsprechend wesentlich zurückgenommener, betonte mit seiner kühlen Darstellung die Außenseiter-Rolle seines Charakters und legte die Figur durchaus ambivalent an überzeugte aber wie üblich hauptsächlich durch seine ungebrochene Leinwandpräsenz. Selbst die deutsche Synchronisation, für die Rainer Brandt nicht nur als Regisseur und Autor zuständig war, sondern Belmondo auch die Stimme lieh, hielt sich mit den üblichen Kalauern weitestgehend zurück.

Unter dem Strich stand ein weitestgehend spannender und harter Actionthriller, der von dem Charisma Belmondos und der geschickt aufgebauten Spannung lebte, jedoch nicht zu den ganz großen Highlights innerhalb der Karriere des französischen Top-Stars gezählt werden sollte. Sehenswert aber auf alle Fälle. (TH)

Bei DER GREIFER war Belmondo einmal mehr nicht nur als Schauspieler, sondern auch als Produzent beteiligt. Der europäische Superstar wollte mehr Einfluss auf seine Projekte ausüben und hatte deswegen schon Anfang der 70er-Jahre seine eigene Produktionsgesellschaft gegründet.

PLATZ
16

Starttermin in
Deutschland:
20.01.'76
Besucher in
Deutschland:
1.650.000

20.000 MEILEN UNTER DEM MEER

*„Der Film wurde von den meisten Leuten in Hollywood als
eines von Disneys größten Glücksspielen bezeichnet."*

(John Rhys-Davies)

Obwohl Walt Disney mit seinen Animationsfilmen große Erfolge feierte und auch mehrfach mit dem Oscar ausgezeichnet wurde, musste er trotzdem darum kämpfen, in Hollywood als ernstzunehmender Filmemacher akzeptiert zu werden. Spielfilme wie SCHNEEWITTCHEN UND DIE SIEBEN ZWERGE (SNOW WHITE AND THE SEVEN DWARFS, 1937), PINOCCHIO (1940) oder BAMBI (1942) wurden in erster Linie als Cartoons und somit als Kinderfilme angesehen, die nur wenig mit Realfilmen gemein hatten. Als begeisterter Leser der phantastischen Literatur hatte ihn seit jeher auch Jules Vernes Roman *20.000 Meilen unter dem Meer* fasziniert und seine Phantasie angeregt. So war es nicht weiter verwunderlich, dass ihm eine Zeichentrick-Verfilmung vorschwebte. Zum einen deshalb, da die Expertise der Walt Disney Studios in diesem Bereich lagen, zum anderen, weil eine Realverfilmung technisch scheinbar undenkbar war. Als Disney für einige Wochen in England un-

terwegs war, nahm sich der Designer und Illustrator Harper Goff - einer der Hauptdesigner für das in Planung befindliche Disneyland Resort - das Buch Vernes zur Hand und entwarf Dutzende von Illustrationen, auf denen alle Szenen aus dem Roman zu sehen waren. Nachdem Disney von seiner Geschäftsreise zurückkam und Goffs Zeichnungen sah, war er sehr angetan von dessen visueller Umsetzung und überrascht zu hören, dass Goff an eine Realverfilmung gedacht hatte, als er die Illustration entwarf. Disney kam ins Grübeln und überdachte seine eigene Idee einer Comicverfilmung. Er sah den Realfilm als eine Chance, Technicolor und das Cinemascope-Format miteinander zu verbinden. Auch der Gedanke unter Wasser drehen zu können, und andere Elemente wie das U-Boot oder der Angriff des Riesenkalmars, brachten ihn ins schwärmen. Zudem wollte er auch gerne etwas Neues wagen und sich nicht wiederholen. Die Idee war geboren und so begann die Pre-Production von

INHALT:
Als sich das mysteriöse Verschwinden von Kriegsschiffen mehrt und das Gerücht um eine Meeresmonster in Umlauf gerät, schickt man Professor Annorax auf einem weiteren Schiff aus, um der Sache auf den Grund zu gehen. Doch auch dieses Schiff fällt dem Angriff des Monsters zum Opfer und wird versenkt. Lediglich Annorax, dessen Diener Conseil und der Matrose Ned Land können entkommen. Sie werden von Kapitän Nemo auf seinem U-Boot Nautilus aufgenommen, welches irrtümlich für ein Seemonster gehalten wurde. Nemo entpuppt sich als Visionär, der auf Frieden aus ist und deshalb alle Kriegsschiffe versenkt, auf die er trifft. Konflikte bahnen sich an, als die verschiedenen Weltbilder aufeinandertreffen.

20.000 MEILEN UNTER DEM MEER, dem ersten vollständigen Realfilm, der von den Disney Studios produziert wurde.

Auf der Suche nach einem Regisseur unternahm man einen überraschenden Schritt, als man an Richard Fleischer herantrat. Fleischer war der Sohn von Max Fleischer, der zu dem Zeitpunkt einer der größten Konkurrenten Disneys war. Die Fleischer Studios produzierten ebenfalls Zeichentrickfilme und hatten Figuren wie Betty Boop, Popeye oder Superman auf Animationsfilm gebannt. Entsprechend überrascht war Richard Fleischer, als Disney ihm die Regie für **20.000 MEILEN** anbot. Fleischer wollte unbedingt die Regie übernehmen, doch war es ihm ebenso wichtig, dass sein Vater sich nicht hintergangen fühlte. Doch Max Fleischer stand ganz deutlich über den Dingen und vertrat die Meinung, dass sein Sohn unter allen Umständen das Angebot annehmen solle. Außerdem gab er ihm noch eine Nachricht für Disney auf den Weg: *„Sag Walt, dass er einen hervorragenden Geschmack bei der Wahl seiner Regisseure hat."* (Max Fleischer).

Recht früh musste man erkennen, dass es ein großes Problem bei der Story gab, denn Verne hatte lediglich kurze Episoden aneinander gereiht, ohne sie groß miteinander zu verknüpfen. Um eine Dramaturgie und einen roten Faden für den Film zu finden, holte man Earl Felton an Bord, der auf die Idee kam, dass eine Ausbruchsgeschichte genau das richtige Grundgerüst für die Handlung bieten würde. Das Konzept nahm genauere Formen an und Roy Disney, der für die Finanzierung des Films verantwortlich war, musste schon früh erkennen, dass das neueste Werk seines Bruders teuer werden würde. Insbesondere Walt ließ seiner Phantasie freien Lauf und hatte Ideen im Kopf, die ein Budget notwendig machten, welches für damalige Verhältnisse immens hoch ausfiel. Bei einer ersten Schätzung rechnete man mit 2.7 Millionen Dollar. Weit teurer als jeder zuvor produzierte Disney-Film. Am Ende stellte sich jedoch heraus, wie weit man mit dieser ersten Prognose von der Wahrheit entfernt war.

1953 wurden auf dem Gelände der Walt Disney Studios neue Bühnensets gaut, die für den Dreh von Realfilmen notwendig waren. Stage 3 war ein riesiges Set mit einem gigantischen Pool, allein dieser Bau verschlang $300.000. Zudem wollte Disney unbedingt die neuentwickelte Cinemascope-Linse verwenden, welche gerade den neuesten Schritt für Filmproduktionen darstellte. Allerdings war nur eine einzige Linse produziert worden, so dass man sich diese von 20th Century Fox mieten musste. Unglücklicherweise war man deshalb nicht in der Lage, parallel verlaufende Dreharbeiten zu realisieren, was sich auf die Kosten auswirkte. Zwei Jahre dauerte die gesamte Produktion. Ein Jahr verging für die Pre-Production, sechs Monate für den eigentlichen Dreh und weitere sechs Monate für den Schnitt und die gesamte Post-Production. Ein überaus langwieriger Prozess, der eine extreme finanzielle Belastung für das Studio darstellte und es beinahe in den Ruin trieb.

Neben der eigens für den Dreh gebauten Sets, musste man zusätzlich auf Bühnenvon anderen Studios zurückgreifen. Insgesamt wurden drei verschiedene Studiogelände für den Dreh genutzt, was einen immensen logistischen Aufwand bedeutete. Für die Innenaufnahme der Nautilus, drehte man in den Disney Studios. Ebenso drehte man dort auch die Deckaufnahmen der Nautilus in Originalgröße sowie einige Miniaturunterwasseraufnahmen. Auf dem Gelände von Universal International wurde eine Westernstadt umgebaut, um für die Eröffnungsszene verwendet zu werden. Zu guter Letzt drehte man noch auf dem Gelände von 20th Century Fox für Aufnahmen mit dem etwas größeren Nautilus-Modell.

Wie er es bereits bei den Produktionen seiner Animationsfilme gewohnt war, schenkte Disney auch bei **20.000 MEILEN** jedem einzelnen Schritt hohe Aufmerksamkeit und war bei den

Bis zum tatsächlichen Einsatz wusste niemand, ob die eigens entwickelten und gebauten Taucheranzüge auch in der Praxis funktionieren würden. Zur Erleichterung aller bereiteten diese Prototypen jedoch keine Sorgen.

wichtigsten Entscheidungen involviert. Um das bestmögliche Ergebnis erzielen zu können, bemühte man sich deshalb auch darum, die besten Leute Hollywoods zu bekommen. So gesellten sich der Veteran Ralph Hammeras für die Miniaturaufnahmen, der 4-fach Oscar-nominierte Franz Planer für die Kamera, sowie die Oscar-Gewinner Elmo Williams (Schnitt) und Emil Kuri für das Set-Design zum Team hinzu. Zudem konnte man noch Peter Ellenshaw für die detaillierten Matte-Zeichnungen gewinnen, der einige Jahre später ebenfalls einen Oscar für seine Arbeit an MARY POPPINS (1965) erhielt. Disney war sich im Klaren darüber, dass er bekannte Schauspieler benötigte, um aus **20.000 MEILEN** einen finanziellen Erfolg zu machen. Dies bedeutete zwar ebenso sehr,

dass man weitere höhere Ausgaben hatte, aber ohne namhafte Darsteller, war das Projekt beinahe zwangsläufig zum Scheitern verurteilt. Gregory Peck sprach für die Rolle des Kapitän Nemo vor, musste sich jedoch dem britischen Schauspieler James Mason geschlagen geben. Einige Zeit später war er jedoch als Kapitän Ahab in MOBY DICK (1956) zu sehen. James Mason hatte sich in Europa bereits einen Namen gemacht, während sein Bekanntheitsgrad in den USA erst langsam anstieg. Der souverän auftretende Mason war die perfekte Besetzung für die Figur des Kapitäns. Mason konnte sich stark mit der Rolle identifizieren und lebte sie mehr, als das er sie spielte, was sich auch darin zeigte, dass er nach einem Drehtag nicht aus seiner Rolle schlüpfte.

Das genau Gegenteil zu James Masons ruhigem Auftreten war Kirk Douglas' energetische Performance. Douglas war aufgrund seiner Oscar-Nominierungen für ZWISCHEN FRAUEN UND SEILEN (CHAMPION, 1949) und STADT DER ILLUSIONEN (THE BAD AND THE BEAUTIFUL, 1952) sehr gefragt in Hollywood. Douglas ging ebenfalls stark in seiner Rolle auf und brachte eine fast schon ausufernde Energie zum Set. Damit motivierte er zwar alle Beteiligten, doch da die Pferde manchmal mit ihm durchgingen, war

Die Umsetzung des Krake-Monsters stellte die Special-Effects-Crew vor große Probleme. Die entsprechenden Aufnahmen mussten zwischenzeitlich sogar unterbrochen werden. Erst nachdem man die entsprechende Szene im Sturm spielen ließ, war man in der Lage, die anspruchsvollen Sequenzen umzusetzen. Allerdings kostete der zusätzliche Aufwand 250.000 Dollar, die vorher nicht einkalkuliert waren.

die Arbeit mit ihm durchaus eine Herausforderung. Regisseur Fleischer musste Führungsqualitäten beweisen und sich auf Diskussionen mit ihm einlassen, wenn Douglas der Meinung war, dass er eine bessere Idee für Dialoge und Handlungen hatte. Doch Douglas hatte immer das Beste des Films im Sinn und so wirkten sich die diversen Improvisationen positiv auf den Film aus. Eine ganz besondere Chemie herrschte dabei zwischen Peter Lorre und Douglas, die sich blendend verstanden und immer für Spaß am Set sorgten. Lorre, der erstmals in M - EINE STADT SUCHT IHREN MÖRDER (1931) auf sich aufmerksam machte und sich nach und nach mehr Bekanntheit durch Auftritte in diversen US-Filmen verschaffte, wurde für die Rolle des Conseil gecastet. Lorre sorgte ständig für gute Stimmung und bracht die Leute zum lachen.

Auch zu Lorres positivem Auftreten gab es das Pendant in Form von Paul Lukas, ein ungarischer Schauspieler und Oscar-Preisträger - für seine Rolle in DIE WACHT AM RHEIN (WATCH ON THE RHINE, 1944) - der in die Rolle des Professors schlüpfte. Lukas war schnell beleidigt und drohte ständig

Deutsches Kinoplakat von 1976
Verleih: Fox

Stabangaben: EA-USA 1954 | 127 Minuten

ORIGINALTITEL: 20.000 Leagues Under the Sea • REGIE: Richard Fleischer • DREHBUCH: Jules Verne, Earl Felton • KAMERA: Franz Planer • SCHNITT: Elmo Williams• MUSIK: Paul Smith • PRODUZENT: Walt Disney • PRODUKTIONSFIRMA: Walt Disney Productions • STARTTERMIN USA: 23.12.1954 • EINSPIELERGEBNIS USA: $9.000.000

DARSTELLER:

James Mason	Kapitän Nemo
Paul Lukas	Prof. Pierre Aronnax
Kirk Douglas	Ned Land
Peter Lorre	Conseil
Ted de Corsia	Kapitän Farragut
Robert J. Wilke	Obermaat der Nautilus
Carleton Young	John Howard
Joseph M. Kerrigan	Billy
Percy Helton	Kutscher
Ted Cooper	Obermaat der Abraham Lincoln

damit, vor Gericht zu ziehen. Speziell seine Texte waren häufig Stein des Anstoßes, so dass er Fleischer oder den Drehbuchautor Felton anfuhr. Nicht zuletzt, weil Fleischer der Meinung war, dass man mit Lukas die perfekte Besetzung gefunden hatte, brachte er viel Toleranz und Verständnis für dessen Verhalten auf. Fleischer vermutete, dass Lukas aufgrund seines fortgeschrittenen Alters Probleme hatte, seine Texte auswendig zu lernen und davon abzulenken versuchte. Trotz aller Querelen war man sich einig, dass es niemanden gegeben hätte, der die Rolle des Professor Aronnax besser hätte verkörpern können.

Neben den Drehs auf Studiogelände schickte Disney seine Crew nach Jamaica, um die wenigen Szenen, in denen es ein tropisches Szenario zu sehen gab, möglichst authentisch zu gestalten. Die mangelnde Infrastruktur vor Ort stellte eine zusätzliche Herausforderung für die Logistik dar. Immerhin gab es mehr als 20 Tonnen Equipment in 212 Holzkisten an überaus abgeschiedene Stellen zu transportieren und auch das Team musste versorgt und untergebracht werden.

Einen weiteren exotischen Drehort fand man in Nassau auf den Bahamas, wo man die Unterwasseraufnahmen drehte. Hier gab es dieselben logistischen Probleme. Durch Zufall hatte man diesen Ort ausgewählt, an dem bereits die Unterwasserszenen für Stuart Patons 1916er Version von **20.000 MEILEN UNTER DEM MEER** gedreht wurden.

Für Disneys Umsetzung hatte man eigens Tauchanzüge entworfen, die man jedoch bisher nur unter perfekten Bedingungen und in seichtem Wasser ausgetestet hatte. Entsprechend unsicher war man, ob die innovativen Anzüge auch unter anderen Verhältnissen ihre Funktionalität unter Beweis würden stellen können. Doch alle Bedenken erwiesen sich als gegenstandslos, denn die Anzüge funktionierten einwandfrei. Mit ihren massiven Motallhelmen, den extrem dicken Gummianzügen, den Schrauben, Muttern und Bolzen sowie den hohen Stiefeln und den Gasflaschen wogen die Anzüge 150 Pfund und waren so kompliziert anzulegen, dass man auf tatkräftige Hilfe von außen angewiesen war.

Für jeden Tauchgang veranschlagte man exakt 60 Minuten. Soviel Luft hatte jeder einzelne in seinen Tanks. Die Zeit wurde in dem Moment gestartet, als der erste Mann, noch auf dem Boot, komplett angekleidet war und wurde erst dann gestoppt, wenn der letzte Mann wieder aus dem Wasser kam. Da nicht nur das Anziehen der Tauchanzüge ein zeitintensiver Vorgang war, sondern auch der Transport zum Drehort Zeit kostete, blieben für den eigentlichen Dreh nur wenige Minuten übrig. Um höchste Effizienz erzielen zu können, probte man deshalb zunächst jede einzelne Szene akribisch an Land. Trotz alledem konnte man maximal vier Tauchgänge pro Tag absolvieren. Zeitweile waren bis zu 32 Mann unter Wasser vor und hinter der Kamera aktiv. Ein Rekord.

Als hätte man nicht schon genügend Probleme mit allen Vorbereitungen, war auch das Wetter nicht auf der Seite des Teams. Für den Dreh unter Wasser war man auf das natürliche Sonnenlicht angewiesen. Die ersten 3 ½ Wochen kam die Sonne nur selten heraus und zögerte den Dreh immer weiter hinaus. Zuletzt stieß man noch auf Probleme, mit denen man nicht einmal ansatzweise gerechnet hatte. Der Schlick war so empfindlich, dass er umgehend aufwirbelte und ordentliche Aufnahmen unmöglich machte, wenn sich die Schauspieler in ihren massiven Anzügen vorwärtsbewegten oder Taucher mit ihren Flossenschlägen für Bewegung sorgten. Recht schnell hatte man jedoch eine Lösung zur Hand und legte dicke Hanfteppiche aus, die das Aufwirbeln unterbanden. Bis auf die zeitlichen Probleme verliefen die Dreharbeiten erstaunlich ereignislos. Etliche Sicherheitstaucher waren ständig vor Ort, um in Notfällen eingreifen zu können.

Nicht weniger Aufwand betrieb man für die Aufnahmen der Nautilus. Für das Design hatte sich Goff an Haien und Krokodilen orientiert und ein unvergessliches und elegantes U-Boot geschaffen. Für die unterschiedlichsten Zwecke benötigte man Modelle in verschiedenen Größen. Es gab ein 6, 11 und 20 Fuß großes Modell sowie eine Replik des Decks in Originalgröße, welche ca. 150 Fuß lang war. Darüber hinaus hatte man noch eine Variante des Oberdecks, welche man auf einem echten U-Boot montierte. Das Innendesign wurde von Roland Hill entworfen, der später auch das Design des Dornröschen Schlosses für Disneyland übernahm und sehr viel Wert auf jedes noch so kleine Detail legte.

Etliche visuelle Effekte finden im Film Verwendung, für die man letztendlich auch einen Oscar erhielt. Besonders erwähnenswert sind die Matte-Paintings Peter Ellenshaws, die mit einer herausragenden Detailverliebtheit glänzen und perfekt mit der Szenerie harmonieren. Wie man es von den besten Spezialeffekten erwartet, sind die Matte-Zeichnungen als solche nicht erkennbar, es sei denn, man wird auf sie aufmerksam gemacht.

Die bekannteste Szene des Films, der Kampf gegen den Riesentintenfisch, sollte auch der Part des Drehs werden, welcher der Produktion beinahe das Genick brach. Felton hatte die Szene im Drehbuch in einem einzigen Satz zusammengefasst, nicht ahnend, wie viele Probleme sie Fleischer und seiner Crew bereiten würde. Voller Elan gingen Fleischer und Planer an die Szene heran. Doch schnell entwickelte sich alles zu einem gewaltigen Albtraum. Die Befürchtung, dass der Film daran scheitern könnte, lag in der Luft. Die gesamte Szenerie wollte einfach nicht funktionieren. Der im roten Licht des Sonnenuntergangs getauchte Horizont sah zum einen kitschig aus und ließ

Professor Pierre Aronnax (Paul Lukas, im Bild links) sollte ursprünglich herausfinden, was mit den verschwundenen Schiffen passiert ist, die angeblich von einem Seemonster angegriffen wurden. Als auch ihr Boot angegriffen wird, werden sie von Kapitän Nemo (James Mason, im Bild rechts) aufgelesen. Schnell stellt sich heraus, dass er hinter den Angriffen steckt.

zum anderen Bedrohlichkeit vermissen. Zudem war der eigens für diese Szene gebaute Tintenfisch völlig nutzlos und technisch nicht sonderlich ausgereift. Es war schlichtweg unmöglich die dicken Kabel zu kaschieren, die notwendig waren, um die Tentakel zu bewegen. Ständig rissen irgendwelche Kabel oder Teile des Tintenfischs fielen einfach ab. Außerdem hatte man das Problem, dass das Innenmaterial der Tentakel sich mit Wasser vollsog und somit die Bedienung der Tentakel schließlich unmöglich wurde. Zusammenfassend gesagt, war der Tintenfisch eine billige Konstruktion, die der Vision Disneys nicht gerecht wurde. Als Disney die Ta-

gesaufnahmen gesehen hatte, kam er zum Set, um zu überprüfen, was dort getan wurde. Genau wie Fleischer war er mit den Ergebnissen alles andere als zufrieden. Fleischer erläuterte ihm die Probleme und hatte Disneys vollstes Verständnis. Schließlich stoppte Disney den Dreh der Tintenfischszene. Fleischer widmete sich anderen Aufnahmen, während Disney mit seinen Experten zusammensaß, um eine technische Lösung für den Tintenfisch zu finden.

Als Felton und Fleischer mit der Idee aufkamen, die Szene während eines Sturms zu drehen, so dass es nicht nur ein Kampf gegen den Tintenfisch, sondern auch ein Kampf gegen die Natur selbst war, war Disney begeistert.

Problematisch war nur, dass die Sturmidee zusätzlich $250.000 kostete. Es mussten Windmaschinen, Wasserkanonen und Wellenmaschinen angeschafft werden. Außerdem musste das Nautilus-Deck umgebaut werden, damit man es dem Seegang entsprechend kippen konnte. Selbstverständlich musste auch ein neuer Riesentintenfisch gebaut werden, der mit neuester Technik ausgestattet wurde und auch optisch gänzlich anders aussah. Das finale Design wog beinahe 2 Tonnen und 28 Leute waren notwendig, um den Tintenfisch zum Leben zu erwecken.

Diese unplanmäßigen Kosten brachten nicht nur Roy Disney ins Schwitzen, sondern das gesamte Studio an den Rand des Ruins. Dabei hatte man gerade einmal die Hälfte des Drehs hinter sich. Um den Dreh fortführen zu können, musste man die finanziellen Reserven anpacken, die eigentlich für den Aufbau von Disneyland angedacht waren. Doch damit war es noch nicht getan und so wandte man sich an die Banken, um diese um mehr Geld zu bitten. Bevor die Investoren jedoch Disney die Finanzspritze verpassten, wollten sie sehen, was bisher gedreht wurde. Was man ihnen präsentierte, überzeugte sie und so stellte man für die Produktion weitere $1,5 Millionen zur Verfügung womit die Produktion gerettet war.

Die Produktion allein verschlang mehr als $5.000.000, was **20.000 MEILEN UNTER DEM MEER** zum teuersten Film aller Zeiten machte. Dabei hatte man noch keinen Cent

Kirk Douglas spielte den Harpunier Ned Land, der angeworben wurde, um das angebliche Seemonster zu töten. Später kann er Kriegsschiffe zu Nemos Basis lotsen, kann aber auch nicht verhindern, dass die Nautilus untergeht.

für Werbung und Marketing ausgegeben. Die gigantische Kampagne, die man schließlich startete, suchte ihresgleichen und trieb die Kosten des Films an die Grenze von $9.000.000.

„Walt Disneys Produktion von 20.000 Meilen unter dem Meer ist ein ganz besonderer Film, der visuelle Genialität mit fantasievollem Geschichtenerzählen sowie finanziellem Wagnis verbindet." (Variety)

DIE PHANTASTISCHEN FILMWELTEN DES

JULES VERNE

Disneys Vision, die akribische Planung und herausragende Umsetzung machten sich jedoch bezahlt. **20.000 MEILEN** wurde ein weltweiter Erfolg und kam sowohl bei den Kritikern, als auch bei den Zuschauern an. Es waren nicht allein die visuellen Effekte, welche die Zuschauer in das phantastische Abenteuer eintauchen ließen, man war auch voll des Lobes für die herausragende und namhafte Besetzung. Ganz besonders James Mason sorgte für Begeisterung. Nicht nur finanziell machte sich der Film bezahlt, endlich hatte Disney auch seinen Status in Hollywood weiter gefestigt. Neben dem Oscar für „Beste Visuelle Effekte", erhielt man einen zweiten Goldjungen für „Bestes Szenenbild (Farbfilm)". Seine Deutschland-Premiere feierte **20.000 MEILEN** am 20. Januar 1956. 20 Jahre später kam es zu einer Wiederaufführung und die Zeit hatte nichts von der Faszination des Films genommen. Man kletterte auf Platz 16 der Jahrescharts.

Dieser 16. Platz im Jahre 1976 untermauert lediglich, dass der Kultstatus um Disneys erstem abendfüllenden Realfilm seine Berechtigung hat. Das phantastische Abenteuer ist ein zeitloser Klassiker, der nichts von seiner Güte verloren hat. Selbst die visuellen Effekte haben dem Zahn der Zeit gut getrotzt. Ellenshaws Matte-Paintings sind herausragend, die Sets sind überaus detailverliebt und erstklassig gestaltet, das Design der Nautilus besticht durch Klarheit und Zeitlosigkeit und der dramatische Kampf gegen den Tintenfisch weiß immer noch mitzureißen. Das man zudem noch solch eine Top-Riege an Schauspielern bewundern darf, rundet den Genuss des Disney-Klassikers nur noch ab. Walt Disney bewies hier wieder einmal, dass er nicht nur ein Visionär war, sondern auch das notwendige Talent besaß, um seinen Worten Taten folgen zu lassen. **20.000 MEILEN UNTER DEM MEER** ist im wahrsten Sinne des Wortes phantastisch. (SW)

Jules Verne - geboren am 8. Februar 1828 in Nantes, gestorben am 24. März 1905 in Amiens - zählt nicht nur zu den populärsten Schriftstellern überhaupt, sondern gilt auch als einer der Mitbegründer der Science-Fiction-Literatur. Einen Ruf, den er sich durch Romane wie *Die Reise zum Mittelpunkt der Erde* (1864), *20.000 Meilen unter dem Meer* (1869-1870) sowie *Reise um die Erde in 80 Tagen* (1873) redlich verdient hatte.

Noch zu Lebzeiten wurde auch die Filmindustrie auf die revolutionären und gleichzeitig unterhaltsamen Ideen des Schriftstellers aufmerksam. So wurde sein Roman *Von der Erde zum Mond* (1865) von Regisseur Georges Méliès bereits 1902 unter dem Titel DIE REISE ZUM MOND (LE VOYAGE DANS LA LUNE) verfilmt und gilt als eines der bekanntesten Werke aus den Anfangsjahren der Filmgeschichte.

Sein vielleicht bekanntester Roman *20.000 Meilen unter dem Meer* wurde 1916 unter der Regie von Stuart Paton bereits das dritte Mal adaptiert. Für die bemerkenswerten Unterwasseraufnahmen wurde extra eine neuartige Kamera entwickelt, die revolutionäre Bilder lieferte. In den Folgejahren wurden die Bestseller immer wieder und in verschiedenen Konzepten verfilmt, doch erst in den 50er-Jahren kam es zu den nächsten wegweisenden Verne-Adaptionen, z.B. **20.000 MEILEN UNTER DEM MEER** von Richard Fleischer. Reise um die Erde in 80 Tagen wurde über die Jahrzehnte hinweg immer weder verfilmt. Eine der schönsten Varianten datierte aus dem Jahr 1956 und konnte David Niven und Shirley MacLaine ebenso vorweisen, wie den italienischen Schauspieler Fernandel oder gar Buster Keaton. Folgerichtig gewann IN 80 TAGEN UM DIE WELT zahlreiche Oscars, u.a. sogar für den besten Film. Zwangsläufig wurde 1959 auch die Vorlage *Die Reise zum Mittelpunkt der Erde*

von Henry Levin verfilmt, der sich ebenfalls gut an den Kinokassen schlug.

Ab den 60er-Jahren ging die Qualität der Bücherumsetzungen deutlich zurück, so dass DIE GEHEIMNISVOLLE INSEL (MYTERIOUS ISLAND, 1961), der auf dem gleichnamigen Roman aus dem Jahr 1874 basierte und von der Arbeit der Special-Effects-Legende Ray Harryhausen veredelt wurde, oder DAS LICHT AM ENDE DER WELT (LA LUZ DEL FIN DEL MUNDO, 1971) mit Kirk Douglas und Yul Brynner in den Hauptrollen, die wenigen gelungenen Adaptionen waren. Viele Produktionen wurden für das Fernsehen - wie z.B. die annehmbare vierteilige ZDF-Produktion MICHAEL STROGOFF (1975) mit Raimund Harmstorf - oder gleich als Zeichentrick-Varianten umgesetzt. Erst Regisseur Buzz Kulik konnte 1989 mit seiner dreiteiligen Fernsehverfilmung IN 80 TAGEN UM DIE WELT, die mit Pierce Brosnan, Peter Ustinov, Eric Idle oder Jack Klugman exzellent besetzt war, an bessere Zeiten anknüpfen. Selbiges galt für die zweiteilige TV-Adaption von **20.000 MEILEN UNTER DEM MEER**, die 1997 immerhin Michael Caine und Patrick Dempsey als Hauptdarsteller gewinnen konnte. Kurios eher die Jackie-Chan-Variante von IN 80 TAGEN UM DIE WELT UM DIE WELT aus dem Jahr 2004, in dem Arnold Schwarzenegger einen denkwürdigen Gastauftritt absolvierte.

Nachdem die 3D-Technik über das Kino hereinbrach, war es nur eine Frage der Zeit, bis auch die Verne-Romane in dieser Form ein kleines Revival erlebten. Da sich Brendan Fraser in DIE REISE ZUM MITTELPUNKT DER ERDE aus dem Jahr 2008 erfolgreich an den Kassen behauptete, wurde 2011 die Fortsetzung DIE REISE ZUR GEHEIMNISVOLLEN INSEL gedreht, die mehr als 300 Millionen Dollar einspielte. Auch daran wird deutlich, dass die Ideen von Jules Verne wohl nie aus der Mode kommen werden.

PLATZ
18

Starttermin in
Deutschland:
09.04.76
Besucher in
Deutschland:
1.075.000

DIE UNBESTECHLICHEN

U m **DIE UNBESTECHLICHEN** historisch richtig einzuordnen, kommt man nicht umhin, sich mit der Watergate-Affäre zu beschäftigen, die schlussendlich zum Rücktritt von Präsident Nixon im August 1974 führte. Grob zusammen gefasst passierte folgendes: Im Juni 1972 wurden im Watergate-Gebäudekomplex, dem Hauptquartier der Demokraten, Einbrecher verhaftet, die dort Wanzen installieren und Dokumente fotografieren wollten. Das FBI fand recht schnell heraus, dass Mitarbeiter aus dem engeren Kreis des Präsidenten, der sich zu diesem Zeitpunkt mitten im Wahlkampf für seine Wiederwahl befand, an diesem Einbruch beteiligt waren. Während die ermittelnde Staatsanwaltschaft bis Anfang 1973 davon ausging, dass eher unbedeutende Befehlsempfänger die Initiatoren dieses Einbruchs waren, spekulierten die beiden unbedeutenden Journalisten Carl Bernstein und Bob Woodward in ihrer Berichterstattung der *Washington Post* bereits im Juni 1972 über eine weitreichende Verschwörung und trugen mit ihrer minutiösen Recherchearbeit maßgeblich dazu bei, dass Nixon massiv unter Druck geriet. Ihre Informationen erhielten sie von einer geheimen Quelle, die Depp Throat

genannt wurde - und später auch das Vorbild für die gleichnamige Figur in der Mystery-Serie AKTE X (X-FILES, 1993-2001) war. Jahrzehnte später wurde offenbart, dass Mark Felt, damals stellvertretender FBI-Direktor, dieser „Maulwurf" war. Die Reportagen von Bernstein und Woodward, für die sie 1973 den Pulitzer-Preis erhielten, zogen weitere Enthüllungen nach sich und sorgten für einen riesigen Skandal, der sich noch ausweitete, nachdem Nixon nicht nur eine Zusammenarbeit verweigerte, sondern die Ermittlungen behinderte. Nachdem ein Ermittlungsverfahren eingeleitet wurde, zog der Präsident die Reißleine und trat selbst zurück.

Robert Redford verfolgte die Enthüllungen von Woodward und Bernstein mit Interesse und nahm frühzeitig Kontakt zu den Journalisten auf. Ihn faszinierte die Idee, dass zwei kleine Reporter den mächtigsten Mann der Welt in Bedrängnis bringen konnten und bezeichnete diese Konstellation als typisches David-gegen-Goliath-Situation. Redford war es auch, der Woodward und Bernstein dazu riet, dass Buch, an dem die beiden arbeiteten, aus ihrer Sicht zu schreiben, was sie dann auch taten. Nachdem Redford eigene Recherchen anstellte und weitere Gespräche

INHALT:
1972 werden fünf Männer auf frischer Tat beim Einbruch in einem Hotel ertappt, in dem gerade die Demokratische Partei eine Wahlkampagne vorbereitet. Die Reporter Carl Bernstein und Bob Woodward von der Washington Post wittern eine interessante Story und beginnen entgegen zahlreicher Widerstände mit umfangreichen Recherchen. Sie stoßen auf ein unglaubliches Komplott: Die Regierung unter Präsident Nixon hat FBI und CIA dazu missbraucht, die Arbeit ihrer politischen Gegner zu sabotieren.

mit den Reportern führte, war ihm klar, dass diese Thematik einen perfekten Filmstoff abgeben würde.

„Ich konnte einfach nicht glauben, dass das wahr ist. Doch als schließlich das Geheimnis raus war, das den Weg für die Watergate-Untersuchung frei machte, rief ich Woodward wieder an und fuhr nach Washington.“

(Robert Redford)

Der Schauspieler sicherte sich die Filmrechte des Romans, der von der Kritik als „die größte Detektiv-Geschichte aller Zeiten“ bezeichnet wurde, für 450.000 Dollar und wollte die Adaption durch seine eigene Produktionsfirma Wildwood Enterprises umsetzen. Er recherchierte weiter, führte Gespräche mit Mitarbeitern diverser Zeitungen und versuchte parallel, einen Autoren zu finden, der ein passendes Drehbuch schreiben konnte. Er vergab den Job an William Goldman, mit dem er bereits mehrfach zusammen gearbeitet hatte, u.a. bei BEI BUTCH CASSIDY UND SUNDANCE KID (BUTC CASSIDY AND THE SUNDANCE KID, 1969). Schnell konnte er - nachdem er bereits zwei Jahre an dem Projekt gearbeitet hatte - mit Alan J. Pakula auch seinen Wunschregisseur für das Projekt gewinnen. Pakula hatte bereits mit ZEUGE EINER VERSCHWÖRUNG (THE PARALLAX VIEW, 1974) bei einem Film Regie geführt, der ebenso von Watergate beeinflusst worden war wie DIE KILLER-ELITE (THE KILLER-ELITE, 1975) von Sam Peckinpah oder DER DIALOG (THE CONVERSATION, 1974) von Francis Ford Coppola.
Nachdem der erste Drehbuchentwurf bei allen Beteiligten auf Ablehnung

Robert Redford war die treibende Kraft hinter DIE UNBESTECHLICHEN. Er spürte, dass die Geschichte eine ideale Vorlage für einen Kinofilm war und sicherte sich die Verfilmungsrechte. Redford war es auch, der Dustin Hoffman die zweite Hauptrolle anbot und Alan J. Pakula als Regisseur verpflichtete.

stieß und anschließend unter der Anleitung von Redford und Pakula - mit Rücksprache der realen Reporter - überarbeitet wurde, suchte der Schauspieler ein Studio, um den Streifen auf finanziell sichere Beine zu stellen - und das war alles andere als einfach. Einerseits befürchteten die Majors, dass das Publikum nach all den Enthüllungen und politischen Krisen rund um Watergate, Vietnam und der grundsätzlich schwierigen wirtschaftlichen Situation keinen gesellschaftskritischen Thriller sehen wollten, in dem diese Ereignisse wieder aufgerollt wurden - knapp zwei Jahre, nachdem das Thema durch den Rücktritt Nixons eigentlich zu den Akten gelegt worden war. Andererseits war man skeptisch, ob der Ansatz von Redford der richtige war - wollte er doch die Affäre so realistisch und bis ins Detail korrekt wie nur irgend möglich filmisch umsetzen. Die Gefahr, dass Publikum dabei zu verlieren, war sicherlich nicht unbegründet. Schließlich schlug dann Warner Bros. zu - allerdings nur unter der Bedingung, dass Redford, der bis dahin den Film nur produzieren wollte, eine der beiden Hauptrollen übernahm. In diesem Zusammenhang darf man nicht vergessen, dass er damals einer der populärsten Schauspieler überhaupt war und alleine sein Name schon eine gewisse Sicherheit versprach, so dass es im Grunde ein kluger Schachzug des Studios war, um das riskante Projekt etwas planbarer zu gestalten. Mit Dustin Hoffman, der seiner Figur Bernstein verblüffend ähnlich sah, war auch die zweite Hauptrolle schnell besetzt, so dass man nun gezielt in die Vorbereitungen des 10-Millionen-Dollar-Projekts einsteigen konnte.

Für die Glaubwürdigkeit war es enorm wichtig, dass man die *Washington Post* für die Produktion und zur Zusammenarbeit gewinnen konnte. Doch es brauchte seine Zeit, bis die Reporter und die Besitzer des Verlags ihre Skepsis ablehnten, die sie bei aller Begeisterung über das Thema, recht deutlich zur Sprache brachten. Sie befürchteten, dass Hollywood die Geschichte wie üblich glatt bügeln würde, am Ende nicht mehr als eine leicht verdauliche Essenz der Story übrig blieb und die realen Personen nicht der Realität entsprechend portraitiert würden.

> „Du (Robert Redford) reitest in deinem nächsten Film auf einem Pferd davon oder springst mit einer schönen Frau ins Bett - aber ich bleibe für immer ein Arschloch."
> (Ben Bradlee)

Doch Redford konnte sie überzeugen, dass ihm eine sehr werkgetreue und detailliert recherchierte Umsetzung am Herzen lag. Authentizität bis ins Detail hielt er bei der Realisierung von **DIE UNBESTECHLICHEN** für unabdingbar. Daher verbrachten er und Hoffman mehrere Monate in der Redaktion, wobei Hoffman bei den Journalisten an der Basis beliebter war, weil er sich quasi nur in den Redaktionsräumen aufhielt und alles begierig aufsog, wie ein Schwamm. Redford hingegen verbrachte viel Zeit mit den höher gestellten Journalisten rund um Ben Bradlee. Die Zeit brachte Vertrauen mit sich und am Ende machte sich Bradlee sogar Hoffnungen, dass der Film das Bild der US-Journalismus aufwerten könnte. Die beiden Schauspieler nutzten diese Zeit auch, um sich besser kennen zu lernen, da die Beziehung und das Verhältnis von Woodward und Bernstein die emotionale Basis bildeten, die die Geschichte über die reinen Fakten hinaus tragen sollte.

> „Sie mochten sich nicht, aber sie arbeiteten zusammen. Die Dynamik entstand aus den Charakteren - das faszinierte mich."
> (Robert Redford)

Diese von Redford geforderte Authentizität schlug sich auch in scheinbar unwesentlichen Details nieder. So investierte man 200.000 Dollar in die exakte Nachbildung der Redak-

tionsräume der *Washington Post*, nachdem man dem Filmteam die Dreharbeiten vor Ort aus praktikablen Gründen verweigert hatte. In den Burbank Studios entstanden auf zwei Bühnen Nachbauten, die dem Original bis ins Detail glichen. Man bestellte sogar die Tische bei der Firma, die auch die Räumlichkeiten der Zeitung ausgestattet hatten und ließ sogar Abfall der Redaktion aus Washington nach Kalifornien einfliegen, um auch wirklich gar nichts dem Zufall zu überlassen.

Während man sich bei der Ausarbeitung der Geschichte sklavisch und minutiös an die tatsächlichen Ereignisse hielt, ließ Regisseur Pakula den Darstellern, allen voran Dustin Hoffman, bei der schauspielerischen Gestaltung und einem Teil der Dialoge durchaus Platz für Improvisationen und eigene Ideen. Während die grundsätzliche Stimmung am Set prinzipiell gut war, spürte jeder Beteiligte jedoch den Druck, der auf der Produktion lastete. Jeder Fehler, jede Unachtsamkeit würde den Filmemachern, die auch im Vorfeld Wert darauf legten, eben kein klassisches Hollywood-Kino bieten zu wollen, genüsslich vorgehalten werden, damit man den Film als bloße Fiktion abklassifizieren konnte. Zudem war auch die politische Szene rund um Präsident Ford nicht gerade begeistert, dass das Thema nun wieder aufgewärmt wurde, während man verzweifelt um das Vertrauen der Bürger kämpfte. Daher war es auch nicht wei-

ROBERT REDFORD

E r war und ist bis heute eines der bekanntesten und populärsten Gesichter Hollywoods und galt Mitte der 70er-Jahre als der erfolgreichste Schauspieler überhaupt. Er arbeitete jedoch auch als Regisseur und Produzent und war auch in diesen Funktionen sehr erfolgreich.

Redford wurde am 18. August 1936 in Santa Monica geboren und wuchs in bürgerlichen Verhältnissen auf. 1955 erhielt er aufgrund seines Talents für Baseball ein Stipendium der Universität in Colorado. Doch als kurz darauf seine Mutter starb, gingen seine sportlichen und schulischen Leistungen zurück und er verlor sein Stipendium. Er „floh" zeitweilig nach Europa, kehrte jedoch 1958 wieder in die Staaten zurück, studierte Theater-Design und entdeckte dabei seine Liebe für die Schauspielerei. Er feierte auch relativ schnell am Theater Erfolge - im Filmgeschäft - wo er nach einigen TV-Auftritten landete - jedoch, hielt sich der Erfolg in Grenzen. Erst BARFUSS IM PARK (BAREFOOT IN THE PARK, 1967) an der Seite von Jane Fonda machte ihn etwas populärer, bevor er in ZWEI BANDITEN (BUTCH CASSIDY AND THE SUNDANCE KID, 1969) endgültig zum Star aufstieg. Dabei hatte man ihn ursprünglich gar nicht besetzen wollen, doch Paul Newman setzte sich für ihn ein.

Weitere Hits wie DER CLOU (THE STING, 1973) oder SO WIE WIR WAREN (THE WAY WE WERE, 1973) folgten und festigten seinen Ruf. Bereits ab den frühen 70er-Jahren trat Redford auch als Produzent in Erscheinung, um mehr Kontrolle über seine Filme zu bekommen. Ab Ende der 70er-Jahre schränkte er seinen Output merklich ein, arbeitete aber bei EINE GANZ NORMALE FAMILIE (ORDINARY PEOPLE, 1980) erstmals als Regisseur

und erhielt seinen ersten Oscar. Im gleichen Jahr gründete er das *Sundance Institut*, das unabhängige Filmemacher unterstützen soll, seit 1984 findet auch das bekannte Sundance Festival statt, das mittlerweile zum wichtigsten Treffpunkt der amerikanischen Independent-Regisseure gereift ist. Redford steht dem heutigen Hollywood- und Studiosystem äußerst skeptisch gegenüber, was schlussendlich auch den Ausschlag für die Gründung des Instituts gab.

„Hollywood macht nur noch Filme, die garantiert genug Gewinn abwerfen. Die Filmemacher müssen das Geld für ihre Projekte selbst auftreiben, was eine sehr unsichere Angelegenheit ist. Wir hatten damals eine größere kreative Freiheit und eine bessere Unterstützung durch das Studio-System. Solange das Budget eines Films unter zwei Millionen Dollar blieb, konnten wir damals in Hollywood machen, was wir wollten. Das wäre heute undenkbar."
(Robert Redford)

Bis heute hat Redford bei neun Filmen Regie geführt, wobei der Thriller THE COMPANY YOU KEEP (2012) wohl erst 2013 anlaufen wird.
Der Schauspieler ist in zweiter Ehe mit einer deutschen Malerin verheiratet und Vater von vier Kindern.

WICHTIGE FILME VON ROBERT REDFORD

Jahr	Deutscher Titel	Originaltitel	Regisseur
1969	ZWEI BANDITEN	Butch Cassidy a. t. Sundance Kid	George Roy Hill
1969	SCHUSSFAHRT	Downhill Racer	Michael Ritchie
1972	VIER SCHRÄGE VÖGEL	The Hot Rock	Peter Yates
1972	BILL MCKAY - DER KANDIDAT	The Candidate	Michael Ritchie
1972	JEREMIAH JOHNSON	Jeremiah Johnson	Sydney Pollack
1973	SO WIE WIR WAREN	The Way We Were	Sydney Pollack
1973	DER CLOU	The Sting	George Roy Hill
1975	TOLLKÜHNE FLIEGER	The Great Waldo Pepper	George Roy Hill
1976	DIE UNBESTECHLICHEN	All the President´s Men	Alan J. Pakula
1979	DER ELEKTRISCHE REITER	The Electric Horseman	Sydney Pollack
1980	EINE GANZ NORMALE FAMILIE	Ordinary People	Robert Redford (*)
1980	BRUBAKER	Brubaker	Stuart Rosenberg
1985	JENSEITS VON AFRIKA	Out of Africa	Sydney Pollack
1986	STAATSANWÄLTE KÜSST MAN NICHT	Legal Eagles	Ivan Reitman
1992	SNEAKERS	Sneakers	Phil Alden Robinson
1992	AUS D. MITTE ENTSPRINGT E. FLUSS	A River Runs Through It	Robert Redford (*)
1996	EIN UNMORALISCHES ANGEBOT	Indecent Proposal	Adrian Lyne
1998	DER PFERDEFLÜSTERER	The Horse Whisperer	Robert Redford
2007	VON LÖWEN UND LÄMMERN	Lions for Lambs	Robert Redford

* nur Regie

ter verwunderlich, dass eine zuvor erteilte Drehgenehmigung im Weißen Haus in letzter Sekunde zurückgezogen wurde.

Regisseur Pakula ließ sich von dem ganzen Druck und Nebengeräusche nur wenig beeindrucken und hatte schon früh seinen ganz eigenen Ansatz innerhalb der Geschichte gefunden.

"Ich denke die Story hat etwas Altmodisches an sich. Die Amerikaner glauben daran, dass jemand mit Beharrlichkeit und harter Arbeit gegen einen viel mächtigeren Gegner gewinnen kann, wenn er die Wahrheit auf seiner Seite hat. In gewisser Weise ähnelt die Geschichte einem Western." (Alan J. Pakula)

Da man dem Filmteam nicht erlaubte in den Redaktionsräumen der Washington Post zu drehen, wurden diese Räumlichkeiten bis ins kleinste Detail in den Burbank Studios nachgebaut. Kostenpunkt dieser Akribie: 200.000 Dollar.

Als **DIE UNBESTECHLICHEN** in die Kinos kam, reagierte die schreibende Zunft trotz vereinzelter Kritikpunkte überaus positiv.

"Sich vornehm an die Wahrheit haltend, haben Pakula und Redford hier das filmische Loblied auf einen Journalismus gewagt, der sich nirgends mit den gängigen Klischees über einen oft mit wohlfeiler Verachtung bedachten Berufsstand deckt. Keine "Front-Page"-Mentalität, keine zynische Blutrünstigkeit trübt diesen im besten Sinne Sensations-Journalismus."
(Der Spiegel)

Doch auch wirtschaftlich lohnte sich das eingegangene Risiko: Spülte der Streifen doch alleine in den USA mehr als 70 Millionen Dollar in die Kinokassen und wurde acht Mal für den Oscar nominiert -wobei die Auszeichnung für Jason Robards als bester Nebendarsteller der wichtigste Preis war, den die Produktion erhielt. Was jedoch insbesondere für Robert Redford wichtiger war, war die Akzeptanz der Journalisten quer durchs Land. Sie attestierten dem Film Realität und urteilten, dass sie und ihr Beruf authentisch präsentiert und nicht auf dem Hollywood-Altar geopfert worden war.

DIE UNBESTECHLICHEN war und ist fraglos einer der wichtigsten Politthriller aller Zeiten und veränderte die Art der politischen Berichterstattung in den USA, da die Journalisten das politische Tagesgeschäft mit dem Willen der Bevölkerung nun wesentlich kritischer hinterfragten. Schob man diese geschichtlichen und gesellschaftlichen Konsequenzen einmal beiseite, wurde aber deutlich, dass die Geschichte auch abseits der realen Bezüge funktionierte und schlicht und ergreifend ein sehr spannender Thriller war. Die Geschichte an sich war ja schon spannend, doch mit welcher Akribie und mit welcher Dynamik und tragender Dramaturgie Pakula den im Grunde sperrigen Stoff umsetzte, war bemerkenswert. Dabei wurde es dem Zuschauer nicht leicht gemacht, da jedes kleine Detail wichtig war und die Ermittlungen und Recherchen so realistisch wie möglich in Szene gesetzt wurden. Das Publikum wird mit Fakten und Namen quasi überschüttet und muss aufpassen, dass es nicht den Anschluss verliert. Doch machte man sich diese Mühe, wurde man belohnt, da der Film von Minute zu Minute an Spannung und Dramatik gewann. Die wunderbare Kameraführung von Gordon Willis, der u.a. bereits bei

DER PATE (THE GODFATHER, 1972) und DER PATE 2 (THE GODFATHER: PART 2, 1974) überzeugte, sorgte für die richtige Atmosphäre, den richtigen Stil, um die geforderten Zuschauer auch optisch zu fesseln. Dass man mit Redford und Hoffman - der sich allerdings stark in den Vordergrund spielen konnte - zudem ein erstklassiges Duo in den Hauptrollen vorweisen konnte, erwies sich als ebenso wichtig, wie die gut gecasteten Nebenrollen.

Bisweilen vielleicht etwas zu sehr darauf bedacht, dem Zuschauer bloß kein Detail zu unterschlagen, verlieren sich Regie und Drehbuch teilweise zu sehr in Nebensächlichkeiten, was zu kleineren Längen führte. Da Pakula jedoch immer wieder einen neuen Ansatz fand und die Geschichte bei aller Akribie nie auf der Stelle trat, waren das jedoch nur temporäre und daher vernachlässigbare Schwachpunkte, denn im Grunde fesselt der Streifen auch heute noch und wird nicht umsonst zu den besten Politthrillern überhaupt gezählt. Es gibt nur wenig Filme, die von sich behaupten können, Geschichte geschrieben zu haben - **DIE UNBESTECHLICHEN** ist einer davon. (TH)

Deutsches Kinoplakat von 1976
Verleih: Warner Columbia

Stabangaben: USA 1976 | 126 Minuten

ORIGINALTITEL: All the President´s Men • REGIE: Alan J. Pakula • DREHBUCH: William Goldman • KAMERA: Gordon Willis • SCHNITT: Robert L. Wolfe • MUSIK: David Shire • PRODUZENT: Walter Coblenz • PRODUKTIONSFIRMA: Warner Bros. Pictures, Wildwood Enterprises • STARTTERMIN USA: 30.09.1976 • EINSPIELERGEBNIS USA: $ 70.600.000
DARSTELLER:

Dustin Hoffman	Carl Bernstein
Robert Redford	Bob Woodward
Jack Warden	Harry Rosenfeld
Martin Balsam	Howard Simons
Hal Holbrook	Deep Throat
Jason Robards	Ben Bradlee
Jane Alexander	Bookkeeper
Meredith Baxter	Debbie Sloan
Ned Beatty	Dardis
Stephen Collins	Hugh Sloan

PLATZ
20

Starttermin in
Deutschland:
16.04.'76
Besucher in
Deutschland:
1.025.000

Die Hindenburg

Nachdem die Studios und Produzenten seit Anfang der 70er-Jahre mit Katastrophenfilmen wie AIRPORT oder DIE HÖLLENFAHRT DER POSEIDON (THE POSEIDON ADVENTURE, 1972) Kasse gemacht hatten, standen sie gleich vor mehreren Problemen: Einerseits war es mittlerweile nahezu unmöglich geworden, sich selbst zu übertreffen. Produktionen

George C. Scott spielte die Figur des Oberst Ritter. Er ermittelt im Auftrag des SS-Hauptquartiers, die einen Anschlag auf die Hindenburg vermuten. Der Schauspieler starb 1999.

wie ERDBEBEN (EARTHQUAKE, 1974) oder FLAMMENDES INFERNO (THE TOWERING INFERNO, 1975) hatten die Messlatte so hoch gelegt, dass es nur noch bergab gehen konnte. Technisch war keine Steigerung mehr möglich und eine größere Star-Riege als in FLAMMENDES INFERNO konnte man andererseits auch nicht mehr zusammenbringen. Filme dieser Art waren inhaltlich sehr vorhersehbar und lebten daher von den reinen Schauwerten und den kassenträchtigen Stars. Erschwerend kam hinzu, dass man auch gar nicht mehr so recht wusste, welche Naturkatastrophe man nun noch über die Menschheit hereinbrechen lassen sollte. Daher verlegte man sich auf Variationen wie KING KONG (1976) die den Event-Charakter der Megaproduktionen aufgriffen.

Doch da man bis dato noch gutes Geld mit Genrefilmen verdienen konnte, ließen es sich die Studios natürlich nicht nehmen, die goldene Kuh zu melken, so lang dies möglich war und suchten nach weiteren Alternativen um auf der Welle mitzureiten. Universal Pictures wollte den Anschluss auch nicht verpassen und gab den eher im TV erfahrenen Autoren Richard Levinson und William Link den Auftrag, eine Story rund um den Ab-

sturz des legendären Zeppelins LZ 129 Hindenburg zu entwickeln. Die Wasserstofffüllung im Luftschiff entzündete sich am 6. Mai 1937 bei der Landung in New Jersey und kostete 35 der 97 Passagiere das Leben. Schnell kursierten Gerüchte über ein mögliches Attentat, was jedoch bis heute nicht bewiesen werden konnte und von den meisten Experten auch als äußerst unwahrscheinlich eingestuft wird. Grundsätzlich eine clevere Entscheidung ein reales historisches Ereignis, von dem jeder schon einmal gehört hatte, als Basis eines Katastrophenfilms zu wählen. Nachdem die grundsätzliche Story, stand fragte man bei dem Regie-Routinier Robert Wise an, ob er

nicht Interesse hätte, **DIE HINDENBURG** zu inszenieren. Wise arbeitete seit den frühen 40er-Jahren als Regisseur und hatte in nahezu allen Genres Erfahrungen sammeln können, denn unterschiedlicher könnten Filme wie DER UNTERGANG VON TROJA (HELEN OF TROY, 1956), DER TAG, AN DEM DIE ERDE STILL STAND (THE DAY THE EARTH STOOD STILL, 1951), DIE HÖLLE IST IN MIR (SOMEBODY UP THERE LIKE ME, 1957), WEST SIDE STORY (1961) oder BIS DAS BLUT GEFRIERT (THE HAUNTING, 1963) nicht sein. Dabei hatte Wise auch mehrfach unter Beweis gestellt, dass er mit großen Budgets und den dementsprechenden Problemen ebenso umgehen konnte, wie mit der Einbindung von Spezialeffekten.

Der Regie-Veteran war auch nicht abgeneigt, wollte sich aber im Vorfeld davon überzeugen, dass es möglich war, den Film entsprechend umzusetzen und kontaktierte daher Albert Whitlock, der eine Kapazität auf dem Gebiet des Matte Paintings (gemalte Teile von Kulissen in Filmsets) war. Whitlock hatte für ERDBEBEN 70 gemalte Kulissen erstellt und wurde für seine Leistung mit dem Special Achievement Award bei den Oscars ausgezeichnet. Diese Technik ersetzte aufwändige Außenaufnahmen und sorgte für planbarere Dreharbeiten im Studio, was wiederum Zeit und Geld sparte.

Oberst Ritter versucht alles, um die Katastrophe zu verhindern, doch er kommt zu spät. Die legendäre „Zigarre" wird in Flammen aufgehen. Für Regisseur Robert Wise war elementar wichtig, ob man den Zeppelin glaubwürdig in Szene setzen konnte - daher wandte er sich an die Special-Effects-Ikone Al Whitlock.

> „Bevor ich das Angebot annahm, hatte ich ein Treffen mit Al Whitlock. Ich fragte ihn: `Al, ist das machbar? Können wir dieses gigantische Luftschiff außerhalb des Hangars in Frankfurt zeigen? Können wir es in die Luft bekommen? Können wir über den Ozean fliegen? Können wir es in New York zeigen? Können wir es in seinen Hangar in New Jersey bringen? Er sagte ja, und erklärte, wie wir es schaffen können. Danach ging ich zurück zum Studio und sagte zu. Ich wollte es zuerst mit Whitlock klären."
>
> (Robert Wise)

Wise war als sehr penibler Filmemacher bekannt und berüchtigt und stellte mehr als ein Jahr umfassende eigene Recherchen in London, Washington und Frankfurt an, während das Drehbuch von Nelson Gidding auf Basis des Buchs *Der letzte Flug von LZ 129* von Michael Mooney Gestalt annahm. Mooney stellte in seinem Werk die These auf, dass das Unglück ein Attentat war, um das Nazi-Regime, dessen ganzer Stolz die Hindenburg war, zu treffen. Wise faszinierte sowohl diese Theorie, als auch die geschichtliche Entwicklung und die Technik der Luftschifffahrt und wurde zu einem Experten auf diesem Gebiet. Parallel dazu arbeitete Whitlock mit seinem Team an einem exakten Modell der Hindenburg, das bis ins Detail dem Original glich und mit dem sogar technische Dinge gezeigt und gedreht werden konnte, wie beispielsweise das Licht oder der Propeller. Drei Monate arbeitete die Whitlock-Crew an dem mehr als sieben Meter langen Modell, das heute im National Air and Space Museum in Washington, D.C. zu bewundern ist. Während dessen

wurde nicht nur das Casting voran getrieben, sondern auch erste Szenen in Milwaukee, New York, Washington und München - das Frankfurt doubelte - aufgenommen.

Das Drehbuch von Nelson Gidding, der schon öfter mit Wise zusammen gearbeitet hatte, benutzte tatsächliche Fakten und reale Personen, baute aber eine fiktionale und höchst spekulative Story darum. Daher wurde bei der Besetzung zumindest teilweise darauf geachtet, dass die Schauspieler den Menschen von einst zumindest ähnelten. Da man sich auch damit abgefunden hatte, dass man nicht versuchen sollte, immer mehr und immer größere Stars zusammen zu bringen, verzichtete man auf die ganz großen Namen, konnte aber mit George C. Scott, Anne Bancroft oder Burgess Meredith - am ehesten als Mickey aus den Rocky-Filmen mit Sylvester Stallone bekannt - eine ansprechende Besetzung zusammen stellen.

Während die Außensequenzen überwiegend in New Jersey gedreht wurden, fanden die Studio- und Special-Effects-Aufnahmen in den Universal Studios statt, wo detaillierte und aufwändige Sets entstanden waren, die über Monate von mehr als 80 Arbeitern in Doppelschichten errichtet wurden. Zudem wurden mit Hilfe von alten Bildern auch die Innenausstattung bis ins kleinste Detail nachgebaut und entsprechende Kostüme hergestellt. Ein Großteil des 15-Millionen-Dollar-Budgets floss dementsprechend in die visuellen Effekte und die riesigen Kulissen. Dort kam es zum Ende der Dreharbeiten fast noch zu einer Katastrophe: Ursprünglich hatte man den vorderen Teil des Zeppelins in Originalgröße nachgebaut, um für den Absturz spektakuläre Bilder bieten zu können. Man rüstete sechs Stuntmen mit feuerfester Kleidung aus und platzierte sie innerhalb des Modells, setzte dieses in Feuer und ließ es im Studio

auf der gigantischen Stage 12 der Universal Studios aus einer geringen Höhe abstürzen. Dabei ging aber einiges schief, da sich das Feuer unkontrolliert ausbreitete und den Stuntleuten fast das Leben gekostet hätte, da diese sich im Rauch und dem allgemeinen Chaos nicht mehr orientieren konnten. Zudem wurden einige Kameras zerstört und selbst die Bühne an sich konnte nur in letzter Sekunde gerettet werden. Den Absturz konnte man dementsprechend auch nicht wie geplant zeigen, trotzdem schafften es einige Aufnahmen dieses ungewollten Unfalls in den fertigen Film.

Weiteren Ärger drohte dem Studio von A.A. Hoehling, der bereits 1962 ein Buch über die Hindenburg-Katastrophe veröffentlicht und lange vor Michael Mooney die Theorie eines Attentats entwickelt hatte - daher verklagte er nicht nur Universal Pictures, sondern seinen Autoren-Kollegen gleich mit, weil dieser seine

Arbeit gestohlen hätte. Der Hintergrund dieser Klage war klar: Hoehling wollte Geld sehen. Die gerichtlichen Auseinandersetzungen zogen sich bis 1980 hin, wobei die Ansprüche von Hoehling zurück gewiesen wurden.

Abgesehen davon verliefen die Dreharbeiten trotz einiger Verspätungen und Problemen bei den visuellen Effekten ruhig und entspannt, was sicherlich an Regisseur Wise - der wenig später mit STAR TREK (1979) noch wesentlich unruhigere Zeiten erlebte - lag, der mit der Problematik vertraut war und der von Albert Whitlock sehr geschätzt wurde.

> „Robert Wise war der netteste und verständnisvollste Mann, mit dem ich in meiner langen Karriere jemals zusammen gearbeitet habe. Er verstand unsere Probleme, war geduldig bei Verspätungen und unglaublich dankbar, wenn wir - wenn überhaupt - etwas präsentierten, von dem er glaubte, dass es gut für ihn sei."
>
> (Albert Whitlock)

DIE HINDENBURG erhielt nach ihrem Start überwiegend vernichtende Kritiken, brachte aber dem Studio zumindest keinen Verlust ein.

„Der Film ist bis zur Explosion so spannend wie ein Berner Strickkurs. Voller Mitleid registriert man Wises jämmerliche Versuche, seinen Charaktermasken Leben einzuhauchen, bevor sie sterben müssen. Das Skript nach dem Buch von Michael M. Mooney scheint in einem der Wasserstoffgas-Zellen der Hindenburg verfasst worden zu sein: Wegen Lebensgefahr wurde jede zündende Idee vermieden. Da ist dann auch die perfekte Tricktechnik, die mit einem Oscar honoriert wurde, und die detailgenaue Dekoration verlorene Liebesmüh. Dieser Katastrophenfilm ist eine Film-Katastrophe."

(Der Spiegel)

„Die Hindenburg ist ein Katastrophenfilm, natürlich. Wie würden sie sonst einen 15-Millionen-Dollar teuren Film bezeichnen, der Leute dazu bringt, an den falschen Stellen zu lachen?"

(Roger Ebert)

Die damalige Kritik war sicherlich berechtigt, da Wise sich einerseits sklavisch an die inhaltlichen Abläufe anderer Genrehits orientierte, andererseits ignorierte, dass diese eine andere Gewichtung hatten, als sein Film. Während sich die Figuren in ERDBEBEN oder FLAMMENDES INFERNO recht schnell in der prekären Situation befanden, immer neue Herausforderungen meistern mussten und man früh mit ihnen mitfiebern konnte, steuerte bei **DIE HINDENBURG** alles auf den Absturz am Ende des Films zu, der dann auch über zehn Minuten ausgewalzt wurde. Doch auf dem Weg dorthin passierte leider erschreckend wenig. Und da das vor Klischees nur so strotzende Drehbuch nicht die Qualität hatte, daraus zumindest einen spannenden Thriller zu entwickeln, und die Darsteller aufgrund der langweiligen Austauschbarkeit ihrer Figuren auch nicht in der Lage waren, diesen konzeptionellen Fehler aufzufangen, war der Film schon von Beginn an zum Scheitern verurteilt. Einige Kritiker bemängelten zudem, dass der Film sinnlos sei, weil ja jeder das Ende kenne. Aus heutiger Sicht natürlich ein zu vorschnell gefasstes Urteil, da James Cameron mit TITANIC (1997) bewies, dass auch solche Geschichten funktionieren können - wenn man den richtigen Aufhänger und die richtige Geschichte hatte - und beides hatte Robert Wise nicht. Doch auch abseits davon traf er aus visueller Sicht eine falsche Entscheidung, als er sich entschloss, den Absturz in s/w zu drehen. Das technisch beeindruckend umgesetzte Spektakel verlor so an Wucht und Effizienz. Wise ging die Sequenz deswegen so an, weil er seine Szenen mit realem Archivmaterial zusammenschneiden wollte, um die Authentizität zu erhöhen.

Deutsches Kinoplakat von 1976
Verleih: CIC

| Stabangaben: USA 1975 | 125 Minuten |

ORIGINALTITEL: The Hindenburg • REGIE: Robert Wise • DREHBUCH: Nelson Gidding • KAMERA: Robert Surtees • SCHNITT: Donn Cambern • MUSIK: David Shire • PRODUZENT: Robert Wise • PRODUKTIONSFIRMEN: The Filmakers Group; Universal Pictures • STARTTERMIN USA: 25.12.1975 • EINSPIELERGEBNIS USA: $ 27.945.225

DARSTELLER:

George C. Scott	Ritter
Anne Bancroft	Gräfin
William Atherton	Boerth
Roy Thinnes	Martin Vogel
Gig Young	Edward Douglas
Burgess Meredith	Emilio Pajetta
Charles Durning	Captain Pruss
Richard Dysart	Lehman
Robert Clary	Joe Spah
Rene Auberjonois	Major Napier

Dass sich zudem einige historische Ungenau-
igkeiten einschlichen, fiel da nicht weiter ins
Gewicht, war aber aufgrund der bekannten
Akribie von Robert Wise überraschend.
Technisch wie gesagt überragend wurde der
Streifen bei den Oscars für das beste Sze-
nenbild, die beste Kameraführung den besten
Ton, die besten Soundeffekte nominiert und
konnte den Preis für die letztgenannte Kate-
gorie ebenso entgegen nehmen wie Albert
Whitlock einen weiteren Special Achievement
Award. **DIE HINDENBURG** war einer der
letzten Ausläufer der groß budgetierten Kata-
strophenfilme, dürfte aufgrund seiner Einfalls-
losigkeit jedoch mit ein Grund für das zeitlich
verzögerte Aus des Genres gesorgt haben.
Beeindruckende Technik ist eben nicht alles.
(TH)

PLATZ
21

Starttermin in
Deutschland:
17.07.76
Besucher in
Deutschland:
1.000.000

BARRY LYNDON

Stanley Kubrick hatte sich durch seine Filme, die aufgrund ihrer künstlerischen Virtuosität die Kritiker weltweit zu Begeisterungsstürmen hingerissen hatten, eine Freiheit erarbeitet, die einzigartig war. Warner Bros. akzeptierte nicht nur, dass der exzentrische Regisseur seine Produktionen über Jahre hinweg akribisch vorbereite, sondern nahm auch die langen Drehzeiten und seine ungewöhnliche Themen- und Genrewahl in Kauf. So konnte er nach dem Triumph von 2001: ODYSSEE IM WELTRAUM (2001: A SPACE ODYSSEY, 1968) sein langjähriges Wunschprojekt vorbreiten: Einen Film über das Leben von Napoleon Bonaparte. Zeit seines Lebens versuchte er diesen Film umzusetzen und im Verlauf der Jahre eignete er sich aufgrund seiner peniblen Recherche ein enormes Wissen über die damalige Zeit an. Umso enttäuschter und wütender reagierte der Filmemacher natürlich, als man sein Napoleon-Projekt stoppte. Das Studio hatte kalte Füße bekommen, nachdem Dino de Laurentiis und Paramount Pictures mit der 25-Millionen-Dollar-Produktion WATERLOO (1970) einen fürchterlichen Flop landeten, der in den USA noch nicht einmal ein Ergebnis von zwei Millionen Dollar erreichte. Der von Sergey Bondarchuk inszenierte Film stellte im das Ende der sogenannten Hundert-Tage-Herrschaft Napoloeons im Jahr 1815 dar, nachdem er von der Insel Elba geflohen war. Da Warner Bros. nicht das Risiko eingehen wollten mit einer weiteren Napoleon-Story ebenfalls ein Debakel zu erleben, stoppten sie Kubrick mitten in den Vorbereitungen. Dieser stand nun plötzlich ohne Projekt da und wandte sich daher anschließend UHRWERK: ORANGE (A CLOCKWERK ORANGE, 1971) zu, der wie-

Durch die Heirat der vermögenden Witwe London steigt Redmond Barry, der kurz darauf den Namen Barry Lyndon annimmt, in die obersten Gesellschaftsschichten auf.

„Als ich Barry Lyndon gelesen hatte, war ich sehr aufgeregt. Ich liebte die Geschichte und ihre Charaktere, und es schien machbar zu sein, das Buch zu verfilmen, ohne es während dieses Prozesses zu zerstören." *(Stanley Kubrick)*

derum sehr schnell als moderner Klassiker gefeiert wurde. Als er im Anschluss nach einem neuen Projekt Ausschau hielt, wurde er auf das Werk des britischen Schriftstellers William Makepeace Thackeray aufmerksam, der als einer der wichtigsten englischsprachiger Romancier des Viktorianischen Zeitalters galt. Er interessierte sich zuerst für den Thackeray-Roman *Jahrmarkt der Eitelkeit (Vanity Fair: A Novel without a Hero)* der 1848 veröffentlicht wurde. Das Interesse kühlte jedoch ziemlich schnell ab, als die britische TV-Miniserie VANITY FAIR (1967), die auf diesem Roman basierte, 1972 in den Staaten ausge-

strahlt wurde. Hauptdarstellerin Susan Hampshire erhielt für ihre Leistung 1973 sogar den Emmy. Zudem hatte Kubrick auch Zweifel, ob die Handlung des Buches überhaupt in einem Spielfilm adäquat umzusetzen war. Aus diesen beiden Gründen ließ er die Idee einer filmischen Adaption dieses Thackeray Werkes fallen. Dann wurde Kubrick auf den Roman *Die Memoiren des Junkers Barry Lyndon (The Luck of Barry Lyndon)*, ebenfalls aus der Feder von Thackerey, aufmerksam, der erstmalig 1844 erschien. Darin ging es um den Aufstieg und Fall eines jungen, irischen Abenteurers, der seinen Platz im Adel sucht.

Für die Massenszenen wurde die irische Armee eingesetzt, die bis zu 250 Soldaten bereitstellten.

Redmond Barry alias Barry Lyndon, gespielt von Ryan O'Neal ist alles andere als ein Kostverächter und bringt sich damit ein ums andere Mal in prekäre Situationen. Just nachdem er zum Adel zählt, setzt er alles daran, seine Macht und seinen Einfluss auszubauen - doch er verliert den Überblick und verspielt am Ende alles.

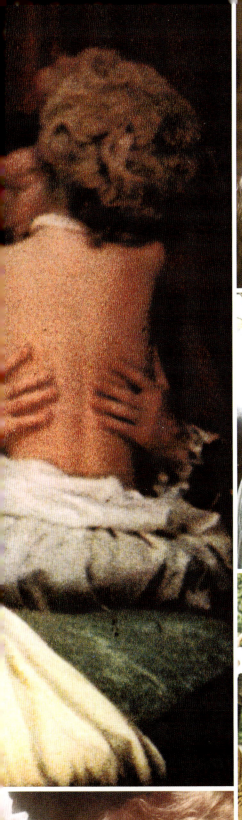

Eine nicht unwesentliche Rolle dürfte auch der Umstand gewesen sein, dass Kubrick einen groß Teil der Recherchen, die er für das abgebrochene Napoleon-Projekt angestellt hatte, auch für dieses Projekt verwenden konnte und er zudem sehr interessiert an dieser Epoche war.

Aufgrund seiner schlechten Erfahrungen, die er insbesondere mit der englischen Presse gemacht hatte, bereitete er **BARRY LYNDON** sehr heimlich vor. Über ein Jahr recherchierte er weitere Details und überwachte den Vorbereitungsprozess der Produktion in allen Details, kaufte auch Kleinigkeiten von Museen und Privatsammlungen auf und legte dabei auch großen Wert auf die Kostüme. Diese sollten nicht nur so aussehen wie damals, sondern auch so gemacht werden, was natürlich unglaublich zeitaufwändig war. Alleine mehrere Hunderte Uniformen wurden so hergestellt und der Perfektionist Kubrick bestand darauf, dass diese bis auf die letzte Gürtelschnalle dem Original glichen.

Weitere sechs Monate dauerten die Vorbereitungen in Irland, wo der Film hauptsächlich entstand. Dort wurde nach den entsprechende Gebäuden und Landschaften gesucht, da Kubrick eine realistische Stimmung an echten Drehorten einfangen wollte. Die benötigten Infos entnahm er alten Bildern, die als Vorbild für die filmische Realität dienten. Der Regisseur selbst bezeichnete es als Detektivarbeit, die benötigten Informationen zu finden und dann entsprechend umzusetzen. Diese Versessenheit ging so weit, dass er teilweise nur mit natürlichem Licht arbeiten wollte, was sehr schwierig umzusetzen war. Er verwendete schließlich ein extrem lichtstarkes Objektiv, was ursprünglich von Carl Zeiss für die NASA entwickelt worden war. Dieses Objektiv war so stark, dass Kerzen als natürliche Quelle ausreichten, um entsprechende Aufnahmen möglich zu machen.

Mehr oder minder parallel entstand das Drehbuch, das wie bei Kubrick üblich, einige Änderungen zur Vorlage aufwies. Der prägnanteste Unterschied war, dass Lyndon seine Geschichte im Roman selbst erzählt, im Film jedoch ein unbekannter Erzähler die Geschehnisse erklärt. Der Grund lag laut Kubrick darin, dass er auf diesem Weg sehr viel Story und Fakten zeitsparend und für das Publikum nachvollziehbar umsetzen konnte, die er unter „normalen" Umständen durch Dialoge hätte vermitteln müssen. Zudem endete die Adaption auch früher als in der Vorlage, von weiteren Details und Stilunterschieden einmal abgesehen. Trotzdem legte er Wert darauf, dass trotz aller Unterschiede die Stimmung und die Atmosphäre des Romans beibehalten wurden.

Bemerkenswert waren sicher die Szenen, die tatsächlich nur durch Kerzenlicht erhellt wurden und dank einer Linse gedreht werden konnten, die ursprünglich für die NASA entwickelt worden war.

Mit Ryan O´Neal, der durch LOVE STORY (1970), zum Star aufgestiegen war und Marisa Berenson, die bereits in CABARET (1972) mitgewirkt hatte, fand Kubrick schnell seine beiden Hauptdarsteller. Berenson erhielt umgehen den „Befehl", sich für sechs Monate nicht mehr der Sonne auszusetzen, da ihr Teint sonst nicht der damaligen Realität entspräche. Doch trotz dieser unangenehmen Begleiterscheinung, sowie dem üblichen Perfektionswillen, kamen Mimin und Regisseur gut miteinander aus.

> „Kubrick geht wundervoll mit Schauspielern um, ist immer sehr ruhig. Er dreht eine Szene immer und immer wieder, so lange bis du es so hin bekommst, wie er es will. Und wenn es 30 Takes benötigt."
> (Marisa Berenson)

Im Frühling 1973 starteten die Dreharbeiten unter dem Arbeitstitel *The Luck of Barry Lyndon* - und noch immer wusste die Presse nicht mehr, als den Namen der beiden Hauptdarsteller, sowie der Info, dass der Streifen hauptsächlich in Irland gedreht wurde. Weitere Drehorte waren übrigens England, Deutschland und die ehemalige DDR.
Wie bereits erwähnt, wich Kubrick auch bei dieser Produktion nicht von seinem üblichen Stil ab und hatte genaue Vorstellungen davon, was er sehen und einfangen wollte. Dazu gehörte jedoch auch, dass das Drehbuch noch vor Ort umgeschrieben wurde, weil er der Meinung war, dass man sich den Gegebenheiten anpassen müsse und eben nie so etwas sei, wie am Schreibtisch erwartet, was natürlich insbesondere für die Crew, die nie wusste, was als nächstes geschah, die Vorbereitungen erschwerte. Zudem drehte er wie gehabt so lange, bis es exakt seinen Vorstellungen entsprach - so drehte man auch einmal neun Tage an einer einzelnen Szene, was die Schauspieler an den Rand der Verzweiflung brachten. Kubrick benötigte 300 Drehtage für sein Mammutwerk, so dass er und seine Team - mit einer Unterbrechung über Weihnachten - bis Anfang 1974 drehten. Selbst die irischen Armee spannte er für die Massenszenen mit 250 Soldaten ein. Er arbeitete bis kurz vor Abgabe an **BARRY LYNDON** und investierte fast drei Jahre in diesen Film. Da er wollte, dass seine Arbeit auch entsprechend gewürdigt werden konnte, verfasste er sogar einen Brief, den er an die Vorführer in den Kinos schickte, in denen er genaue Angaben darüber machte, wie sein 11-Millionen-Dollar-Werk am besten zur Geltung kommen konnte.

Als der Film Ende 1975 in den US-Kinos anlief, waren die überwiegenden Kritiken sehr wohlwollend, in England gespalten und in Europa nahezu überschwänglich lobend.

„Das muss einer der schönsten Filme aller Zeiten sein - allerdings nicht in Bezug auf Emotionen, auf diese blickt er verächtlich herab. Barry Lyndon ist kein großer Erfolg und es ist keine gute Unterhaltung, aber es ist ein hervorragendes Beispiel für die Vision eines Filmemachers."

(Roger Ebert)

„In seiner kühnen Verfilmung der melodramatischen Fabel voller Amouren, Intrigen und Duelle verstößt Kubrick so rigoros gegen die merkantilen Inszenierungskonventionen Hollywoods, dass nicht nur die Manager von Warner Bros. ins Staunen kamen. (…) Dabei sind Kubrick Bilder gelungen, wie man sie im Kino bislang nicht gesehen hat."

(Der Spiegel)

„Stanley Kubricks Barry Lyndon, ein historischer Film, wie es noch nie einen gegeben hat, steht in der Filmlandschaft der siebziger Jahre wie der Monolith in 2001."

(Die Zeit)

Doch trotz der annähernd durchweg positiven Kritiken und der sieben Oscar-Nominierungen - von denen man vier Trophäen mit nach Hause nehmen durfte - konnte der neueste Kubrick-Streich nicht an den Kassen überzeugen und spielte als einziges Werk des Regisseurs in den Staaten nicht einmal sein Budget ein. Als Folge dieses enttäuschenden Ergebnisses musste Kubrick fortan Kompromisse eingehen und Testvorführungen akzeptieren. Mit ein Grund, warum er sich fünf Jahre später ausgerechnet für die Stephen-King-Verfilmung SHINING (1980) mit Jack Nichsolson entschied.

BARRY LYNDON war schon seinerzeit ein bemerkenswerter Film, der so gar nicht in das Kino der 70er-Jahre passen wollte. Vielleicht kann man den Film auch erst heute wirklich würdigen, weil einem künstliche Welten und perfekte choreographierte CGI-Spektakel im Wochentakt um die Ohren geschlagen und der durchweg an realen Orten gedrehte Kubrick-Streifen im Vergleich dazu umso schöner wirkt. Visuell war der an den Kassen gefloppte Historienfilm eine wahre Pracht, die Detailfreude sprang dem Zuschauer förmlich ins Gesicht. Die Kameraarbeit von John Alcott, der bereits bei UHRWERK ORANGE und 2001 mit Kubrick zusammen gearbeitet hatte, schwelgte förmlich in den opulenten

Deutsches Kinoplakat von 1976
Verleih: Warner-Columbia

Stabangaben: USA 1975 | 84 Minuten

ORIGINALTITEL: Barry Lyndon • REGIE: Stanley Kubrick • DREHBUCH: Stanley Kubrick • KAMERA: John Alcott • SCHNITT: Tony Lawson • MUSIK: Leonard Roseman • PRODUZENT: Stanley Kubrick• PRODUKTIONSFIRMEN: Peregrine, Hawk Films, Warner Bros. Pictures • STARTTERMIN USA: 18.12.1975 • EINSPIELERGEBNIS USA: $ 9.500.000

DARSTELLER:

Ryan O'Neal	..Barry Lyndon / Redmond Barry
Marisa Berenson	...........Lady Honoria Lyndon
Patrick Magee	................Chevalier de Balibari
Hardy Krüger	........................Captain Potzdorf
Steven Berkoff	...............................Lord Ludd
Gay Hamilton	..................................Nora Brady
Marie Kean	.............................Barry's Mother
Diana Körner	....Lischen
Murray Melvin	.............Reverend Samuel Runt
Frank Middlemass	...........Sir Charles Lyndon

Wie alle Stanley-Kubrick-Filme zeichnet auch BARRY LYNDON seine enorme Detailgenauigkeit aus. Egal ob Kostüme, Masken, Sets: Kubrick arbeitete akribisch daran, den Film so authentisch wie möglich umzusetzen. Der verdiente Lohn dieser Mühen waren vier Oscars: Beste Ausstattung, beste Kamera, bestes Kostümdesign und beste Musikadaption. Zudem war man noch als bester Film, für die beste Regie und für das beste adaptierte Drehbuch nominiert, ging in diesen Bereichen jedoch leer aus. BARRY LYNDON lebt auch von den beeindruckenden Aufnahmen, die direkt an entsprechenden Orten aufgenommen wurden. Hauptdrehort war Irland, es wurde jedoch auch in Deutschland und der ehemaligen DDR gedreht.

STANLEY KUBRICK

Stanley Kubrick am Set von BARRY LYNDON. Obwohl der Film innerhalb seiner Arbeit herausstach, wich der Regisseur nicht von seiner akribischen Arbeitsweise ab.

Spricht man über die größten Regisseure aller Zeiten, nimmt Stanley Kubrick bei nahezu allen Umfragen einen der vordersten Plätze ein. Er war ein Perfektionist, ein Pedant und führte seine Schauspieler nicht selten an ihre Grenzen. Sein Werk ist bis heute faszinierend und vielschichtig, seine Filme einzigartig. Stanley Kubrick wurde am 26. Juli 1928 als Sohn eines Chirurgen in New York geboren. Nach seiner Schulzeit arbeitete er als Fotograf für das New Yorker Look-Magazin und betreute dabei u.a. eine Geschichte über einen Boxer. Diese Reportage war die Basis für seine erste Arbeit als Regisseur, drehte sich die 16-minütige Dokumentation DAY OF THE FIGHT (1951) doch um den irischen Mittelgewichtboxer Walter Cartier und seine Vorbereitungen auf einen Kampf. Seine ersten Spielfilme FEAR OF DESIRE (1953) und DER TIGER VON NEW YORK (KILLER´S KISS, 1955) machten ihn auch für Hollywood interessant, so dass der Durchbruch mit dem Antikriegsfilm WEGE ZUM RUHM (PATHS OF GLORY, 1957), in dem Kirk Douglas die Hauptrolle übernahm, nicht lange auf sich warten ließ. Er drehte weitere Filme, in denen er seinen eigenen Stil entwickelte und wurde von Kirk Douglas für die Regie bei SPARTACUS (1960) ins Spiel gebracht, nachdem der eigentliche Regisseur Anthony Mann gefeuert worden war. Kubrick meisterte auch diese Herausforderung und galt nun endgültig als exzellenter Regisseur. Er selbst bezeichnete SPARTACUS jedoch nur als „notwendiges Übel", da er zwar die Vorteile dieses Erfolgs genoss, doch bedauerte, dass er nur bedingt Einfluss auf das Drehbuch und den finalen Schnitt nehmen konnte.

Mit seiner nunmehr dritten Ehefrau und seinen Kindern zog er Anfang der 60er-Jahre nach England, da er mit der oberflächlichen Welt der Glitzermetropole nichts anfangen konnte. Sein erster Film dort war die Verfilmung des Skandal-Romans LOLITA (1962), der weltweit für Aufsehen sorgte. Mit seinem nächsten Streifen DR. SELTSAM, ODER WIE ICH LERNTE, DIE BOMBE ZU LIEBEN (DR. STRANGELOVE OR: HOW I LEARNED TO STOP WORRYING AND LOVE THE BOMB, 1964) persiflierte er den Kalten Krieg und konzipierte eine absurd, schwarzhumorige Komödie, die wiederum für weltweite Diskussionen sorgte.

Mit seinen nächsten Produktionen 2001 (1968), UHRWERK ORANGE (1971) erwarb er sich endgültig den Ruf eines visionären Regisseurs. Dass BARRY LYNDON (1975) floppte, bedeutete, dass Kubrick seine Unabhängigkeit zu verlieren drohte, daher übernahm er die Regie bei SHINING (1980), veränderte jedoch die Grundaussagen des Buches, wovon Autor Stephen King alles andere als begeistert war. Es folgte mit FULL METAL JACKET (1987) ein weiterer Klassiker, bevor er kurz nach Ende der Dreharbeiten zu EYES WIDE SHUT (1999), dessen Dreharbeiten sich fast über drei Jahre erstreckten, am 7. März 1999 überraschend an einem Herzinfarkt starb. Kubrick war sicher kein einfacher Regisseur, seine Filme nicht immer leicht zugänglich, doch wie zeitlos sein Gesamtwerk war und ist, wird deutlich, wenn sich immer wieder neue Filmemacher auf Kubrick berufen und ihn als einzigartige Inspiration bezeichnen. Schade, dass sein Filmoutput aufgrund seiner Perfektion und der dementsprechend langen Vorbereitungen nicht höher ausfiel, denn jeder Kubrick-Film war für sich ganz alleine betrachtet ein Meisterwerk.

DIE STANLEY-KUBRICK-FILME VON 1960-1999

Jahr	Deutscher Titel	Originaltitel (Hauptdarsteller)	Budget ($)	Box-Office USA	Besucherzahlen (D)
1960	SPARTACUS	Spartacus (Kirk Douglas)	12.000.000	$ 30.000.000	
1963	LOLITA	Lolita (James Mason)	2.500.000		
1964	DR. SELTSAM, ODER WIE ICH LERNTE, DIE BOMBE ZU LIEBEN	Dr. Strangelove or: How I (Peter Sellers) Learned to Stop Worrying and Love the Bomb	1.800.000	$ 9.440.272	
1968	2001: ODYSSEE IM WELTRAUM	2001: A Space Odyssey (Keir Dullea)	10.500.000	$ 56.954.992	500.000
1971	UHRWERK ORANGE	A Clockwerk Orange (Malcolm McDowell)		$ 26.589.355	2.500.000
1975	BARRY LYNDON	Barry Lyndon (Ryan O'Neal)	11.000.000	$ 9.500.000	1.000.000
1980	SHINING	The Shining (Jack Nicholson)	19.000.000	$ 44.017.374	2.022.832
1987	FULL METAL JACKET	Full Metal Jacket (Matthew Modine)	30.000.000	$ 46.357.676	1.586.030
1999	EYES WIDE SHUT	Eyes Wide Shut (Tom Cruise)	65.000.000	$ 55.691.208	845.590

Pat Roach (Großes Bild, Mann mit Bart) war kein wirklich bekannter Schauspieler, wurde aber immer wieder von Regisseuren wie Steven Spielberg, Richard Fleischer oder eben auch Stanley Kubrick eingesetzt und übernahm kleinere Rollen in UHRWERK ORANGE, CONAN - DER ZERSTÖRER, SAG NIEMALS NIE, WILLOW oder auch den Indiana-Jones-Filmen.

Szenen und die Sequenzen, die nur durch Kerzen beleuchtet wurden, sind in ihrer Originalität und Optik einmalig. Kubrick wollte laut eigener Aussage die Schönheit der barocken Malerei filmisch umsetzen und das damalige Leben authentisch zeigen. Das gelang ihm ohne Wenn und Aber genauso exzellent wie die Symbiose der Bilder mit der Musik. Er setzte einerseits klassische Stücke der bekannten Komponisten ein: Bach, Vivaldi, Händel und Mozart durften natürlich nicht fehlen. Er griff aber auch auf traditionelle, irische Musik der Gruppe „The Chieftains" zurück, die für ihren Titel Women of Ireland sogar einen Oscar erhielt. Das war stilistisch in jeder Sekunde durchdacht, nahezu jedes Bild könnte man einfrieren und erhielte ein wunderschönes Gemälde. Die Handlung, und das war bei Kubrick durchaus ungewöhnlich,

spielte eine völlig untergeordnete Rolle. Es war nicht wichtig, was geschah, sondern, wie es geschah. Stil über Substanz, wenn man so möchte - aber das auf allerhöchstem Niveau. Allerdings, und das war die bittere Träne, die auch auf das kommende Projekt SHINING zutraf, interessierte sich der Filmemacher nicht wirklich für seine Figuren, die in der Opulenz der Bilder fast untergehen und eher wie austauschbare Kulissen wirkten, zu den der Zuschauer nur bedingt eine Bindung aufbauen konnte. Allerdings fällt dieser Umstand erst dann auf, wenn man den Film das dritte oder vierte Ma sieht, denn vorher wurde man von der unglaublichen Kraft und Brillanz der Bilder so in den Bann geschlagen, dass man gar nicht realisierte, wie wenig die Darsteller überhaupt beitragen durften.

Im Kontext des Gesamtwerks gilt **BARRY**

LYNDON - trotz seiner heute unwidersprochenen Klasse - eher als der „vergessene" Stanley-Kubrick-Film. Er hatte einerseits nicht diesen finanziellen Erfolg, andererseits wurde er nicht so kontrovers diskutiert wie z.B. UHRWERK ORANGE oder FULL METAL JACKET. Der Visionär wollte mit dem Film auch gar keine Debatten lostreten, oder auf Missstände hinweisen, sondern einfach nur dem Barock ein filmisches Denkmal setzen und Bilder kreieren, die man noch nie gesehen hatte.

Fraglos ein Meisterwerk seiner Zeit, mag **BARRY LYNDON** vielleicht nicht sein bester Beitrag sein, aber es war sein mit Abstand schönster und im Vergleich ungewöhnlichster Film und bewies einmal mehr, welch großer Künstler und welches Genie Stanley Kubrick war. (TH)

PLATZ
40

Starttermin in
Deutschland:
08.04.'76
Besucher in
Deutschland:
450.000

Die Killer Elite

S am Peckinpah war trotz seiner früheren Kassenerfolge und seines einmaligen Stils nie ein gern gesehener Gast in Hollywood. Er verabscheute die Produzenten und Studioverantwortlichen, die ihm in seine Arbeit pfuschten und Journalisten gegenüber war er reserviert bis feindselig. Zudem war er bisweilen unberechenbar, in den späteren Jahren seiner Karriere Alkohol- und Kokainsüchtig. Das Studiosystem nutzte seine Qualitäten, so lange er Geld brachte, doch akzeptiert wurde Peckinpah nie. So war er ab Mitte der 70er-Jahre gezwungen, sich dem Erfolgsdruck der Glitzermetropole anzupassen und brauchte dringend finanzielle Hits, um seine Unabhängigkeit zu wahren. Nachdem PAT GARRET JAGT BILLY THE KID (PAT GARRET AND BILLY THE KID, 1973) von den Produzenten nur radikal gekürzt und umgeschnitten veröffentlicht worden war, drehte er mit BRING MIR DEN KOPF VON ALFREDO CARCIA (BRING ME THE HEAD OF ALFREDO GARCIA, 1974) einen sehr persönlichen Film, den er ohne Einmischung des Studios in die Kinos bringen konnte - doch der Film floppte und erhielt bis-

weilen hämische Rezensionen. Da die Dreharbeiten zu diesem Film zudem durch Peckinpahs Alkohol- und Marihuana-Konsum mehrfach vor dem Aus standen, hatte er einen schweren Stand bei den Studio-Verantwortlichen und brauchte nun dringend einen Hit. Als in Folge des finanziellen Reinfalls von BRING MIR DEN KOPF VON ALFREDO CARCIA auch das Projekt *The Insurance Company*, an dessen Drehbuch er über Monate hinweg für 20th Century Fox gearbeitet hatte, eingestampft wurde, stand Peckinpah plötzlich ohne Produktion da und musste schnell einen Film abliefern, damit er im Geschäft bleiben konnte.

Der Regisseur erhielt schließlich von Produzent Martin Baum, der bereits BRING MIR DEN KOPF VON ALFREDO CARCIA auf den Weg gebracht hatte, das Angebot, einen weiteren Film für United Artists zu inszenieren: **DIE KILLER-ELITE.** Ein Drehbuch lag bereits vor und das Studio wollte schnell in Produktion gehen - daher wandte man sich trotz aller Bedenken an Peckinpah. Das ursprüngliche Skript hatte Reginald Rose auf Basis des Romans *Monkey in the Middle* von Robert Ro-

INHALT:
Mike Locken und George Hansen arbeiten für die Sicherheitsfirma COM-TEG, die unter anderem vom den CIA Aufträge erhält. Hansen wechselt die Seiten, lässt Locken zwar am Leben, verletzt ihn jedoch schwer. Nach einem längerem Krankenhausaufenthalt kehrt Locke gehbehindert zurück und soll den japanischen Exilpolitiker Chung und dessen Tochter beschützen und trifft dabei erneut auf Hansen, der kurz vor seinem Tode Preis gibt, dass beide für den selben Auftraggeber arbeiten.

Bo Hopkins verkörperte in DIE KILLER-ELITE den toughen Jerome Miller. Hopkins war einer der Darsteller, mit den Regisseur Sam Peckinpah gleich mehrfach zusammen arbeitete, u.a. bereits 1969 in dem Western THE WILD BUNCH.

Die asiatischen Einflüsse gingen auf Stirling Silliphant zurück, der sich für Kampfsport interessierte und nun eine Chance gekommen sah, diese in einem Drehbuch unterzubringen.

stand geschrieben. Rose war ein alter Hase und bereits seit den frühen 50er-Jahren als Autor im Geschäft, wobei seine bekannteste Arbeit schon einige Zeit zurücklag - datierte doch DIE 12 GESCHWORENEN (12 ANGRY MEN) mit Henry Fonda in der Hauptrolle auf das Jahr 1957. Getreu der Romanvorlage sollte die Adaption auch in England spielen, doch das Studio bestand auf einen bekannten Hauptdarsteller und konnte James Caan verpflichten , der dank seiner Auftritte in DER PATE (THE GODFATHER, 1972) oder ROLLERBALL (1975) durchaus eine gewisse Popularität genoss - doch Caan weigerte sich, außerhalb der USA zu drehen und setzte sich schließlich bei United Artists durch. Allerdings musste nun das Drehbuch geändert werden, wofür Rose nicht mehr zur Verfügung stand und durch Marc Norman ersetzt wurde, der kurz zuvor den Charles-Bronson-Reißer DER MANN OHNE NERVEN (BREAKOUT, 1975) mitverfasst hatte. Diese Überarbeitung wurde jedoch von Peckinpah abgelehnt, so dass Stirling Silliphant an Bord geholt wurde, der seinen Marktwert insbesondere durch seine Drehbücher für die Katastrophen-Filme DIE HÖLLENFAHRT DER POSEIDON (THE POSEIDON ADVENTURE, 1972) und FLAMMENDES INFERNO (THE TOWERING INFERNO, 1974) erhöht hatte. Silliphant stimmte zu, ein neues Drehbuch auf Basis der Norman-Arbeit zu verfassen, stellte allerdings die Bedingung, dass seine vietnamesische Frau eine Rolle übernehmen könnte. Notgedrungen stimmte Produzent Baum zu, da man nun endlich ein fertiges Drehbuch brauchte, um die Dreharbeiten vorzubereiten. Peckinpah arbeitete gerne in einem familiären Umfeld, daher überraschte es nicht, dass sich vor und hinter der Kamera alte Bekannte einfanden, z.B. Gig Young, Bo Hopkins oder

Helmut Dantine. Zusätzlich wurden Robert Duvall und Burt Young, der kurz darauf als Paulie in ROCKY (1976) weltweit populär werden sollte, verpflichtet. Peckinpah und Young verstanden sich so gut, dass sie nicht nur bei CONVOY (1980) erneut zusammen arbeiteten, sondern auch Freunde wurden. Auch mit James Caan verstand sich der exzentrische Filmemacher recht gut, so dass die Dreharbeiten für Peckinpah-Verhältnisse harmonisch und ruhig abliefen - neutral betrachtet, ging es aber auch bei DIE KILLER-ELITE, der hauptsächlich in San Francisco entstand, drunter und drüber. Peckinpah hasste die Frau von Silliphant und auch Caan hatte seine Probleme mit der Dame, was natürlich zu Spannungen führte. Zudem mischte sich das Studio rund um den Vorsitzenden Mike Medavoy erneut in die Produktion ein und mahnte zu Einsparungen, da die Drehbuchüberarbeitungen

Neben der rein handwerklichen Klasse konnte DIE KILLER-ELITE auch durch den gut besetzten Cast mit Burt Young, James Caan und Robert Duvall überzeugen.

und zeitlichen Verzögerungen schon genug Geld gekostet hätten. Zudem verbot man Peckinpah, das Drehbuch zu verändern, da der Regisseur betonte, dass er auch ein paar satirische Auflockerungen einbauen wollte. Doch sowohl das Studio als auch Silliphant hatten einen gradlinigen Reißer vor Augen und untersagten Peckinpah daher jede Veränderung. Die Reaktion? Peckinpah ließ T-Shirts mit den entsprechenden Mitteilungen Me-

davoys drucken und verteilte diese an die Crew und hielt sich nur bedingt an die Anweisungen. Er weigerte sich sogar, mit den Verantwortlichen am Drehort zu sprechen. Zeitdruck und die ohnehin schon gestiegenen Kosten dürften die einzigen Gründe sein, warum man Peckinpah nicht feuerte.

Doch hinter der rauen Schale des Filmemachers machten sich Frust und Resignation breit, so dass er teilweise seine Assistenten bestimmte Szenen drehen ließ und lieber in seinem Wohnwagen blieb. Gerüchten zufolge kam er während der Dreharbeiten auch erstmalig mit Kokain in Kontakt, was seiner Motivation auch nicht zuträglich gewesen sein dürfte.

DIE KILLER-ELITE lief Ende 1975 in den amerikanischen Kinos an und brachte dem Studio einen kleinen Gewinn - ein Erfolg war es jedoch nicht und brachte Peckinpah damit in noch größere Bedrängnis. Auch die Kritik äußerte sich eher verhalten.

„Es gibt Momente, die Interesse wecken, einige gute Dialoge, einige spannende Momente - aber es fügt sich nicht zu einem Ganzen zusammen. Die Geschichte ist so hoffnungslos verdreht, dass der Zuschauer - und vermutlich auch Peckinpah - aufgab, irgendeinen Sinn darin zu suchen. Und dann endet es halt wie so häufig.“

(Roger Ebert)

DIE KILLER-ELITE wurde in der Regel innerhalb der Filmographie Peckinpahs als reine Auftragsarbeit abgetan, in die der komplizierte Filmemacher nicht die Leidenschaft und die Arbeit investierte, wie in seine Klassiker a´la THE WILD BUNCH (1969) oder WER GEWALT SÄT (STRAW DOGS, 1971) - und diese Einordnung traf überwiegend sicherlich auch zu. Zu stereotyp, zu konform fiel der Streifen aus, als dass er sich einen besonderen Platz in der Filmgeschichte erarbeitet hätte, gerade in Anbetracht des ziemlich desolaten Skripts. Allerdings ließ Peckinpah immer wieder erkennen, welches Potential

BURT YOUNG
Rocky, Convoy

JAMES CAAN
Der Pate, Rollerball

ROBERT DUVALL
Der Pate, Tage
des Donners

Die „Ninjas" im Finale gingen jedoch nicht auf sein Konto, sondern entsprangen dem Silliphant-Skript, da dieser sich sehr für asiatische Kampfstile interessierte und nun eine Gelegenheit sah, diese Vorliebe in einem Drehbuch einzubauen.

Der Film konnte zudem durch seine Besetzung glänzen: James Caan, Robert Duvall, Burt Young, aber auch Gig Young oder Bo Hopkins überzeugten und sorgten in Verbindung mit der routinierten Regie - die zwischenzeitlich die altbekannten Pfade verließ und temporär an alte Stärken anknüpfte - für einen weitestgehend sinnlosen, aber unterhaltsamen Actionthriller, der hauptsächlich von seinen harte Actionszenen und der charismatischen Besetzung lebte. So stand unter dem Strich weder ein generell bemerkenswerter Film, noch ein Peckinpah-Highlight an sich, sondern vielmehr ein typischer Genrereißer, dessen Lichtblicke deutlich machten, wie gut der Streifen trotz des hanebüchenen Drehbuchs hätte sein können.

Und Peckinpah? Den verschlug es nach Jugoslawien, wo er STEINER - DAS EISERNE KREUZ (CROSS OF IRON, 1977) drehte, der teilweise mit deutschem Geld finanziert und ein wesentlich größerer Erfolg wurde. (TH)

und welche Klasse in ihm schlummerten. Betrachtete man den rein handwerklichen Aspekt, waren die Actionszenen - wie bei Peckinpah üblich - ihrer Zeit weit voraus und wegweisend. Die Szenenabläufe waren teilweise sehr komplex, Zeitlupen wurden ebenso eingesetzt wie Nah- und Großaufnahmen, aus denen er im Schnitt mitunter sehr lange Sequenzen zauberte, denen man nur bedingt ansieht, dass sie annähernd 40 Jahre auf dem Buckel haben. Zudem konnten die Studioverantwortlichen, die natürlich wieder an der Peckinpah-Fassung herumdokterten, nicht verhindern, dass einige Ansätze der erwähnten satirischen und humoristischen Einschübe, den Einzug in die finale Fassung schafften. Es schien fast, als könnte Peckinpah das alles selbst nicht ernst nehmen, denn einiges fiel so grenzwertig aus, dass der Weg zur Selbst-Parodie nicht mehr weit war.

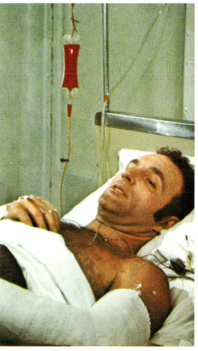

TIANA ALEXANDRA
war die Frau des Drehbuchautors und wurde auf seinem „Wunsch" hin für die Rolle besetzt.

Deutsches Kinoplakat von 1976
Verleih: United Artists

Stabangaben: USA 1976 | 122 Minuten

ORIGINALTITEL: The Killer Elite • REGIE: Sam Peckinpah • DREHBUCH: Marc Norman, Stirling Silliphant • KAMERA: Philip Lathrop • SCHNITT: Tony De Zarraga, Monte Hellman • MUSIK: Jerry Fielding • PRODUZENTEN: Martin Baum, Arthur Lewis • PRODUKTIONSFIRMEN: Exeter Associates; Persky-Bright Productions • Starttermin USA: 19.12.1975
DARSTELLER:

James Caan	Mike Locken
Robert Duvall	George Hansen
Arthur Hill	Cap Collis
Bo Hopkins	Jerome Miller
Mako	Yuen Chung
Burt Young	Mac
Gig Young	Lawrence Weyburn
Tom Clancy	O'Leary
Tiana Alexandra	Tommie
Walter Kelley	Walter

PLATZ
46

Starttermin in
Deutschland:
23.09.76
Besucher in
Deutschland:
300.000

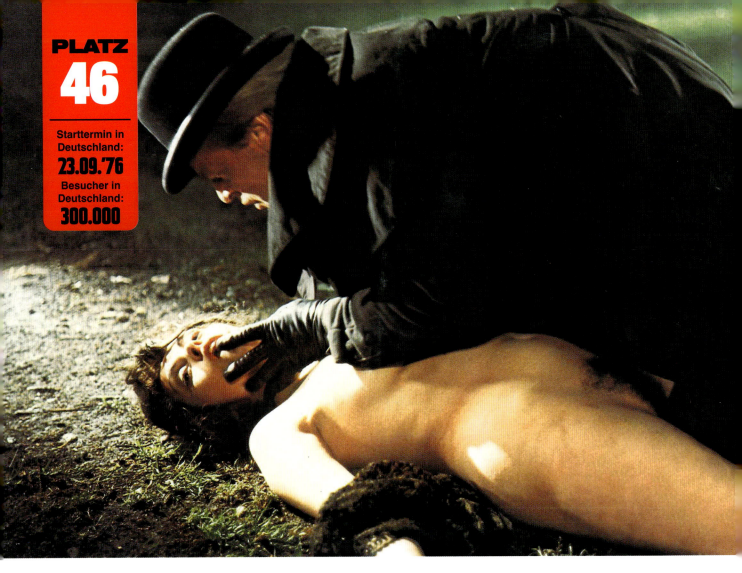

JACK THE RIPPER
DER DIRNENMÖRDER VON LONDON

INHALT:
London 1885: Keiner würde ihn je verdächtigen: Dennis Orloff ist tagsüber Arzt, nachts Jack the Ripper, der Londons Prostituierte auf brutalste Art und Weise ermordet. Mit Hilfe seiner geistig zurück gebliebenen Dienerin zerlegt er die Leichen seiner Opfer und versenkt diese in der Themse. Erst als Scotland-Yard-Inspektor Selby seine Freundin Cynthia als Lockvogel auf den Ripper ansetzt, hat er eine greifbare Spur...

J ACK THE RIPPER war die aufwändigste und ehrgeizigste Produktion die der Schweizer Filmproduzent Erwin C. Dietrich und der berühmt-berüchtigte Exploitation-Regisseur Jess Franco gemeinsam realisierten. Der Beginn ihrer langjährigen Zusammenarbeit markierte die Produktion FRAUENGEFÄNGNIS (1976), den Franco bei dem umtriebigen Produzenten unterbringen wollte. Der spanische Filmemacher hatte Mitte der 70er-Jahre in Rom Peter Baumgartner kennen gelernt, der ein Freund und Geschäftspartner von Dietrich war. Franco, der zu diesem Zeitpunkt bereits mit Produzenten wie Artur Brauner oder Harry Alan Towers zusammen gearbeitet hatte, konnte seine Verbindlichkeiten nicht mehr zahlen und wollte daher seinen Filmoutput weiter erhöhen. Baumgartner vermittelte den Kontakt zu Dietrich und gemeinsam mit einem Schuldeneintreiber reiste Franco schließlich in die Schweiz, um dem Produzenten einerseits FRAUENGEFÄNGNIS vorzustellen, andererseits, um einen bereits abgedrehten Film zu verkaufen. Dietrich zahlte den Gläubiger Francos aus, veröffentlichte den besagten

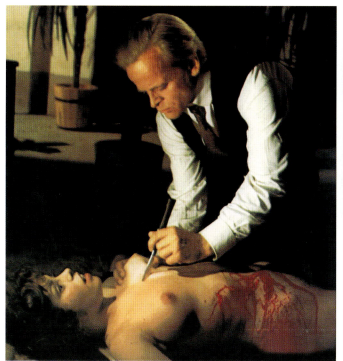

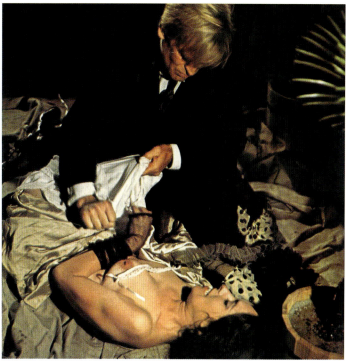

Streifen unter dem Titel HEISSE BERÜH-RUNGEN (1976), bevor er das Geld für FRAUENGEFÄNGNIS zur Verfügung stellte. Obwohl er von dem Ergebnis alles andere als überzeugt war, entwickelte sich der Women-in-Prison-Streifen zu einem stattlichen Erfolg, so dass einer weiteren Zusammenarbeit nichts im Wege stand. Schnell musste Dietrich jedoch lernen, dass Franco ein Schlitzohr war: Ohne das Wissen seines Produzenten hatte er klammheimlich zusätzliches Material gedreht, schnitt dieses zu einem Film zusammen und wollte diesen für seinen eigenen Geldbeutel verkaufen. Es folgte ein Riesen-Krach, doch schlussendlich raufte man sich wieder zusammen und drehte zwei weitere Filme, bevor **JACK THE RIPPER** auf dem Programm stand, den Franco selbst als sein Lieblingsprojekt bezeichnete.

Dietrich wollte schon länger mit Klaus Kinski zusammen arbeiteten. Einerseits weil sein Name automatisch Publicity mit sich brachte, andererseits, weil er den Schauspieler für seine Klasse sehr schätzte. Er sah nicht zuletzt auch deswegen eine Chance, Kinski zu verpflichten, da dieser bereits in den Jess-Franco-Filmen NACHTS, WENN DRACULA ERWACHT (COUNT DRACULA, 1970) und PAROXISMUS (BLACK ANGEL, 1969) mitgewirkt hatte, die seinerzeit von Harry Alan

Towers produziert worden waren. Kinskis eigentlicher Grund, das Angebot anzunehmen war wie üblich recht profaner und materieller Natur *(Siehe Zitat unten)*.

In der Tat war das Enfant terrible vertraglich nur verpflichtet, acht Tage am Set in Zürich verweilen zu müssen. Ein weiterer Bestandteil dieses Vertrags sah vor, dass er nur acht Stunden pro Tag drehen musste. Zur Ehrenrettung Kinskis muss betont werden, dass er die tägliche Arbeitszeit mehr oder minder kommentarlos überschritt. Vermutlich hegte er die Hoffnung, die Dreharbeiten dann noch schneller verlassen zu können.

Neben Kinski wurden noch Lina Romay - Stammschauspielerin bei Franco und gleichzeitig seine Geliebte - sowie Josephine Chaplin - die Tochter des großen Charles Chaplin - verpflichtet. Abgerundet wurde der Cast durch den deutschen Schauspieler und Synchronsprecher Andreas Mannkopf und den großartigen Herbert Fux. Hinter der Kamera fanden sich die üblichen Dietrich-Verdächtigen wie Peer Baumgartner wieder.

Klaus Kinski verschwendete sein Talent bereits ab den frühen 60er-Jahren in Produktionen wie JACK THE RIPPER. Da er für seinen ausschweifenden Lebensstil immer Geld brauchte, achtete er nicht auf die Qualität seiner Rollen, sondern darauf, wo er mit möglichst wenig Drehtagen viel Geld verdienen konnte. So war es keine Seltenheit, dass Kinski mehr als 10 Produktionen pro Jahr abdrehte.

„Ich bin mir unschlüssig, welchen Film ich annehmen soll, vielleicht bringt das nächste Angebot mehr Geld. Ich entscheide mich für JACK THE RIPPER in Zürich. Ich drehe den Scheiß in acht Tagen herunter."
(Klaus Kinski)

Deutsches Kinoplakat von 1976
Verleih: Ascot

Schweiz, Deutschland 1976 | 92 Minuten

REGIE: Jess Franco • DREHBUCH: Jess Franco
• KAMERA: Peter Baumgartner, Peter Spoerri
• SCHNITT: Marie-Luise Buschke • MUSIK:
Walter Baumgartner • PRODUZENTEN: Erwin
C. Dietrich • PRODUKTIONSFIRMEN: Elite
Film, Ascot Film, Cinemec
DARSTELLER:

Klaus Kinski	Dr. Dennis Orloff
	Jack the Ripper
Josephine Chaplin	Cynthia
Andreas Mannkopff	Inspektor Selby
Herbert Fux	Charlie
Lina Romay	Marika
Nikola Weisse	Frieda
Ursula von Wiese	Miss Higgins
Hans Gaugler	Blinder Mann
Francine Custer	Erstes Opfer
Olga Gebhard	Ms. Baxter

Gewalt und Sex – das war die Basis auf der Jess Franco seine Filme inszenierte. Im Vergleich zu seinen anderen Werken fiel JACK THE RIPPER jedoch in beiden Kategorien eher harmlos aus.

Die Dreharbeiten verliefen Dank der Eigenheiten Kinskis wie erwartet recht turbulent. Einerseits gab es immer wieder Diskussionen mit Jess Franco, der aber genug Durchsetzungsvermögen besaß und sich laut Dietrich der Konfrontation mit Kinski stellte. Der Produzent betonte auch, dass die Bemerkungen des Schauspielers durchaus die jeweiligen Szenen verbessert hätten und Franco war clever genug, nicht kategorisch alles abzulehnen. Andererseits mussten auch die Kollegen Kinskis mit seinen Launen zurechtkommen, was bisweilen obskure Züge annahm.
Eines Tages sprang Kinski unvermittelt Herbert Fux an und würgte ihn so stark, dass dieser Würgemale als Erinnerung zurück behielt. Der Täter entschuldigte sich umgehend und begründete diesen Angriff damit, dass ihm gerade eine Idee gekommen sei, wie er die spätere Mordszene an Fux umsetzen konnte. Dem „Opfer" reichte es nun, beschwerte sich bei Dietrich und machte ihm deutlich, dass er keineswegs die geplante Szene mit Kinski spielen würde. Notfalls sollte es Franco mit einer Puppe drehen.

„Ich hatte schon den Adamsapfel in der Luftröhre. Ich kenne den Kinski. In Rom haben die Leute schon Büschel von Haaren verloren, bloß weil der Schauspieler ist. Ich habe natürlich schon gewusst, dass der Kinski ganz heiß ist auf diese Todesszene - das Umbringen war für ihn immer das Interessanteste. Ich verschwand dann, weil ich schon wusste, wenn irgendetwas schief geht, kriegt der Kinski Wahnsinnsanfälle. Auf einmal sah ich aus der Dachluke Kinskis Kopf kommen und hörte einen schrillen Schrei: `Du feiges Schwein!´. Ich hetzte im Eilschritt zu dem Taxi und forderte den Fahrer auf, er solle sofort losfahren, weil ich dachte, der Kinski stürzt sofort runter und zerrt mich noch aus dem Taxi raus. Der war ja zu allem fähig. Vor allem, wenn er bei einer Produktion machen konnte, was er wollte. Der Dietrich war ihm ja nicht gewachsen."

(Herbert Fux)

Lina Romay zählte nicht nur zum Stammpersonal der Franco-Filme – sie war auch die Geliebte des Regisseurs und starb natürlich auch in JACK THE RIPPER einen grausamen Tod. Die Schauspielerin starb bereits im Februar 2012.

JACK THE RIPPER brachte Dietrich trotz des eher verhaltenen Publikumszuspruchs in Deutschland einen ordentlichen Gewinn ein, weil er den Streifen wie erwartet in ganz Europa verkaufen konnte. Die eher schlechten Kritiken konnte er daher getrost ignorieren.

„Franco verlässt sich ganz auf den Londoner Nebel, in dem Dramaturgie und Spannung beinahe spurlos verschwinden. Dazu gibt es billigen Sex und übel chargierende Darsteller."

(Filmdienst)

Im Vergleich zu anderen Werken der Dietrich-/Franco-Zusammenarbeit stach diese Produktion deutlich heraus. Trotz der Tatsache, dass auch dieser Streifen billig herunter gekurbelt wurde, blieben einige Schauwerte erhalten, die von der annehmbaren Kameraarbeit Peter Baumgartners zeitweilig durchaus atmosphärisch eingefangen wurden. Zudem arbeitete Franco mit einem Drehbuch, dass im Gegensatz zu dem Gros seiner sonstigen Skripte tatsächlich etwas ähnliches wie eine Struktur erkennen ließ. Doch aus den grundsätzlich guten Voraussetzungen wurde einfach zu wenig gemacht. Franco inszenierte spannungslos, ohne Gespür und ohne sicht- und fühlbares Interesse an der Geschichte an sich. Die eigentliche Tätersuche geriet bei ihm zu einem notwendigen Übel, die Mordszenen Mittel zum plakativen Zweck und waren dazu auch noch äußerst dilettantisch umgesetzt. Durch diese eher gelangweilte und biedere Inszenierung konnte der

Die Rolle des brutalen Frauenmörders war maßgeschneidert für Klaus Kinski, der mit Regisseur Jess Franco bereits bei NACHTS, WENN DRACULA ERWACHT und PAROXISMUS zusammen gearbeitet hatte.

JACK THE RIPPER wurde in Zürich gedreht, das für London herhalten musste. Im Vergleich zu anderen Dietrich-Filmen wurde viel Geld in die Sets und Kostüme gesteckt, so dass diese Schauwerte noch das größte Plus des eher missglückten Streifens sind.

Zuschauer auch nicht mit den Opfern mitfiebern, so dass eine Dramaturgie trotz der akzeptablen Vorlage und der größeren finanziellen Möglichkeiten nie umgesetzt wurde.

Blieb einzig und allein der Cast, der natürlich von Klaus Kinski dominiert wurde. Doch selbst ihm sah man seine Lustlosigkeit deutlich an, so dass er sich einmal mehr auf seine Präsenz und sein schauspielerisches Charisma verlassen musste und konnte - denn selbst in dieser verunglückten Rolle war Kinski alleine eine Sichtung wert. Heimlicher Star des Films war jedoch der kauzige Herbert Fux, der scheinbar durchaus Spaß an dieser filmischen Absurdität hatte.

Trotz zahlreicher Gewalt- und Sexszenen fiel dieses Werk für Franco-Verhältnisse unerwartet harmlos aus - scheinbar hatte er den Wunsch und auch die finanzielle Verpflichtung, **JACK THE RIPPER** eher Massentauglich in Szene zu setzen. Vielleicht mit ein Grund, warum der Film selbst als Exploitation-Beitrag nur bedingt taugt.

Schade, hier wurde durchaus Potential liegen gelassen, da die Voraussetzungen mehr versprachen, als das finale Produkt halten konnte. So etwas nennt man eine verschenkte Chance. (TH)

ERWIN C. DIETRICH

Sein Name ist nicht wirklich bekannt, aber trotzdem zählt Erwin C. Dietrich zu den Filmemachern und Produzenten, die das europäische Kino der 60er-, 70er- und 80er-Jahre maßgeblich prägten. Dietrich wurde am 04.10.1930 im schweizerischen Glarus geboren. Schon früh interessierte er sich für das Medium Film mit all seinen Möglichkeiten. Da das Filmbusiness in der Schweiz noch in den Kinderschuhen steckte, gründete er 1955 mit Urania-Film seine erste eigene Filmfirma. Fortan produzierte er die damals gefragten Heimatfilme und warf Produktionen wie **DAS MÄDCHEN VOM PFARRHOF** (1955) auf den Markt. Als diese Welle abebbte folgte er dem Filmgeschmack der Masse und produzierte im Sog der erfolgreichen Edgar-Wallace-Adaptionen Krimi-Ware wie **DIE NYLONSCHLINGE** (1962). Dietrich war bei der Finanzierung seiner Produktionen stets sehr erfinderisch und gründete im Laufe der Zeit mehrere Firmen, u.a. auch Ascot Film.

Ab Mitte der 60er-Jahre begann der Produzent Erotikfilme zu produzieren, die ihm enorme Profite brachten, wobei sich **DIE NICHTEN DER FRAU OPBERST** (1968) als besonders erfolgreich erwies. Dietrich trat nun auch als Drehbuchautor und Regisseur in Erscheinung, arbeitete aber nicht selten unter diversen Pseudonymen. Bis Mitte der 70er-Jahre blieb der Schweizer Produzent dem Erotikgenre treu und produzierte Film um Film, darunter illustre Titel wie **WEISSE HAUT AUF SCHWARZEM MARKT** (1969) oder **HEISSER MUND AUF FEUCHTEN LIPPEN** (1975), bei denen auch immer wieder Ingrid Steeger zum Einsatz kam.

Nachdem sich die Erotikwelle allmählich tot gelaufen hatte, sattelte der nimmermüde Dietrich um, setzte mehr denn je auf den klassischen Exploitation-Film und arbeitete nun auch häufig mit dem berüchtigten Regisseur Jess Franco zusammen. Ergebnis

dieser Kollaboration waren Produktionen wie **FRAUEN FÜR ZELLENBLOCK 9** (1978) oder **JACK THE RIPPER** (1976).
Er produzierte jedoch nicht nur, sondern blieb auch als Verleiher aktiv. Als **DIE WILD-**

GÄNSE KOMMEN (1978) ein riesiger Erfolg wurde, war dies der Startschuss für die ambioniertesten Projekte in der Karriere Dietrichs, als er mehr oder minder auf alleiniges Risiko die Großproduktionen **GEHEIMCODE: WILDGÄNSE** und **KOMMANDO: LEOPARD** stemmte, die sich als sehr lukrativ erwiesen. Er wollte weitere Produktionen dieser Größenordnung folgen lassen, was jedoch an der weltweiten Dominanz der US-Produktionen und entsprechenden Finanzierungen scheiterte. Es folgten noch die wesentlich geringer budgetierten **DIE RÜCKKEHR DER WILDGÄNSE** (1986) und **DER COMMANDER** (1988), die sich jedoch nicht am Markt behaupten konnten. Nach dem Misserfolg der Komödie **DER DOPPELTE NÖTZLI** (1990) zog sich Dietrich weitestgehend aus dem Filmgeschäft zurück, leitete aber noch bis 2005 zwei Kinos in Zürich.
Während Dietrich auch in seiner Schweizer Heimat über Jahrzehnte hinweg eher kritisch gesehen wurde, wissen gerade jüngere Filmemacher das Lebenswerk des umtriebigen Produzenten zu schätzen und sorgen zumindest im Rückblick für eine entsprechende Resonanz und den nur folgerichtigen Respekt.

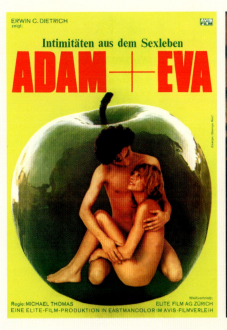

DIE BEKANNTESTEN FILME VON ERWIN C. DIETRICH

Jahr	Deutscher Titel	Regie	Hauptdarsteller	Besucherzahlen (D)
1955	DAS MÄDCHEN VOM PFARRHOF	Alfred Lehner	Erich Auer, Waltraut Haas	1.000.000
1966	DER WÜGER VOM TOWER	Hans Mehringer	Ady Berber, Charles Regnier	650.000
1968	DIE NICHTEN DER FRAU OBERST	Erwin C. Dietrich	Tamara Baroni, Kai Fischer	5.000.000
1970	ICH, EIN GROUPIE	Erwin C. Dietrich	Ingrid Steeger, Rolf Eden	2.750.000
1971	BLUTJUNGE VERFÜHRERINNEN	Erwin C. Dietrich	Ingrid Steeger, Andreas Mannkopff	2.500.000
1971	DER LÜSTERNE TÜRKE	Michael Miller	ngrid Steeger, Arnold Marquis	1.500.000
1971	DIE STEWARDESSEN	Erwin C. Dietrich	Ingrid Steeger, Evelyne Traeger	1.000.000
1976	FRAUENGEFÄNGNIS	Jess Franco	Lina Romay, Paul Müller	750.000
1976	JACK THE RIPPER	Jess Franco	Klaus Kinsi, Lina Romay	300.000
1978	FRAUEN FÜR ZELLENBLOCK 9	Jess Franco	Karine Gambier, Susan Hemingway	400.000
1979	FLUCHT NACH ATHENA	George P. Cosmatos	Roger Moore, Telly Savalas	475.000
1984	GEHEIMCODE: WILDGÄNSE	Antonio Margheriti	Klaus Kinski, Lewis Collins	785.138
1985	KOMMANDO: LEOPARD	Antonio Margheriti	Klaus Kinski, Lewis Collins	300.242
1988	EIN SCHWEIZER NAMENS NÖTZLI	Gustav Ehmck	Walter Roderer, Ursela Monn	185.208
1996	KONDOM DES GRAUENS	Martin Walza	Peter Lohmeyer, Udo Samel	403.911

DAS JAHR 1976:
FAKTEN UND ZAHLEN
aus den USA

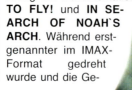

Der völlig überraschende Erfolg der Low-Budget-Perle **ROCKY** stellte natürlich alles in den Schatten. Das packende und exzellent gespielte Drama machte Sylvester Stallone nicht nur über Nacht zum Superstar, sondern legte auch den Grundstein für die fünf folgenden Sequels. In Deutschland lief das Boxermärchen erst 1977 an.

Gab es auf den vorderen Plätzen auch durchaus Parallelen zu den deutschen Charts, weil z.B. **KING KONG** oder **SCHLACHT UM MIDWAY** ähnlich gut abschnitten, gab es jedoch auch frappierende Unterschiede. So waren Filme wie **DAS OMEN** oder **DIE BÄREN SIND LOS** - mit Walter Matthau glänzend besetzt - in den Staaten wesentlich erfolgreicher, als in Deutschland.

Selbiges traf auch auf die Clint Eastwood-Produktionen **DIRTY HARRY 3** und **DER TEXANER** zu, die bei uns zwar nicht floppten, aber nicht auf den vorderen Plätzen zu finden waren. Auch Charles Bronson, ein weiteres Ur-Gestein Hollywoods und in den 70er-Jahren ähnlich populär und erfolgreich wie Eastwood, konnte sich in den Staaten mit seinen Filmen **ZWISCHEN ZWÖLF UND DREI** und **DER GNADENLOSE** wesentlich besser behaupten, als bei uns.

Noch stärker fiel der Unterschied bei **EIN STERN GEHT AUF** mit Kris Kristofferson und Barbara Streisand auf. Während der romantische Musikfilm in Amerika satte 80 Millionen Dollar einspielte, wurde die Produktion bei uns erst im Zuge der Tanzfilm-Welle 1978 veröffentlicht und konnte kein großes Publikum begeistern.

Am meisten überraschte jedoch der große Erfolg der Dokumentation **TO FLY!** und **IN SEARCH OF NOAH`S ARCH**. Während erstgenannter im IMAX-Format gedreht wurde und die Ge-

schichte der Heißluftballon-Geschichte aufgriff, suchte James L. Conway, später für so ziemlich alle Star-Trek-Serien als Regisseur im Einsatz, in der anderen Doku die Arche Noah. Bei uns wäre so ein erfolgreiches Einspiel einer Dokumentation nicht möglich gewesen, daher ist das Ergebnis in den USA noch einmal differenzierter zu bewerten.

Laurence Olivier wurde für seine großartige Leistung als das personifizierte Böse in DER MARATHON MANN von John Schlesinger für den Oscar nominiert. Diesen Preis konnte er zwar nicht gewinnen, erhielt dafür aber den Golden Globe als bester Nebendarsteller. Die Adaption des William-Goldman-Romans zählt heute zu den großen Klassikern der 70er-Jahre und bedeutete für Hauptdarsteller Dustin Hoffman, der ebenfalls für einen Golden Globe nominiert war, einen weiteren Kassenerfolg.

Erfahrungsgemäß haben es Baseball-Filme schwer in Deutschland. Daher verwunderte es nicht, dass die sympathische Komödie DIE BÄREN SIND LOS in Deutschland keinen großen Erfolg feiern konnte, in den Staaten jedoch weit mehr als 35 Millionen Dollar einspielen konnte und Hauptdarsteller Walter Matthau ein kleines Comeback bescherte.

Mit dem Außenseiter-Drama ROCKY landete Sylvester Stallone den Überraschungshit des Jahres und legte zudem den Grundstein für seine beeindruckende Karriere.

DIE TOP 50 IN USA (AMERIKA)

Platz	Filmtitel (Originaltitel)	Starttermin USA	Einnahmen $	Besucher (D)
1	ROCKY (Rocky)	21.11.1976	$117.235.147	
2	*Nicht in Deutschland erschienen* (To Fly!)	01.07.1976	$86.600.000	
3	EIN STERN GEHT AUF (A Star is Born)	17.12.1976	$80.000.000	
4	DIE UNBESTECHLICHEN (All the President s Men)	04.04.1976	$70.600.000	1.075.000
5	DAS OMEN (The Omen)	25.06.1976	$60.922.980	1.200.000
6	*Nicht in Deutschland erschienen* (In Search of Noah's Ark)	01.07.1976	$55.700.000	
7	KING KONG (King Kong)	17.12.1976	$52.614.445	3.000.000
8	TRANS AMERIKA EXPRESS (Silver Streak)	03.12.1976	$51.079.064	350.000
9	DIRTY HARRY 3 - DER UNERBITTLICHE (The Enforcer)	22.12.1976	$46.236.000	
10	SCHLACHT UM MIDWAY (Midway)	18.06.1976	$43.220.000	1.550.000
11	DIE BÄREN SIND LOS (The Bad News Bears)	07.04.1976	$42.349.782	350.000
12	SILENT MOVIE (Silent Movie)	16.06.1976	$36.145.695	1.500.000
13	INSPECTOR CLOUSEAU - DER BESTE MANN BEI INTERPOL (The Pink Panther Strikes Again)	15.12.1976	$33.833.201	
14	CARRIE (Carrie)	31.10.1976	$33.800.000	
15	EINE LEICHE ZUM DESSERT (Murder by Death)	23.06.1976	$32.511.047	
16	DER TEXANER (The Outlaw Josey Wales)	30.06.1976	$31.800.000	625.000
17	TAXI DRIVER (Taxi Driver)	08.02.1976	$28.262.574	1.250.000
18	DER MARATHON MANN (Marathon Man)	06.10.1976	$28.204.261	1.150.000
19	EIN GANZ VERRÜCKTER FREITAG (Freaky Friday)	17.12.1976	$25.942.000	
20	FLUCHT INS 23. JAHRHUNDERT (Logan's Run)	23.06.1976	$25.000.000	650.000
21	NETWORK (Network)	27.11.1976	$23.689.877	
Folgende Filme sind ebenfalls im Jahr 1975 angelaufen, genaue und verlässliche Zahlen waren jedoch nicht oder nur teilweise zu ermitteln				
	AUSSAULT - ANSCHLAG BEI NACHT (Assault on Precinct 13)	05.11.1976		
	DER ADLER IST GELANDET (The Eagle Has Landed)	25.12.1976		
	FAMILIENGRAB (Family Plot)	08.04.1976	$13.200.000	1.400.000
	ZWISCHEN ZWÖLF UND DREI (From Noon Till Three)	13.08.1976		550.000
	FUTUREWORLD (Futureworld)	04.10.1976		
	GRIZZLY (Grizzly)	12.05.1976		1.000.000
	DER LETZTE DER HARTEN MÄNNER (The Last Hard Men)	23.04.1976		700.000
	DER LETZTE TYCOON (The Last Taycoon)	15.11.1976	$1.819.912	
	DAS MÄDCHEN AM ENDE DER STRASSE (The Little Girl Who Lives Down the Lane)	25.12.1976		
	DIE MARQUISE VON O. (The Marquise of O.)	19.05.1976		
	DUELL AM MISSOURI (The Missouri Breaks)	19.05.1976	$14.000.000	
	C.R.A.S.H. (Mother, Jugs & Speed)	26.05.1976	$15.000.000	
	NICKELODEON (Nickelodeon)	21.12.1976		
	SCHWARZER ENGEL (Obsession)	01.08.1976		
	ROBIN UND MARIAN (Robin and Marian)	11.03.1976	$8.000.000	
	DER WEG ALLEN FLEISCHES (The Sailor Who Fell from Grace with the Sea)	11.04.1976		
	SALON KITTY (Salon Kitty)	02.03.1976		
	DER SCHARFSCHÜTZE (The Shootist)	11.08.1976	$8.091.910	
	ZWEI WIE HUND UND KATZ (Shout out at the Devil)	24.11.1976		400.000
	DER GNADENLOSE (St. Ives)	01.09.1976		
	ZWEI MINUTEN WARNUNG (TWO-MINUTE WARNING)	12.11.1976		
	DRÜBER, DRUNTER UND DRAUF (Up!)	01.10.1976		
	DAS GESETZ SIND WIR (Vigilante Force)	09.09.1976		
	REISE DER VERDAMMTEN (Voyage of the Damned)	22.12.1976		
	DIE BRAUT DES SATANS (To the Devil a Daughter)	04.03.1976		
	MISTER UNIVERSUM (Stay Hungry)	23.04.1976		
	DER MANN, DER VOM HIMMEL FIEL (The Man Who Fell to Earth)	28.05.1976	$89.026	
	EINE FRAU SIEHT ROT (Lipstick)	02.04.1976	$8.328.666	225.000

WAS MACHT EIGENTLICH ...

HEUTE ?

DANNY DEVITO

Der am 17.11.1944 geborene DeVito fällt auf. Einerseits natürlich optisch, da er mit gerade einmal 1,50 Meter so gar nicht in die Glitzerwelt Hollywoods passen will, andererseits, weil er im Grunde still und leise, die Filmszene der 80er- und 90er-Jahre maßgeblich beeinflusst hat.

Kurioserweise arbeitete der Schauspieler anfangs als Kosmetiker im Salon seiner Schwester und wollte Maskenbildner werden. Kurzfristig entschied er sich dann doch für die Schauspielerei und lernte während des Studiums Michael Douglas kennen, mit dem er bis heute eng befreundet ist. Douglas verpflichtete ihn auch für EINER FLOG ÜBER DAS KUCKUCKSNEST, der ihn schlagartig populär machte und eine Rolle in der legendären TV-Sitcom TAXI (1978-1983) verschaffte. Mitte der 80er-Jahre wurde er durch AUF DER JAGD NACH DEM GRÜNEN DIAMANTEN auch international bekannt. Weitere Filme wie ZWILLINGE (1988) oder DER ROSENKRIEG (1989) - bei dem er auch Regie führte - folgten und festigten seinen Erfolg. Unvergessen auch seine Performance als Pinguin in BATMANS RÜCKKEHR (1992). Ab Ende der 90er-Jahre blieben große Hits zwar aus, aber deVito blieb weiterhin gut im Geschäft. Mit IT´S ALWAYS SUNNY IN PHILADELPHIA (2006-2011) feierte der dreifache Familienvater wiederum in einer TV-Comedy-Serie große Erfolge.

JEFF BRIDGES

Der am 4. Dezember 1949 geborene Bridges zählt zwar seit Jahren zu den bekanntesten und erfolgreichsten Schauspielern Hollywoods, ließ sich jedoch nie in eine Schublade stecken und versuchte so viele Typen und Genres wie nur möglich zu bedienen. Als Sohn des bekannten Filmkomikers Lloyd Bridges war er seit Ende der 60er-Jahre im Geschäft und feierte seinen Durchbruch mit dem Peter-Bogdanovich-Film DIE LETZTE VORSTELLUNG (THE LAST PICTURE SHOW, 1972). Weitere Rollen in erfolgreichen Filmen wie KING KONG (1976), CUTTER´S WAY (1981), STARMAN (1984) oder KÖNIG DER FISCHER (1991) folgten, wobei THE BIG LEBOWSKI (1998) einer seiner bemerkenswertesten Filme war. Bislang war er insgesamt sechs Mal für den Oscar nominiert und konnte den begehrten Preis für CRAZY HEART (2009) dann auch entgegen nehmen. Der seit 1975 verheiratete und dreifache Familienvater Bridges wird 2013 in der Actionkomödie R.I.P.D. des deutschen Regisseurs Robert Schwentke ebenso zu sehen sein, wie in dem Fantasyfilm THE SEVENTH SON.

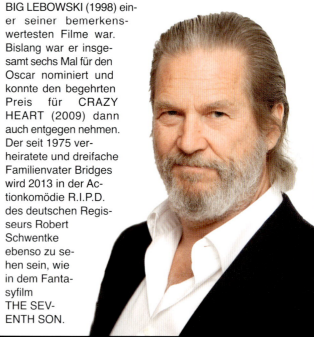

JESSICA LANGE

Die am 20. April 1949 geborene Schauspielerin gehört vielleicht zu den unterschätztesten Darstellerinnen ihrer Generation. Nachdem sie in Frankreich Schauspielunterricht genommen hatte, kehrte sie zurück in die USA und arbeitete fortan als Model. Drei Jahre später wurde sie von Dino de Laurentiis für sein Spektakel KING KONG verpflichtet, der ihr Debüt bedeutete, sie jedoch lange auf die Rolle der „naiven Blondine" festlegte. Sie kämpfte gegen das Image durch kleinere Rollen in Produktionen wie TOOTSIE (1982), KAP DER ANGST (1991) oder ROB ROY (1995) mit Erfolg an.

Lange war insgesamt sechs Mal für den Oscar nominiert und konnte den Preis gleich zwei Mal entgegen nehmen: Für TOOTSIE und OPERATION BLUE SKY (1994). Mit der erfolgreichen TV-Serie AMERICAN HORROR STORY (ab 2011) meldete sich die dreifache Mutter nach einer Auszeit wieder eindrucksvoll zurück.

FILME VON 1976

Alphabetisch sortiert (keine Wiederaufführungen)

# #

120 Tage von Sodom, Die

(Salò o le 120 giornate di Sodoma), Frankreich, Italien, 1975
Regie: Pier Paolo Pasolini
Darsteller: Paolo Bonacelli,
Giorgio Cataldi,
U. P. Quintavalle
Kinostart: 30.01.1976
Verleih: United Artists

1900 - Teil 1: Gewalt, Macht, Leidenschaft

Deutschland, Frz., Italien 1976
Regie: B. Bertolucci
Darsteller: Robert De Niro,
Gérard Depardieu,
Dominique Sandan
Kinostart: 21.10.1976
Verleih: United Artists

1900 - Teil 2: Kampf, Liebe, Hoffnung

Deutschland, Frz., Italien 1976
Regie: B. Bertolucci
Darsteller: Robert De Niro,
Gérard Depardieu,
Dominique Sandan
Kinostart: 21.10.1976
Verleih: United Artists

A

Abenteuer auf der Lucky Lady

(Lucky Lady) USA 1975
Regie: Stanley Donen
Darsteller: Gene Hackman,
Liza Minnelli,
Burt Reynolds
Kinostart: 04.03.1976
Verleih: 20th Century Fox

Abrechnung in San Francisco

(Gli Esecutori) Italien, 1976
Regie: Maurizio Lucidi
Darsteller: Roger Moore,
Stacy Keach,
Ivo Garrani
Kinostart: 13.08.1976
Verleih: Adria

Abschied von der Todeskralle

(Tian whang jou whang) USA, 1976
Regie: Tso Nam Lee
Darsteller: Bruce Li,
Tsao Shao Jung,
Yi Chang
Kinostart: 03.12.1976
Verleih: Gloria

Africa Express

Deutschland, Italien, 1975
Regie: Michele Lupo
Darsteller: Giuliano Gemma,
Ursula Andress,
Jack Palance
Kinostart: 03.09.1976
Verleih: 20th Century Fox

Ansichten eines Clowns

Deutschland, 1976
Regie: Vojtech Jasný
Darsteller: Helmut Griem,
Hanna Schygulla,
Eva Maria Meineke
Kinostart: 14.01.1976
Verleih: Constantin Film

Adieu, Bulle

(Adieu, poulet) Frankreich, 1975
Regie: P. Granier-Deferre
Darsteller: Lino Ventura,
Patrick Dewaere,
Victor Lanoux
Kinostart: 29.01.1976

Asterix erobert Rom

(Les Douze travaux d'Astérix) Frankreich, 1976
Regie: René Goscinny,
Albert Uderzo,
Pierre Watrin
Synchronsprecher: Hans Hessling,
Arnold Marquis,
Edgar Ott
Kinostart: 12.03.1976
Verleih: Jugendfilm

Auf der Fährte des Adlers

(Sky Riders) USA, 1976
Regie: Douglas Hickox
Darsteller: James Coburn,
Susannah York,
Robert Culp,
Kinostart: 21.05.1976
Verleih: 20th Century Fox

B

Bären sind los, Die

(The Bad News Bears) USA, '76
Regie: Michael Ritchie
Darsteller: Walter Matthau,
Ben Piazza,
Chris Barnes
Kinostart: 17.12.1976
Verleih: CIC

Barry Lyndon

UK, 1975
Regie: Stanley Kubrick
Darsteller: Ryan O'Neal,
Marisa Berenson,
Patrick Magee
Kinostart: 17.09.1976
Verleih: Warner-Columbia

Black Moon

Deutschland, Frankreich 1975
Regie: Louis Malle
Darsteller: Cathryn Harrison,
Therese Giehse,
Alexandra Stewart
Kinostart: 12.02.1976
Verleih: Filmv. der Autoren

Bleigewitter (Reverendo

Colt) Italien, Spanien 1971
Regie: León Klimovsky
Darsteller: Guy Madison,
Richard Harrison,
Ennio Girolami
Kinostart: 17.02.1976
Verleih: Televox

Blechpiraten, Die

(Gone in 60 Seconds) USA, '74
Regie: H.B. Halicki

Darsteller: H.B. Halicki, Marion Busia, Jerry Daugirda
Kinostart: 20.02.1976
Verleih: Constantin

Bluffer, Der

(Bluff storia di truffe e di imbroglioni) Italien, 1976
Regie: Sergio Corbucci
Darsteller: Anthony Quinn,
Capucine,
Corinne Clery
Kinostart: 13.08.1976
Verleih: Cinerarama

Botschaft der Götter

Deutschland, 1976
Regie: Harald Reinl
Darsteller: William Shatner
Kinostart: 18.03.1976
Verleih: Constantin Film

Brust oder Keule

(L' Aile ou la cuisse) Frankreich, 1976
Regie: Claude Zidi
Darsteller: Louis de Funès,
Coluche,
Ann Zacharias
Kinostart: 10.12.1976
Verleih: Tobis

Buffalo Bill und die Indianer (Buffalo Bill and

the Indians, or Sitting Bull's History Lesson) USA, 1976
Regie: Robert Altman
Darsteller: Paul Newman,
Joel Grey,
Kevin McCarthy,
Kinostart: 04.07.1976
Verleih: Tobis

Bugsy Malone

UK, 1976
Regie: Alan Parker
Darsteller: Scott Baio,
Florrie Dugger,
Jodie Foster
Kinostart: 04.11.1976
Verleih: Residenz

C

C.R.A.S.H.
(Mother, Jugs & Speed) USA, '76
Regie: Peter Yates
Darsteller: Raquel Welch,
Bill Cosby,
Harvey Keitel
Kinostart: 22.10.1976

Caprona - Das vergessene Land (The Land That Time Forgot) USA, UK, '75
Regie: Kevin Connor
Darsteller: Doug McClure,
John McEnery,
Susan Penhaligon
Kinostart: 11.09.1976
Verleih: Constantin Film

D

Dritte Grad, Der
(La faille) Deutschl., Frz, It., '75
Regie: Peter Fleischmann
Darsteller: Michel Piccoli,
Ugo Tognazzi,
Mario Adorf
Kinostart: 19.03.1976
Verleih: Scotia

Dunderklumpen
Schweden, 1974
Regie: Per Åhlin
Kinostart: 17.12.1976
Verleih: Jugendfilm

E

Emmanuelle 2 - Garten der Liebe
(Emmanuelle 2) Frankreich, '75
Regie: Francis Giacobetti
Darsteller: Sylvia Kristel,
Umberto Orsini,
Frédéric Lagache
Kinostart: 02.04.1976
Verleih: Constantin Film

Eine Frau sieht rot
(Lipstick) USA, 1976
Regie: Lamont Johnson
Darsteller: M. Hemingway,
Chris Sarandon,
Perry King
Kinostart: 08.10.1976
Verleih: Tobis

Eine Katze jagt die Maus (Le Chat et la souris)
Frankreich, 1975
Regie: Claude Lelouch
Darsteller: Michèle Morgan,

Serge Reggiani,
Jean-Pierre Aumont
Kinostart: 01.10.1976
Verleih: Euram

Eine Leiche zum Dessert
(Murder by Death) USA, 1976
Regie: Robert Moore
Darsteller: Eileen Brennan,
Truman Capote,
James Coco
Kinostart: 17.09.1976
Verleih: Columbia Pictures

Einer flog über das Kuckucksnest
(One Flew Over the Cuckoo's Nest) USA, 1975
Regie: Milos Forman
Darsteller: Jack Nicholson,
Louise Fletcher,
William Redfield
Kinostart: 18.03.1976
Verleih: United Artists

F

Fahr zur Hölle, Liebling
(Farewell, My Lovely) USA, 1975
Regie: Dick Richards
Darsteller: Robert Mitchum,
Charlotte Rampling,
John Ireland
Kinostart: 30.07.1976
Verleih: CIC

Familiengrab
(Family Plot) USA, 1976
Regie: Alfred Hitchcock
Darsteller: Karen Black,
Bruce Dern,
Barbara Harris
Kinostart: 09.09.1976
Verleih: Cinerama

Fangschuss, Der
Deutschland, Frankreich, 1976
Regie: Volker Schlöndorff
Darsteller: Marg. von Trotta,

Matthias Habich,
Rüdiger Kirschstein
Kinostart: 22.10.1976
Verleih: Filmv. der Autoren

Flucht zum Hexenberg, Die (Escape to Witch Mountain) USA, 1975
Regie: John Hough
Darsteller: Eddie Albert,
Ray Milland,
Donald Pleasence
Kinostart: 29.01.1976

French Connection No 2
(French Connection II) USA, '75
Regie: J. Frankenheimer
Darsteller: Gene Hackman,
Jean-P. Castaldi,
Fernando Rey
Kinostart: 13.04.1976
Verleih: 20th Century Fox

Fruchte des Tropenbaumes, Die (The Tamarind Seed) USA, UK, 1974
Regie: Blake Edwards
Darsteller: Julie Andrews,
Omar Sharif,
Anthony Quayle
Kinostart: 23.07.1976
Verleih: 20th Century Fox

Frühling für Hitler
(The Producers) USA, 1968
Regie: Mel Brooks
Darsteller: Zero Mostel,
Gene Wilder,
Estelle Winwood
Kinostart: 19.03.1976
Verleih: Jugendfilm

G

Graf Zaroff - Genie des Bösen (The Most Dangerous Game) USA, 1932
Regie: Irving Pichel,
E. B. Schoedsack
Darsteller: Joel McCrea,
Fay Wray,
Leslie Banks
Kinostart: 06.08.1976
Verleih: Jugendfilm

Greifer, Der
(L'Alpagueur) Frankreich, 1976
Regie: Philippe Labro
Darsteller: Jean-P. Belmondo,
Bruno Cremer,
Jean Négroni
Kinostart: 02.04.1976
Verleih: Tobis

Grizzly
USA, 1976
Regie: William Girdler

Darsteller: Ch. George,
Andrew Prine,
Richard Jaeckel
Kinostart: 12.08.1976
Verleih: Warner-Columbia

H

Haarsträubende Reise in einem verrückten Bus, Die
(The Big Bus) USA, 1976
Regie: James Frawley
Darsteller: Joseph Bologna,
St. Channing,
John Beck
Kinostart: 22.10.1976
Verleih: CIC

Haben und nicht Nichthaben (To Have and Have Not) USA, 1944
Regie: Howard Hawks
Darsteller: Humphrey Bogart, Walter Brennan, Lauren Bacall
Kinostart: 09.01.1976
Verleih: Neue Filmkunst Walter Kirchner

Hector, der Ritter ohne Furcht und Tadel (Il Soldato di ventura) Frankreich, Italien, 1975
Regie: P. Festa Campanile
Darsteller: Bud Spencer, Andréa Ferréol, Philippe Leroy,
Kinostart: 19.05.1976
Verleih: Tobis

Herz aus Glas
Deutschland, 1976
Regie: Werner Herzog
Darsteller: Josef Bierbichler, Stefan Güttler, Clemens Scheitz
Kinostart: 17.12.1976
Verleih: Filmv. der Autoren

Hester Street
USA, 1975
Regie: Joan Micklin Silver
Darsteller: Carol Kane, Steven Keats, Mel Howard
Kinostart: 19.03.1976
Verleih: Prokino

Hexenkessel
(Mean Streets) USA, 1973
Regie: Martin Scorsese
Darsteller: Robert De Niro, Harvey Keitel, David Proval
Kinostart: 25.06.1976
Verleih: Filmv. der Autoren

Hindenburg, Die
(The Hindenburg) USA, 1975
Regie: Robert Wise
Darsteller: George C. Scott, Anne Bancroft, William Atherton
Kinostart: 16.04.1976
Verleih: CIC

Hundstage
(Dog Day Afternoon) USA, 1975
Regie: Sidney Lumet
Darsteller: Al Pacino, John Cazale, Charles Durning
Kinostart: 19.03.1976
Verleih: Warner-Columbia

Hurra, die 7. Kompanie ist wieder da (On a retrouvé la 7e compagnie) Frankreich, 1975
Regie: Robert Lamoureux
Darsteller: Jean Lefebvre, Pierre Mondy, Henri Guybet
Kinostart: 25.03.1976
Verleih: Constantin Film

Hustle - Straßen der Nacht
(Hustle) USA, 1975
Regie: Robert Aldrich
Darsteller: Burt Reynolds, C. Deneuve, Ben Johnson
Kinostart: 04.03.1976
Verleih: CIC

I

Im Lauf der Zeit
Deutschland, 1976
Regie: Wim Wenders
Darsteller: Rüdiger Vogler, Hanns Zischler, Lisa Kreuzer
Kinostart: 04.03.1976
Verleih: Filmv. der Autoren

Inside Out - Ein genialer Bluff (Inside Out)
Deutschland, UK, 1975
Regie: Peter Duffell
Darsteller: Telly Savalas, Robert Culp, James Mason
Kinostart: 18.06.1976
Verleih: Warner-Columbia

Invasion aus dem Innern der Erde (Zhong guo chao ren) Hong Kong, 1975
Regie: Shan Hua
Darsteller: Danny Lee, Terry Liu, Hsieh Wang,
Kinostart: 01.04.1976
Verleih: Avis

J

Jack the Ripper
Deutschland, Schweiz, 1976
Regie: Jesus Franco
Darsteller: Klaus Kinski, Josephine Chaplin, Andreas Mannkopff
Kinostart: 01.10.1976
Verleih: Avis

Jeder stirbt für sich allein
Deutschland, 1976
Regie: Alfred Vohrer
Darsteller: Hildegard Knef, Carl Raddatz, Martin Hirthe

Kinostart: 21.01.1976
Verleih: Constantin Film

Je t'aime (Je t'aime moi non plus) Frankreich, 1976
Regie: Serge Gainsbourg
Darsteller: Jane Birkin, Joe Dallesandro, Hugues Quester
Kinostart: 26.08.1976
Verleih: Constantin Film

K

Killer-Elite, Die
(The Killer Elite) USA, 1975
Regie: Sam Peckinpah
Darsteller: James Caan, Robert Duvall, Arthur Hill,
Kinostart: 08.04.1976
Verleih: United Artists

L

Letzte der harten Männer, Der
(The Last Hard Men) USA, 1976
Regie: Andrew McLaglen
Darsteller: Charlton Heston, James Coburn, Barbara Hershey
Kinostart: 10.11.1976
Verleih: 20th Century Fox

Letzte Frau, Die
(L'ultima donna) Frz, Ita., 1976
Regie: Marco Ferreri
Darsteller: Gérard Depardieu, Ornella Muti, Michel Piccoli
Kinostart: 12.09.1976
Verleih:

Letzte Mohikaner, Der (Uncas, el fin de una raza)
Italien, Spanien, 1965
Regie: Mateo Cano

Darsteller: Jack Taylor, Paul Muller, Sara Lezana
Kinostart: 09.04.1976
Verleih: Splendid Film

Lieb Vaterland, magst ruhig sein
Deutschland, 1976
Regie: Roland Klick
Darsteller: Heinz Domez, Catherine Allégret, Georg Marischka
Kinostart: 25.03.1976
Verleih: Constantin Film

M

Macht und ihr Preis, Die (Cadaveri eccellenti)
Frankreich, Italien, 1976
Regie: Francesco Rosi
Darsteller: Fernando Rey, Lino Ventura, Paolo Bonacelli
Kinostart: 28.05.1976
Verleih: Progress Filmverl.

Mado
Deutschland, Frankreich, Italien, 1976
Regie: Claude Sautet
Darsteller: Michel Piccoli, Ottavia Piccolo, Jacques Dutronc,
Kinostart: 16.12.1976
Verleih: Constantin Film

Mahagoni (Mahogany)
USA, 1975
Regie: Berry Gordy, Tony Richardson
Darsteller: Diana Ross, Billy Dee Williams, Anthony Perkins,
Kinostart: 07.05.1976
Verleih: CIC

Mann, den sie Pferd nannten II, Der
(The Return of a Man Called Horse) USA, 1976
Regie: Irvin Kershner
Darsteller: Richard Harris, Gale Sondergaard, Geoffrey Lewis
Kinostart: 28.10.1976
Verleih: United Artists

Mann der König sein wollte, Der (The Man Who Would Be King) USA, UK, 1975
Regie: John Huston
Darsteller: Sean Connery, Michael Caine, Ch. Plummer,
Kinostart: 05.03.1976
Verleih: Columbia Pictures

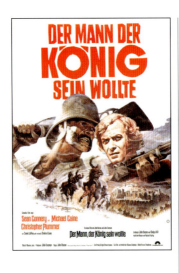

Mann, der vom Himmel fiel, Der (The Man Who Fell to Earth) UK, 1976
Regie: Nicolas Roeg
Darsteller: David Bowie, Rip Torn, Candy Clark
Kinostart: 19.08.1976
Verleih: Constantin Film

Marquise von O..., Die
Deutschland, 1976
Regie: Eric Rohmer
Darsteller: Edith Clever, Bruno Ganz, Edda Seippel,
Kinostart: 28.05.1976
Verleih: United Artists

Mein Name ist Gator
(Gator) USA, 1976
Regie: Burt Reynolds, James Best
Darsteller: Burt Reynolds, Jack Weston, Lauren Hutton
Kinostart: 23.12.1976
Verleih: United Artists

Mieter, Der (Le Locataire)
USA, Frankreich, 1976
Regie: Roman Polanski
Darsteller: Roman Polanski, Isabelle Adjani, Melvyn Douglas
Kinostart: 08.10.1976
Verleih: Cinema

Mit Dynamit und frommen Sprüchen
(Rooster Cogburn) USA, 1975
Regie: Stuart Millar
Darsteller: John Wayne, Katharine Hepburn, Anthony Zerbe
Kinostart: 30.04.1976
Verleih: CIC

Mitgift
Deutschland, 1976
Regie: Michael Verhoeven
Darsteller: Senta Berger, Mario Adorf, Ron Ely
Kinostart: 15.01.1976
Verleih: Constantin Film

Mitgiftjäger
(The Fortune) USA, 1974
Regie: Mike Nichols
Darsteller: Stockard Channing, Jack Nicholson, Warren Beatty
Kinostart: 20.02.1976
Verleih: Warner-Columbia

Moses
UK, Italien, 1974
Regie: Gianfranco De Bosio
Darsteller: Burt Lancaster, Anthony Quayle, Ingrid Thulin
Kinostart: 28.10.1976
Verleih: Scotia

Mörderhaie greifen an
(Sharks' Treasure) USA, 1975
Regie: Cornel Wilde
Darsteller: Cornel Wilde, Yaphet Kotto, John Neilson,
Kinostart: 01.07.1976
Verleih: United Artists

Möwe Jonathan, Die
(Jonathan Livingston Seagull) USA, 1973
Regie: Hall Bartlett
Darsteller: Richard Crenna, Hal Holbrook
Kinostart: 09.07.1976

Mutter Küsters Weg zum Himmel
Deutschland, 1975
Regie: R. W. Fassbinder
Darsteller: Brigitte Mira, Ingrid Caven, Margit Carstensen
Kinostart: 02.01.1976
Verleih: Filmv. der Autoren

N

Nashville
USA, 1975
Regie: Robert Altman
Darsteller: David Arkin, Barbara Baxley, Ned Beatty
Kinostart: 12.03.1976
Verleih: CIC

Neuen Leiden des jungen Werther, Die
Deutschland, 1976
Regie: Eberhard Itzenplitz
Darsteller: Klaus Hoffmann, Léonie Thelen, Hans-W. Bussinger
Kinostart: 05.11.1976
Verleih: Cinerama

Nevada-Pass
(Breakheart Pass) USA, 1975
Regie: Tom Gries
Darsteller: Charles Bronson, Ben Johnson, Richard Crenna
Kinostart: 27.02.1976
Verleih: United-Artists

New York antwortet nicht mehr
(The Ultimate Warrior) USA, '75
Regie: Robert Clouse
Darsteller: Yul Brynner, Max von Sydow, Joanna Miles
Kinostart: 28.05.1976
Verleih: Warner-Columbia

Nordsee ist Mordsee
Deutschland, 1976
Regie: Hark Bohm
Darsteller: Uwe Bohm, Dschingis Bowakow, Marquard Bohm,
Kinostart: 02.04.1976
Verleih: Filmv. der Autoren

O, P

Omen, Das
(The Omen) UK, 1976
Regie: Richard Donner
Darsteller: Gregory Peck, Lee Remick, David Warner
Kinostart: 25.09.1976
Verleih: 20th Century Fox

Parasiten-Mörder, Die
(Shivers) Kanada, 1975
Regie: David Cronenberg
Darsteller: Paul Hampton, Joe Silver, Lynn Lowry
Kinostart: 02.09.1976
Verleih: Scotia

Police Python 357
Deutschland, Frankreich, 1976
Regie: Alain Corneau
Darsteller: Yves Montand, François Périer, Simone Signoret
Kinostart: 09.09.1976
Verleih: Cinerama

Q, R

Ritter der Kokos-nuss, Die (Monty Python and the Holy Grail) UK, 1974
Regie: Terry Gilliam, Terry Jones
Darsteller: Graham Chapman, John Cleese, Eric Idle
Kinostart: 13.08.1976
Verleih: 20th Century Fox

Russisches Roulette
(Russian Roulette) UK, Kanada, 1975
Regie: Lou Lombardo
Darsteller: George Segal, Cristina Raines, Bo Brundin
Kinostart: 24.09.1976
Verleih: Cinerama

S

Salon Kitty
Deutschland, Frankreich, Italien, 1976
Regie: Tinto Brass
Darsteller: Helmut Berger, Ingrid Thulin, Teresa Ann Savoy
Kinostart: 26.03.1976
Verleih: Cinerama

Schande des Dschungels

(Tarzoon, la honte de la jungle)
Frankreich, Belgien, 1975
Regie: Picha,
Boris Zulzinger
Kinostart: 05.03.1976
Verleih: Fox-MGM

Schlümpfe und die Zauberflöte, Die

(La Flûte à six schtroumpfs)
Frankreich, Belgien, 1976
Regie: Eddie Lateste,
Peyo,
John Rust
Kinostart: 01.10.1976
Verleih: Jugendfilm

Schuldmädchen-Report 10: Irgendwann fängt jede an

Deutschland, 1976
Regie: Walter Boos
Darsteller: Heiner Lauterbach,
Astrid Boner,
Alexandra Bogojevic
Kinostart: 02.04.1976
Verleih: Constantin Film

Schweigen im Walde, Das

Deutschland, 1976
Regie: Alfred Vohrer
Darsteller: Alexander Stephan,
Belinda Mayne,
Evelyn Opela
Kinostart: 13.10.1976
Verleih: Constantin Film

Sherlock Holmes cleverer Bruder

(The Adventure of Sherlock Holmes' Smarter Brother)
USA, UK, 1975
Regie: Gene Wilder
Darsteller: Gene Wilder,
Madeline Kahn,
Marty Feldman
Kinostart: 30.04.1976
Verleih: 20th Century Fox

Snake Cobra

(SSSSSSS) USA, 1973
Regie: Bernard L. Kowalski
Darsteller: Strother Martin,
Dirk Benedict,
Heather Menzies
Kinostart: 30.09.1976
Verleih: Kerscher

Söldner, Die

(Killer Force)
USA, Schweiz, Irland 1976
Regie: Val Guest
Darsteller: Telly Savalas,
Peter Fonda,
Hugh O'Brian
Kinostart: 14.01.1976
Verleih: Cinerama

Sonntagsfrau, Die

(La Donna della domenica)
Frankreich, Italien, 1975
Regie: Luigi Comencini
Darsteller: M. Mastroianni,
Jacqueline Bisset,
Jean-L. Trintignant
Kinostart: 20.08.1976
Verleih: 20th Century Fox

Schlacht um Midway

(Midway) USA, 1976
Regie: Jack Smight
Darsteller: Charlton Heston,
Edward Albert,
Henry Fonda
Kinostart: 07.10.1976
Verleih: CIC

Schönen Wilden, Die

(Le sauvage) Frz, Italien 1975
Regie: Jean-P. Rappeneau
Darsteller: Yves Montand,
Luigi Vannucchi
C. Deneuve,
Kinostart: 16.01.1976
Verleih: Scotia

Silent Movie

USA; 1976
Regie: Mel Brooks
Darsteller: Mel Brooks,
Marty Feldman,
Dom DeLuise
Kinostart: 29.10.1976
Verleih: 20th Century Fox

Sternsteinhof, Der

Deutschland, 1976
Regie: H. Geissendörfer
Darsteller: Katja Rupé,
Tilo Prückner,
Peter Kern,
Agnes Fink
Kinostart: 16.03.1976
Verleih: Constantin Film

Straße der Gewalt

(White Line Fever)
USA, Kanada, 1975
Regie: Jonathan Kaplan
Darsteller: Jan-Michael Vincent,
Kay Lenz,
Slim Pickens
Kinostart: 26.03.1976
Verleih: Warner-Columbia

Sunny-Boys, Die

(The Sunshine Boys) USA, '75

Regie: Herbert Ross
Darsteller: Walter Matthau,
George Burns,
Richard Benjamin
Kinostart: 23.04.1976
Verleih: CIC

Szenen einer Ehe

(Scener ur ett äktenskap)
Schweden, 1973
Regie: Ingmar Bergman
Darsteller: Liv Ullmann,
Erland Josephson,
Bibi Andersson
Kinostart: 20.09.1976
Verleih: Constantin Verleih

T

Taxi Driver

USA, 1976
Regie: Martin Scorsese
Darsteller: Robert De Niro,
Jodie Foster,
Cybill Shepherd
Kinostart: 07.10.1976
Verleih: Columbia Pictures

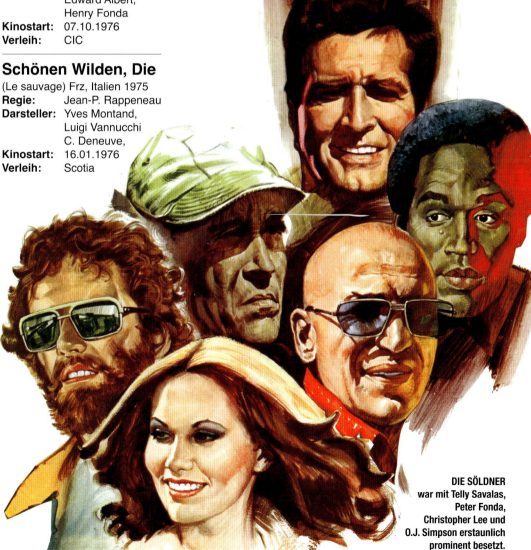

DIE SÖLDNER
war mit Telly Savalas,
Peter Fonda,
Christopher Lee und
O.J. Simpson erstaunlich
prominent besetzt.

Texander, Der

(The Outlaw Josey Wales)
USA, 1976
Regie: Clint Eastwood
Darsteller: Clint Eastwood,
Chief Dan George,
Sondra Locke
Kinostart: 05.11.1976
Verleih: Warner-Columbia

Total verrückte Krankenhaus, Das

(Carry on Doctor) UK, 1967
Regie: Gerald Thomas
Darsteller: Frankie Howerd,
Sid James,
Charles Hawtrey
Kinostart: 28.05.1976
Verleih: Pilot

Traumtänzer, Der

(Feet First) USA, 1930
Regie: Clyde Bruckman
Darsteller: Harold Lloyd,
Barbara Kent,
Robert McWade,
Kinostart: 04.03.1976

Tunnel der lebenden Leichen

(Death Line) UK, 1972
Regie: Gary Sherman
Darsteller: Donald Pleasence,
Norman Rossington,
David Ladd,
Kinostart: 12.03.1976
Verleih: Avis Film

U

Unbestechlichen, Die

(All the President's Men) USA, '76
Regie: Alan J. Pakula
Darsteller: Dustin Hoffman,
Robert Redford
Penny Fuller
Kinostart: 30.09.1976
Verleih: Warner-Columbia

Und morgen wird ein Ding gedreht (Harry and

Walter Go to New York) USA, '76
Regie: Mark Rydell
Darsteller: James Caan,
Elliott Gould,
Michael Caine
Kinostart: 17.12.1976
Verleih: Warner-Columbia

Unsterbliches Duell

(Duelle une quarantaine)
Frankreich, 1976
Regie: Jacques Rivette
Darsteller: Juliet Berto,
Bulle Ogier,
Jean Babilée
Kinostart: 01.10.1976
Verleih: Prokino

Ulzana

DDR, Sowjetunion, 1974
Regie: Gottfried Kolditz
Darsteller: Gojko Mitic,
Renate Blume,
Rolf Hoppe
Kinostart: 14.11.1976
Verleih: Unidoc

Unter Wasser stirbt man nicht

(The Drowning Pool) USA, 1975
Regie: Stuart Rosenberg
Darsteller: Paul Newman,
Joanne Woodward,
Anthony Franciosa
Kinostart: 30.04.1976
Verleih: Warner-Columbia

Uzala, der Kirgise

(Dersu Uzala)
Japan, Sowjetunion, 1975
Regie: Akira Kurosawa
Darsteller: Maksim Munzuk,
Yuri Solomin,
S. Danilchenko
Kinostart: 12.11.1976
Verleih: Unidoc

V

Verrückten Reichen, Die

(Folies bourgeoises) Deutsch-
land, Frankreich, Italien, 1976
Regie: Claude Chabrol
Darsteller: Bruce Dern,
Stéphane Audran
Sydne Rome
Kinostart: 26.08.1976
Verleih: CCC Filmkunst

Das total verrückte Krankenhaus.
pilot

DAS TOTAL VERRÜCKTE KRANKENHAUS war Teil der beliebten, britischen Filmserie CARRY ON, von der zwischen 1958 bis 1992 sage und schreibe 30 Filme veröffentlicht wurden.

Von Angesicht zu Angesicht

(Ansikte mot ansikte)
Schweden, 1976
Regie: Ingmar Bergman
Darsteller: Liv Ullmann,
Erland Josephson,
Aino Taube,
Kinostart: 20.05.1976
Verleih: Tobis

W

Wer schluckt schon gerne blaue Bohnen?

(The Duchess and the Dirtwater
Fox) USA, 1976
Regie: Melvin Frank
Darsteller: George Segal,
Goldie Hawn,
Conrad Janis
Kinostart: 03.09.1976
Verleih: 20th Century Fox

Wildenten, Die

Deutschland, Österreich, 1976
Regie: H. Geissendörfer
Darsteller: Bruno Ganz,
Peter Kern,
Anne Bennent
Kinostart: 10.09.1976

X, Y, Z

Zauberflöte, Die

(Trollflöjten) Schweden, 1975
Regie: Ingmar Bergman
Darsteller: Josef Köstlinger,
Irma Urrila,
Håkan Hagegård
Kinostart: 19.09.1976
Verleih: United Artists

Zwei wie Hund und Katz

(Shout at the Devil) UK, 1976
Regie: Peter R. Hunt
Darsteller: Lee Marvin,
Roger Moore,
Barbara Parkins
Kinostart: 07 05.1976
Verleih: Constantin Film

Zwischen zwölf und drei

(From Noon Till Three) USA, '76
Regie: Frank D. Gilroy
Darsteller: Charles Bronson,
Jill Ireland,
Douglas Fowley
Kinostart: 13.08.1976
Verleih: United Artists

Zwölf Stühle, Die

(The Twelve Chairs)
USA, 1970
Regie: Mel Brooks
Darsteller: Ron Moody,
Frank Langella,
Dom DeLuise
Kinostart: 14.05.1976
Verleih: Constantin Film